汉阅图文馆

AT THE COURT OF THE BORGIA
Geoffrey Parker

博尔贾宫廷：

布尔夏德日记选 ｜ 插图本

[英] 杰弗里·帕克　编
蒋焰　译

吉林出版集团有限责任公司

本书依据以下英译本译出：
At the Court of the Borgia,
Being an Account of the Reign of Pope Alexander VI,
written by Johann Burchard,
edited and translated by Geoffrey Parker,
The Folio Society; 1963。

ALEXANDER·VI·PONT·MAX~

教皇亚历山大六世
Portrait of Pope Alexander VI. Cristofano dell'Altissimo, Uffizi Gallery

目录

引言 …………………………………………………………… 002

序幕：教皇亚历山大六世的当选 ………………………… 024

第 1 章　阿拉贡的费代里戈大人访问罗马 …………… 029

第 2 章　教皇访问罗马的教堂 ………………………… 041

第 3 章　土耳其大使的来访与卢克雷齐娅的第一次婚姻

　　　　…………………………………………………… 049

第 4 章　阿方索二世的加冕 …………………………… 058

第 5 章　乔弗雷·博尔贾大人的婚礼 ………………… 067

第 6 章　查理八世和法军在罗马 ……………………… 073

第 7 章　教皇特使会见神圣罗马皇帝马克西米利安 … 095

第 8 章　博尔贾家族反对奥尔西尼家族的第一次军事行动

　　　　…………………………………………………… 103

第 9 章　罗马的复活节庆典 …………………………… 108

第 10 章　甘迪亚公爵遇害 ……………………………… 115

第 11 章　宠臣科森扎大主教巴尔托洛梅奥·弗洛雷斯的落马

　　　　…………………………………………………… 121

001

第 12 章 萨沃纳罗拉权力的终结 …………………… 126

第 13 章 卢克雷齐娅的第二次婚姻和切萨雷的权力之战

…………………… 134

第 14 章 罗马的大赦年公告 …………………… 141

第 15 章 切萨雷在弗利的胜利以及谋杀比谢列公爵 ……… 150

第 16 章 与法国和西班牙结盟反对那不勒斯和科隆纳 …… 157

第 17 章 卢克雷齐娅与阿方索·德·埃斯特的婚礼以及圣诞庆典

…………………… 165

第 18 章 教皇出访皮翁比诺 …………………… 173

第 19 章 枢机主教摩德纳的费拉里之死及其葬礼 ………… 180

第 20 章 博尔贾家族的胜利 …………………… 185

第 21 章 亚历山大六世的染病与去世 …………………… 195

第 22 章 尾声 …………………… 204

附录 1 记述瓦伦蒂诺公爵残杀其敌人的方式

马基雅维利 / 著　徐卫翔 / 译 …………………… 210

附录 2 博尔贾家族及其新近的史学家

阿克顿 / 著　林国荣 / 译 …………………… 216

文献来源 …………………… 229

拓展阅读书目 …………………… 230

人物索引 …………………… 231

1500年左右的意大利

引言

【7】教皇亚历山大六世以其臭名昭著、特立独行而在教皇史中为人所熟知。"博尔贾"也成为了15世纪教会腐败与罪恶的代名词。据说,博尔贾家族给文艺复兴时期意大利多样而辉煌的文化和政治追求中增添了十分令人不齿的特质。他们为了建立一个新王朝不择手段。谋杀、背叛、罪恶充斥着梵蒂冈的教廷内外。尽管亚历山大一直被视作博尔贾家族的绝对头目,但他并非一位独行者。他的两个孩子——切萨雷与卢克雷齐娅的故事同样令人毛骨悚然。对博尔贾家族做这样宽泛的评价和描述是很容易的,特别是当概括化结论取代了更为具体的解释时。但是,如果想使这种结论或评价无可非议,我们必须要有当时的官方或私人记述加以证实,同时也要联系当时的时代背景。即使亚历山大的统治不断遭到各种谴责,但我们也只有在尊重同时代原始文献的基础上,以及在文艺复兴意大利和基督教世界的宏观视角下理解其成败时,才能公正地看待这位教皇的统治。

关于15世纪末的亚历山大教皇和教廷当局,有很多富有价值且多样化的史料。除了官方档案(如秘书厅颁布的法令、诏书和其他一些文件)外,还有许多关于当时罗马的非官方文献。官方档案不能提供关于当时时事的个人或私下评论,但使节的报告、编年史、私人书信和日记等则可以直接反映个人对时事的看法。【8】此时的意大利人已经敏锐地意识到记录过去和当下所发生之事的意义,其他国家的人也很热衷于报道和分析各种时事。因而教廷和教皇之事引起了各类人的关注,观察视角也各不相同。亚历山大六世的所作所为引发了时人丰富而充满想象的记述。罗马政府的一位文职人员斯特凡诺·因费苏拉编纂了一部罗马城的历史,他把主要目光放在了亚历山大六世统治晚期。另一位历史学家保罗·焦维奥生活在博尔贾时代,但他的记述更多涉及的是博尔贾之后的历史。马里诺·萨努托并非罗马人,不过他从亚历山大上台之初就开始以日记形式记载发生在罗马和意大利的事情。驻罗马的诸国使节,比如威尼斯使节安东尼奥·朱斯蒂尼亚和服务于费拉拉(公爵)的使节科斯塔比利,在向本国政府的报告中均包含了各种发生在罗马的事实与流言。1527年罗马之劫时在教皇国担任重要职务的圭恰尔迪尼虽不是亚历山大六世统治的亲历者,但其作品依然对之给予了很大关注并很有影响力。最后是约翰·布尔夏德。他一直担任亚历山大六世的礼仪官(Master of Ceremonies),并以私人日记的形式为研究博尔贾时代提供了最丰富的资料来源。

博尔贾家族
The Borgia Family, Dante Gabriel Rossetti, 1851—1859, Tullie House Museum and Art Gallery, Carlisle
水彩画《博尔贾家族》由但丁·加百利·罗塞蒂(1828—1882)创作于1851年。它是罗塞蒂根据完成于1850年的莎士比亚戏剧《查理大帝》第三幕中的插图《在闺房中雀跃起舞》所做的再创作,他用博尔贾家族成员替代了原作里的画中人。画中,一个女孩和一个男孩在翩翩起舞,一名衣着华贵的年轻女子(卢克雷齐娅)在为他们伴奏;她被两个举止猥琐的男子簇拥着,左边是她的父亲教皇亚历山大六世,右边穿红衣服的是她的哥哥切萨雷,他一边用一柄匕首敲击酒杯伴奏,一边陶醉地嗅闻妹妹的头饰。

如此多的历史叙述者必然为我们展现出不同的关于亚历山大教廷的图景。但当我们去思考各种私人记述的准确和真实性时,这种多样化的记述就导致了一系列的问题。这尤其体现在对博尔贾家族负面评价的描述上。几乎所有作者都用很多详尽的细节对博尔贾家族的负面秘闻大加刻画,但布尔夏德作为一位内部人员,常常忽略了这些坊间谣言。考虑到布尔夏德目睹了很多实际发生之事,他的记载在真实性上比那些大使的报告和编年史家的记述更胜一筹。毕竟使节和编年史家的消息源多是那些有利益关系的枢机主教们和其他教职人员,且更多是通过官方文件了解到教皇的表面行为。【9】因此,最骇人听闻的故事在因费苏拉、萨努托和其他人的作品中反复出现,但布尔夏德的《日记》则鲜有提及。所以,确定布尔夏德《日记》在多大程度上是完整和客观地反映了亚历山大六世统治下的罗马政治和生活显得非常重要。由于布尔夏德作为一个人,也有自己的偏见和喜好,因此我们有必要更加细致地了解下其人和其作品的特色。

约翰·布尔夏德生于15世纪中叶的哈斯拉赫（Haslach,邻近斯特拉斯堡）。毫无疑问,他是一位德意志人,并且有明显的亲德倾向。他进入教会,成为神职人员,并于1481年来到罗马（当时还是个年轻的小伙子）,两年后他成为了教皇的礼仪官。他担任这个与宫廷礼仪和秩序密不可分的职务直至去世。1503年,他还被任命为奥托主教。1506年5月去世前,布尔夏德曾尝试谋求枢机主教之位,但未能如愿。在这二十多年里,除了一次短暂的斯特拉斯堡夏季之旅（他在斯特拉斯堡保有一些圣职）和几次陪同教皇特使出访（如前往那不勒斯为阿方索二世加冕）外,他大部分时间都是在罗马度过的。

自从1483年他被任命为礼仪官,直至1506年去世前几天,布尔夏德一直有记日记的习惯。因此,他的日记涵盖了教皇西克斯图斯四世在位末期、英诺森八世时期（1484—1492年）、亚历山大六世时期（1492—1503年）、庇护三世时期（1503年）以及尤利乌斯二世早期等时段。在前十年的记述中,布尔夏德只是记载了与他工作有关的事务。但从1494年开始,他把《日记》的涉猎范围扩展到罗马和教皇国以外的政治事件。【10】我们并不太清楚布尔夏德为何要记日记。看起来似乎是因为作者想私下记录一些官方和公共事务,特别是与其在教廷任职相关的各类事件。布尔夏德并没有将日记出版的打算,因此在世时并未将之公开。布尔夏德去世后,帕里斯·德·格拉西斯继任其职,也接手了他的日记手稿。帕里斯也曾尝试续写这本日记,只是时间不长。之后,这本《日记》的各种副本从梵蒂冈的档案中流传出来。很长时间内,布尔夏德的这部《日记》只以掺杂着诸多不确定注释的各种版本而被翻印或为人所知。直到1906年,这本《日记》的一个完整版才得以问世[①]。这个版本的内容依照梵蒂冈的手稿进行了严格校对，以期尽可能的准确，并且区分了作者本人的记述和后人插入的文本。

在这一权威版本中，日记以其鲜明的特点成为研究博尔贾时代的重要史料。布尔夏德在刻画社会和生活时有意回避了个人观点，而仅作为一个旁观者记录着事实和官方仪式的过程。在这里，他显示出作为一个礼仪官的特性。他把规则与秩序、庆典与官方活动放在了记录的中心，对自己职责的各种细枝末节十分关注。正是因为他对细节和精确的关注，我们可以看出，布尔夏德是一位十分可信的记录人。不过他在详略上把握不当，比如他花费了很多笔墨来关注特殊仪式的程序；把梵蒂冈的生活局限于教会事务，如大量描述枢机主教、使节和其他神职人员而不在意世俗贵族，因此无法全方位展现出罗马的各种事务；此外，他对艺术和文化也缺乏兴趣，甚至没有提过平托里乔和博尔贾宅邸的装饰。【11】然而即便如此，布尔夏德的记录方式和对事件的梳理（其中大部分他并未掺杂个人观点）也能反映出其《日记》的真实性。而这种真实性在同时代的其他作品中则很少见。因此，虽然他对博尔贾家族的描绘鲜有涉及其私人生活，但这本《日记》仍然值得重视。布尔夏德很少关注那些关于博尔贾家族的流言蜚语：瓦诺莎（切萨雷和卢克雷齐娅的母亲）和茱莉娅·法尔内塞都只在文中被提过一两次，且大多是一笔带过；尽管教皇被盛传利用毒药谋害政敌，但布尔夏德也并未记录在案。事实上，在几乎所有人都把亚历山大统治末期的死亡事件归之于投毒时，布尔夏德的记载很可能更有说服力，因为他作为礼仪官直接参与了尸体的善后和葬礼工作，比如他对枢机主教费拉里和教皇病情的细致描述均暗示出其死因皆为自然原因，而非某些非自然原因。

相对于其他饱含感情色彩和鲜明敌对情绪的作品，布尔夏德笔下的亚历山大六世及其家族的形象要正面得多。布尔夏德之所以这么写，在于他作为礼仪官所持有的维护正统秩序的倾向，因为教皇已经在梵蒂冈的统治中由于藐视传统而备受抨击。但毫无疑问，这位礼仪官往往也有着自己的更深感受。他在《日记》中

[①] Celani, E., *Johanni Burckardi Liber Notarum ab anno MCCCCLXXXIII usque ad annum MDVI* (Coll. Rer11m Italicarum Scriptores), Citta di Castello, 1906.

教皇加里斯都三世
Alfonso de Borja, obispo de Valencia y papa Calixto III, Joan de Joanes, 1568, Museo de la Catedral de Valencia

对某些事情的阐述有时暗示出可能实际发生的比他记录的或敢于记录的更多。他在记录1494年查理八世（法王）进军罗马时，背弃了德意志的民族感情，并曾痛斥了佩劳迪枢机主教的背叛行径；他对萨沃纳罗拉的歪曲同样是站在罗马教廷的角度，并重复着对多明我修会充满敌意的传言故事*；他同时好像也带有一点意大利神职人员对西班牙教皇及其扈从的排斥情绪。但这决不是日记的全部，我们还可以从《日记》的论调中推测出更多信息。【12】布尔夏德在记载一些事件时故意有所保留，比如土耳其王子杰姆的死、比谢列公爵的死，以及奥尔西尼枢机主教的死等。很明显他知道得更多，也有自己的怀疑。谈到奥尔西尼枢机主教时，他明确表示不想参与主教葬礼的筹办工作，因为他不想知道得太多。他对博尔贾家族婚宴和其他庆祝活动的记载简洁而谨慎，对其他典礼则大加批评。显而易见，布尔夏德对这种张扬的活动并不赞同，但也有可能随着时光的流逝，他渐渐习惯了亚历山大宫廷的奢靡和腐败。当英诺森八世在位时，布尔夏德尖锐地批评女性被允许出现在公共事务中，但后来他对更为打破常规的行为也置若罔闻了。对更铺张和更值得质疑的事件也只以寥寥数语加以概括本来就表现出作者有意避讳的企图。即便是1501年两大臭名昭著的事件——"栗子·盛宴"和"公马与母马"**，这些凸显出博尔贾家族奢靡生活方式和情趣的事情，作者的记载同样也乏善可陈。

  相似的意图也反映在《日记》所遗留的数处记载空白中。在博尔贾时期，有三处记载空白引人关注：第一处是从1492年6月英诺森八世去世到同年12月亚历山大六世上台；第二处是在1497年6月胡安·博尔贾的葬礼后的六周；第三处是从1503年2月奥尔西尼枢机主教去世到8月教皇开始致命地病发。而这三处空白都是博尔贾家族历史上的关键时期。不过有一点似乎很明显，布尔夏德原本是有所记载的，但却被后来某个编者有意抹去。【13】不论是谁有意为之，都很可能是因为这些记载比《日记》中的其他内容包含了更多明显不利于教皇的负面评论。亚历山大六世当选教皇，胡安被谋害，1503年博尔贾家族的活动，这些都是被其他作者猛烈抨击的事件。

---

* 萨沃纳罗拉是多明我修会的修士。——译者注

** 关于这两次事件参见正文第十七章中的相关内容。——译者注

总之，这位礼仪官的《日记》并非毫无偏见，也无法完全描述和解释所有事情。但瑕不掩瑜，其可靠性使其成为一本描绘博尔贾时代的力作。从中我们可以看到，那些布尔夏德简洁而正面报道的事情确实是发生了。与此同时，作者又在暗示，这些体现出灯红酒绿似的放纵生活的事件背后暗含着更多意味。布尔夏德的《日记》比同时代那些简略而缺少见地的作品要更确切和可信，实为研究亚历山大六世统治时期的佳作。

在上述分析的基础上，现在让我们来看一下亚历山大六世所处的时代。15世纪的教皇制度究竟有何特点？它与罗马、意大利，乃至整个基督教世界有何关系？基于上述背景，又该如何评价博尔贾时代？

首先我们要认识到教皇权威的多重性。他既是精神世界——基督教会的首脑，所有基督徒（无论教士还是平信徒）的领袖，同时也是意大利罗马教皇国的世俗统治者。教皇权的这种双重特性对教皇制度的发展等影响深远。

罗马在传统和象征意义上拥有至高无上的地位，毕竟罗马教会的创始人是基督的使者和代理人圣彼得，他被赋予统治整个基督教世界的权力，而教皇则是圣彼得的继承者。【14】在地域上，罗马城也需要被保护起来。教皇对罗马周边地区的逐步控制在中世纪经历了长期的发展过程。因此教皇是罗马的统治者，同时也对周边地区——圣彼得世袭领（Patrimony of St Peter）、斯波莱托公国（Duchy of Spoleto）、安科纳的马尔凯（March of Ancona）和罗马涅（Romagna）拥有主权。这些地区构成了横亘在中部意大利的教皇国的领土。虽然许多市政机构也有民众参与，某些官职也为家族世袭，但罗马依然处在教皇的控制之下。市元老、三名监护官和十三位负责在特定区域召集民兵的地方军事长官，构成了世俗统治的权威，并独立于市政会。不过，神父*不能担任上述职务。治安官（Bargello）则负责城市治安。但需要指出的是，这些职务的权限都相当有限。甚至世袭的行政官也只是一个有名无实的虚职，而在早期，这一职位非常重要，正是通过它，皇帝、教皇或民众才能控制罗马城。从尤金四世时期（1431—1447）开始，教

---

* 后文会根据表达习惯等具体情况，将"priest"（神父）译为"司祭"、"司铎"。——译者注

教皇西克斯图斯四世任命普拉蒂尼为梵蒂冈图书馆馆长
Sixtus IV Appointing Platina as Prefect of the Vatican Library, Melozzo da Forlì, c. 1477

教皇西克斯图斯四世在1475年任命巴尔托洛梅奥·普拉蒂尼为梵蒂冈图书馆馆长,画中的其余四人都是教皇的侄子(马基雅维利在《佛罗伦萨史》中说,所有人都相信其中两个是他的儿子):站在普拉蒂尼右边的是枢机主教朱利亚诺·德拉·罗韦雷(后来的教皇尤利乌斯二世),站在教皇椅子后面的是枢机主教拉法埃莱·里亚里奥,左边的两人分别是乔瓦尼·德拉·罗韦雷(塞尼加利亚的领主、罗马行政官,其子后来成为乌尔比诺公爵)和弗利伯爵吉罗拉莫·里亚里奥。

皇通过罗马总督即教皇财务副总管（vice-chamberlain）这样一位神职人员来对城市的管理施加决定性的影响。

在罗马之外，教皇无法直接控制教皇国的其他领地，取而代之的是形形色色的地方领主。他们以教皇之名控制着理论上作为宗座代牧区（Vicariate）的领地和城镇。教皇对整个教皇国拥有司法权。但是由于教皇无力组织军队或者给予教廷的军队统帅以任何实际支持，因此这一权力根本无法保证。实际控制权和影响力经常在诸如科隆纳或奥尔西尼等一些大家族手中轮转。他们之间的争斗有时会引发对梵蒂冈支配权的争夺。

【15】当然这样的情况对于15世纪的整个意大利而言并不陌生。在北意大利，一系列城市国家——米兰、威尼斯、佛罗伦萨之间尔虞我诈；在南意大利，那不勒斯是一个落后而稳定的王国。每一片领地都处在某个个人或家族的统治之下。雇佣兵队长或军事冒险家经常被各个市政当局以及教皇雇佣，但他们的存在只是加剧了政治对立和局势的动荡。不过，由于没有强大外敌的威胁，意大利人沉迷于这种持久的内耗中，尽管他们的目的是为了避免流血而不是杀戮。直到15世纪末，随着德意志、法国和西班牙陆续解决了各自的内部问题，以及土耳其人在1453年征服君士坦丁堡后日渐向巴尔干和地中海渗透，外部威胁开始变得严重起来。

我们正是要在这样的形势下考察亚历山大六世在意大利的政治目的和行动。他本人是一位有才干的管理者和外交家，在当选教皇前曾长期担任教皇的副秘书长（vice-chancellor），因而对意大利所面临的无统一领导的政治窘境以及1492年罗马自身的政治动乱极为了解。重建与强化教皇在教皇国的权力，打压雇佣兵队长，直接控制宗座代牧区等并非亚历山大的首创，在他死后也大有继承者。虽然亚历山大及其家族为了这一目的所使用的特殊手段备受指责，但在当时的环境下，整个计划和策略是合情合理的。第一位博尔贾教皇亚历山大的伯父*加里斯都三世，通过授予他的侄子们教俗两界权力而谋求建立新的教皇权力的基础；

---

* 严格而论，加里斯都三世是亚历山大六世的舅父，但因其父与加里斯都三世同属博尔贾家族，故称伯父亦可。——译者注

而西克斯图斯四世在1471到1484年间利用其家族——里亚里奥家族——达到同样目的的努力则未获成功；在16世纪，尤利乌斯二世这位博尔贾家族不共戴天的仇人同样继承了博尔贾家族的处事之道，继续巩固教皇的权力和统治。

【16】15和16世纪的教皇不仅仅是意大利的一种政治力量。对亚历山大六世的批评也并非只因为他对这一世俗政治权位的痴迷。教皇还是全基督教会的首脑，对这个将罗马作为其行政中心的遍布整个基督教世界的教会组织负有责任。在教皇之下，同样也有类似世俗政府的各个部门，各有官员和下属机构。财务总管作为教廷财务院（Apostolic Chamber or Treasury）的首脑是教廷里最有影响力的职位，因为他要负责处理教皇国和涉及教皇的全部财政和税收事务。【17】且除了司库（treasurer），财务院的所有官员都由他任命。司库则由教皇直接任命，并且不完全受财务总管控制。副秘书长执掌秘书厅（the Chancery），负责管理梵蒂冈的整个行政组织，在他之下是审查官（datary）。审查官及其手下负责发布、密封教皇诏书和其他布告并标记日期。司法院（the Judiciary）负责处理从整个基督教世界递交给教皇的上诉。圣赦院（Grand Penitentiary and Confessors）负责教会惩罚、革除教籍以及忏悔者与教会的正式和解。除了这些有建制的机构和官员，15世纪后期，教皇也开始越来越多地利用私人秘书（Private Secretaries）推动中央政府决策的执行。这类官员往往权力很大。

原则上，教皇对罗马之外的控制要仰仗外派的高级神职人员，但实际上这种控制微乎其微。教皇不得不接受世俗王公的决议。在少数情况下，教皇会通过行使直接任命各种教职的特权来施加影响。而正是对这种特权的滥用导致了这一时期的教皇饱受抨击。比较常见的情况有：不合教规的任命（包括任命儿童）、预定接班人、一人独占多职、尸位素餐等。

除了上述对教会组织的控制外，教皇还利用了两类与教皇有特殊关系的特别代理人——枢机主教团和特使（Legates）。枢机主教团的地位虽不稳固，但对罗马教廷的中央组织机构而言不可或缺。【18】首先，他们要负责处理教皇去世的善后工作，随即还要召开教皇选举会议（Conclave）选举新教皇。一般而言（并非绝对），新教皇会出自枢机主教团。选举过程中的各种争吵和僵局使得规则要求唯有获得三分之二以上在场投票人的同意才能当选。枢机主教团的人数没有限

圣凯瑟琳的辩论
St Catherine's Disputation, Pinturicchio, 1492—1494, Palazzi Pontifici, Vatican

教皇亚历山大六世委托平图里乔为梵蒂冈圣人室绘制的壁画（1492—1494年）；远处君士坦丁拱门的复制品——以博尔贾家族的纹章公牛做顶——铭文为："献给和平的缔造者"；据信，圣凯瑟琳以教皇的私生女卢克雷齐娅为原型，皇帝以教皇的私生子切萨雷为原型，而骑马的是土耳其苏丹巴耶塞特扣留在梵蒂冈的弟弟杰姆。

定，15世纪后期，其数量呈快速上升趋势：1455年出席选举加里斯都三世会议的有15位枢机主教，1492年选举亚历山大六世的有23位，到他死后（1503年）则已增加到37位。

根据有关教皇职位的理论，虽然教皇是经过枢机主教团的大多数选举出来的，但一旦当选，他就拥有至高的权力，因为他的权力直接来自于基督，故枢机主教团归他掌管。不过实际上，教皇要依靠一些枢机主教的才智与支持。他要召集枢机主教会议共商教廷事务，圆桌式会议象征着人人均有发言权和投票权。教皇必须回报枢机主教以职位，任命其在梵蒂冈的职能部门中任职，但最后的权力仍集中在教皇手中，因为只有他的心仪之人才能成为枢机主教。在14世纪末

引言

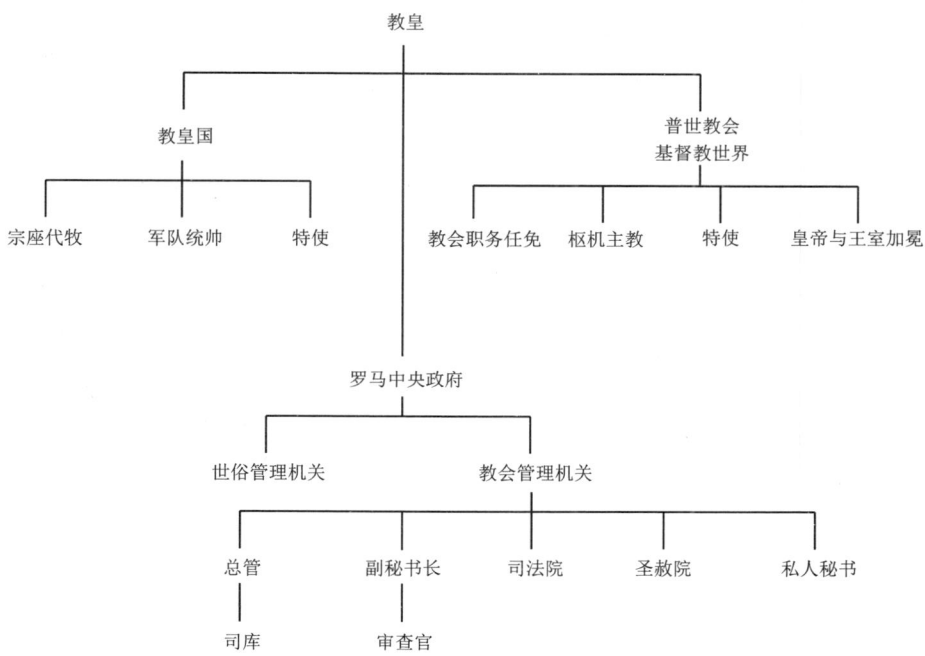

期，教皇的权威已经受到了激烈的挑战。新的理论主张，教皇的权力来源于枢机主教团，因而枢机主教团可以控制教皇。尽管后世的教皇拒不承认这一主张，但这仍为那些敢于挑战教皇权威的枢机主教（比如，亚历山大六世时期的德拉·罗韦雷和阿斯卡尼奥）提供了武器。15世纪，枢机主教们开始在实际行动中争取更大的权力，尤其在教皇选举时。教皇和枢机主教之间所达成的协议也没有本质上的约束力，其效力更多为二者之间实际斗争的结果所影响。【19】亚历山大六

复活
Resurrection, Pinturicchio, 1492—1495, Palazzi Pontifici, Vatican

世在与枢机主教的斗争中充分展现了教皇的反对派是如何被残酷镇压的。

特使作为教皇的官员，常常被教皇派遣去执行一项特殊任务，如为一位国王加冕、动员一次十字军，或者带领使团等。必要时，他们在特定地域还拥有特权。在教皇国乃至整个基督教世界，特使都是及时执行教皇特殊命令的必不可少的助手，拥有凌驾于一切地方组织和等级的权力，并且只对教皇负责。

教皇同时也宣称自己是所有世俗国王和公侯的统治者。只有经过教皇承认，他们的权力才能获得合法性。当然在15世纪，这一宣言更多是理论上的而非被运用于实践中。

通过上述方式，教皇声明自己对基督教世界的领导地位。而罗马教廷的各类仪式则是这种地位的最好体现。对于这些仪式，布尔夏德以文字形式进行了详细的再现。接见仪式中的复杂礼仪与同时代的所有其他宫廷基本相似。使节和显贵按尊卑排序，但在有些方面教廷的仪式具有特殊性。在庄严的场合，教皇作为基督教世界的至高领袖头戴三重冕,但同时也通过传统的亲吻礼来强调教皇在教俗两界的无上地位。这一传统的亲吻礼无论是在接见世俗王公和使节,还是接见枢机主教和其他神职人员时都会出现。受到接见的个人首先走向教皇,脱帽并跪倒亲吻教皇的足,以此显示谦卑和服从,并尊奉教皇是基督在人间的使者和基督教会的首领。随后教皇扶他起身,回赠接吻礼,即以画十字顺序依次亲吻他的前额、下巴和脸颊。这样的仪式表示此人已被基督教接受,并在精神上服从于教皇。【20】这构成了教皇最基本的接见仪式。当然,在某些场合也会有所变动,比如在那不勒斯国王加冕礼上所附加的封臣礼等;而一旦出现仪式有所缺漏的特殊情况,布尔夏德都会予以特别说明。土耳其使节的接见仪式,以及教皇与查理八世的首次会面,都因其与传统仪式的迥然不同而具有其自身意义。

教皇顺应了意大利文艺复兴时期的发展潮流。紧随其他意大利王公的步伐,尼古拉斯五世从15世纪中期开始成为罗马艺术与文化的赞助人,梵蒂冈图书馆的建立正是他的功劳。尽管之后的加里斯都三世和庇护二世更关心十字军,但其后的西克斯图斯四世成为当时人文主义艺术与文化的更大赞助人。与此同时,罗马的教士们也开始关注人文主义,其中的代表就是罗德里戈·博尔贾[*]。当他担任副秘书长时建造了自己的宫殿,担任教皇后更是对艺术大加支持。在他的赞助下,圣母大殿(Santa Maria Maggiore)顺利完工,梵蒂冈的博尔贾宅邸落成并由平托里乔绘制了精美的壁画。尤利乌斯二世时期开始动工的新圣彼得大教堂(布尔夏德参与的最后公务之一)以及米开朗基罗为西斯廷礼拜堂所作的天顶画更是前无古人之作。

大体上,教皇与枢机主教对文艺复兴的资助是有益的。当然,这一举动也引发了像萨沃纳罗拉那样激烈控诉罗马和佛罗伦萨奢靡艺术的例子。【21】更加遭到谴责的是享乐主义、传统道德的崩塌,以及腐败和暴力的盛行。这突出反映在对待私生子的态度上,如此时的私生子可以继承财产、追逐权位;同时他们在家族中拥有合法的地位,社会也不再歧视他们。虽然这种态度值得赞许,但导致其

---

[*] 即后来的教皇亚历山大六世。——译者注

产生的环境并不值得称道，即当时私生子现象非常普遍，以至于人们逐渐认可了这种非法行为。此外，原本依照法律不能结婚的神职人员也开始打破界限，拥有家庭。虽然亚历山大六世只是众多拥有私生子的教皇之一，但他竟毫不掩饰（如不假装说他们是自己的"侄子"或"侄女"），甚至颁布法令赐予他们合法地位，因而更遭人所不齿。

　　文艺复兴时期意大利社会中的妓女阶层也日益壮大并获得了很高的地位，以至于人们开始用"交际花"（courtesan）一词来指代那些拥有很高地位且富有的妓女。威尼斯、佛罗伦萨和那不勒斯的妓女阶层相当兴盛。罗马的妓女数量也很庞大，以至于西克斯图斯四世开始对其进行征税。1490年时，仅那些被称作"交际花"的妓女人数就已达6800人，而当时的罗马城总共就只有近十万人口。亚历山大六世只是继承了前任对妓女阶层的宽容和鼓励态度，但他毫无疑问更肆无忌惮地享受着各种娱乐和通奸的乐趣。

　　腐败和堕落也同样反映到政府事务中。这方面，博尔贾教皇与其他教皇一样。不过在管理上，亚历山大六世却提高了教廷的办事效率。他的确是在与其他枢机主教进行了一番交易后才谋得了教皇之位，但其实当时人认为，这才是成功之道，毕竟他最有经济实力。【22】亚历山大为了上台所使用的手段并不比之前的西克斯图斯四世和之后的尤利乌斯二世更卑劣。只是在他治理下，腐败可能更明显，因为枢机主教可以被随意创立、诏书被滥用、私人财产被侵占。即便是"大赦年"（Jubilee）的捐献之物，也被私吞用作资助切萨雷的军费。后世的教皇虽然仍继续醉心于敛财，但他们不会像博尔贾家族一样如此明目张胆且毫无节制。他们的财富有时会用于支持公益事业（如新建圣彼得大教堂），而不是仅仅为了扩张自己的权力。

　　【23】总之，亚历山大六世绝非一位横空出世的恶魔，而是15世纪教皇制度和时代环境的产物。但仅仅通过大环境来考察亚历山大还不能完全解释因其个人品性而使其背负的各种名声。因此接下来，我们要关注他本人及其家族。亚历山大一直致力于建立和维持一个家族王朝。他凭借教皇之位为他的直系亲属和远房亲戚谋利。出生于1431年的他，在25岁（1456年）时就成为了枢机主教，次年担任副秘书长。在成为教皇前的漫长教廷任职期间，他的家族野心

博尔哈家族世系图

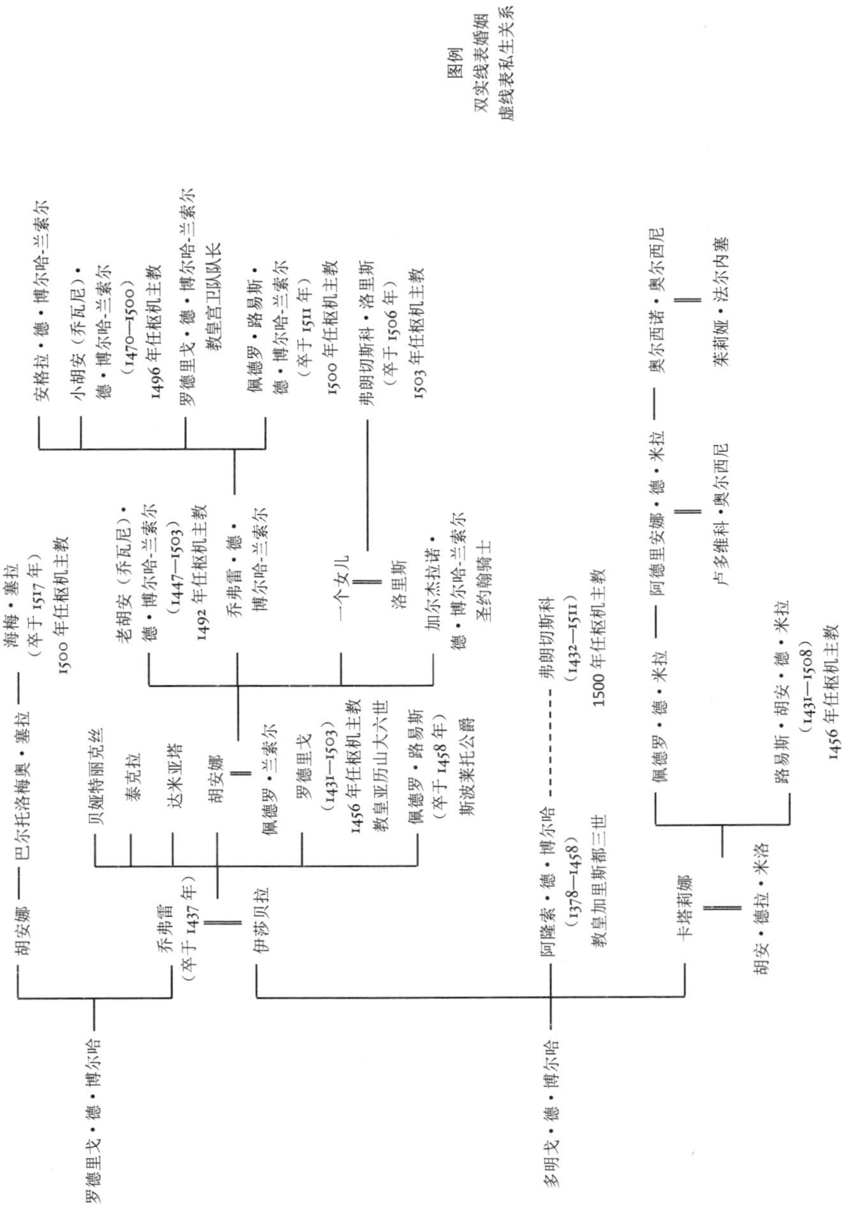
图例
双实线表婚姻
虚线表私生关系
罗德里戈·德·博尔哈
胡安娜
巴尔托洛梅奥·塞拉
海梅·塞拉（卒于1517年）1500年任枢机主教
乔弗雷（卒于1437年）
伊莎贝拉
贝娅特丽克丝
泰克拉
达米亚塔
胡安娜
佩德罗·兰索尔
罗德里戈（1431—1503）1456年任枢机主教 教皇亚历山大六世
佩德罗·路易斯（卒于1458年）斯波莱托公爵
老胡安（乔瓦尼）·德·博尔哈-兰索尔（1447—1503）1492年任枢机主教
乔弗雷·德·博尔哈-兰索尔
一个女儿
洛里斯
加尔杰拉诺·德·博尔哈-兰索尔 圣约翰骑士
安格拉·德·博尔哈-兰索尔
小胡安（乔瓦尼）·德·博尔哈-兰索尔（1470—1500）1496年任枢机主教
罗德里戈·德·博尔哈-兰索尔 教皇宫卫队队长
佩德罗·路易斯·德·博尔哈-兰索尔（卒于1511年）1500年任枢机主教
弗朗切斯科·洛里斯（卒于1506年）1503年任枢机主教
多明戈·德·博尔哈
阿隆索·德·博尔哈（1378—1458）教皇加里斯都三世
弗朗切斯科（1432—1511）1500年任枢机主教
卡塔莉娜
胡安·德拉·米洛
佩德罗·德·米拉
阿德里安娜·德·米拉
卢多维科·奥尔西尼
奥尔西诺·奥尔西尼
茱莉娅·法尔内塞
路易斯·胡安·德·米拉（1431—1508）1456年任枢机主教

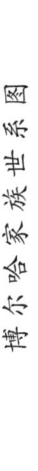

教皇亚历山大六世及其纹章
Stemma e ritratto di papa Alessandro VI dal ms. Borg. lat. 425
Messa di Natale di Alessandro VI

和浪荡生活早已为人熟知。他的长子佩德罗·路易斯的生母是谁尚不为人所知，但他却被任命为西班牙的甘迪亚公爵，不过他在亚历山大成为教皇之前就去世了①。此后，瓦诺莎·卡塔内做了他的情妇，并为他生下了切萨雷、胡安、卢克雷齐娅和乔弗雷四个孩子，因此很受眷顾。瓦诺莎是一位有些财产的罗马女人，她的几任丈夫都是有头有脸的人物，最后一任是卡洛·迪·卡纳莱，他在1498年被亚历山大六世任命为诺纳塔（Torre di Nona）监狱的主管。【24】当亚历山大还是枢机主教时，可能还和其他情妇留有私生子，但在担任教皇后，他最宠幸的当属茱莉娅·法尔内塞。她为他生了两个孩子——乔瓦尼和罗德里戈（遗腹子）。亚历山大精力充沛的个性和对他那庞大家庭的"关照"都是那么臭名昭著：在任教皇时，他不仅为家族谋利，而且还把远亲安插在罗马的各个权力部门中，特别是安插到枢机主教团中②。但亚历山大并非唯一一个，也不是第一个如此行

---

① 参见亚历山大六世的家族世系图。
② 除了路易斯·胡安——亚历山大的表兄弟，他与罗德里戈同时被任命为枢机主教，并在1508年死于西班牙——外，亚历山大六世时期担任枢机主教的博尔贾家族成员还有8位：儿子切萨雷、侄子蒙雷阿莱的老乔瓦尼·博尔贾、侄孙小乔瓦尼·博尔贾、堂弟弗朗切斯科·博尔贾、佩德罗·路易斯（小乔瓦尼·博尔贾的兄弟）、表侄海梅·塞拉、侄孙弗朗切斯科·洛里斯、乔瓦尼·卡斯特拉尔（与亚历山大六世的亲属关系不明）。参见博尔贾家族的世系图。

引言

"豪华者"洛伦佐·美第奇接受朝贺
Lorenzo the Magnificent receives the tribute of the ambassadors, 1556—1558,
Palazzo Vecchio Museum, Florence

事的教皇，只是他的做事程度远超其他教皇。

亚历山大任人唯亲的政策绝非其统治后期博尔贾家族如此遭人唾弃的全部原因，也并非1503年后博尔贾家族权力崩溃（包括在枢机主教团中）的唯一缘由。博尔贾王朝权力分崩离析的部分原因在于亚历山大死后，其子切萨雷无力仅凭武力控制局面，但这也不能完全解释博尔贾家族为何不得人心。其不受欢迎的主要原因在于博尔贾家族的西班牙血统，并且还经常被其引以为傲，由此也引发了很多来自意大利的憎恨。

博尔贾家族长久以来都是西班牙哈蒂瓦（Jativa）的一个名门望族。直到阿隆索·德·博尔哈当选为教皇加里斯都三世后，通过提升其西班牙亲戚们的地位和财富才将这股西班牙势力带到罗马。虽然家族中的有些人把姓氏改成了意大利姓氏"Borgia"（博尔贾），但另一些成员却仍旧保留着西班牙的姓氏"Borja"（博尔哈）。博尔贾家族在意大利被看作是暴发户，在加里斯都三世在位末期就十分遭人厌恶。

【25】最后，亚历山大六世自己彻底激化了意大利的反西班牙情绪。无论是在任教皇期间政局混乱时，以及当法国入侵意大利时，他都将希望寄托于西班牙，因为他断定西班牙君主可以保持在南意大利的优势地位。虽然后来由于切萨雷的影响以及曾考虑与法国结盟，他自己也有过短暂的动摇，但在其统治末期 他再次明确了亲西班牙的政策。这种政策对于一位出生在西班牙的教皇是很正常的，但却加剧了意大利人对博尔贾家族的不满情绪，因为这些博尔贾人已经在亚历山大在位时重新"入侵"罗马。在1503年，甚至爆发了激烈的官方及民间的反西班牙活动。民众欢庆教皇之死，枢机主教团也不再同意让西班牙人担任教皇，后来的尤利乌斯二世也痛斥亚历山大六世为"西班牙佬"，这些无不展现出上述的厌恶情绪。

毫无疑问，亚历山大的形象因为这股反西班牙情绪的高涨受到了极大的歪曲。最终这些偏见超过了他上位之初人们对这个充满活力的家族的良好印象。他的子女也同样为这种偏见所包围。其实客观而言，他们并没有人们想象得那么可怕，也没有导致那么多恶果。亚历山大对瓦诺莎的四个孩子都寄予厚望。但无论是第二任甘迪亚公爵胡安还是乔弗雷，都不是强有力的角色。无论是最初在西班牙行使王公之职，或是随后在教皇国效力，胡安的能力都无法达到父亲对他的期望，一事无成就于1497年一命呜呼。最小的儿子乔弗雷虽然与阿拉贡王室联姻并被封为斯奎拉切亲王（Prince of Squillace），但其影响力可以忽略不计。在罗马，他的妻子桑奇娅也被同性恋的丑闻弄得声名狼藉。不过乔弗雷本人并未遭到任何指控。出于兄弟间的忠诚，在亚历山大去世后的危急关头，他站在了切萨雷一边，但其后一直比较低调，也没有被博尔贾家族的仇人迫害。

【26】【27】卢克雷齐娅同样不应如此受人谴责。她不是一个放荡和充满罪恶的吸血鬼，她不过是她父兄政治野心的不幸牺牲品而已，甚至很长时间内让人误以为她是罗马教皇宫廷中的首席贵妇。布尔夏德对她的描述很少但并无贬斥之意。其他同时代作者的记述也不像后世故事编写得那样不堪。卢克雷齐娅稍有姿色。作为一个女孩，她醉心于博尔贾家族在罗马的奢华生活和仪式中，但除此以外，她只是一个用于家族联姻的棋子。她对第二任丈夫比谢列公爵的喜爱并未挽救他最后惨死于切萨雷部下的刀下。这出悲剧过后，卢克雷齐娅与阿方索·德·埃斯特的第三段婚姻终于给了她安全而稳定的生活。她后来在费拉拉的成年生活可以成为我们了解其性格和能力的关键。只有仅用"奢靡"等词来形容她在罗马宫廷的早期生活时，她的性格和能力才是无法被理解的。

切萨雷确实以冷酷地追求权力与残忍的手段而著称。他杀人不眨眼，不择手段地追求自己的目的，对待女人也毫不手软。很明显，在亚历山大在位的最后几年中，切萨雷对罗马的影响已经超越了他的父亲。虽然他的权力膨胀得很快，但我们也不能夸大其能力。他的军事与政治谋略把教皇国凝结为一个整体，具有应对危机的能力，同时也拥有博尔贾家族天生的管理才能，把被他征服的城镇治理得井井有条。【28】马基雅维利作为佛罗伦萨的使节见证了这一切，并深切感受到了切萨雷的人格魅力，但他在《君主论》中把这位公爵的人格描绘得过于伟大和理想化了。实际上，切萨雷在洞察力和外交手腕上比他父亲要欠些火候，这成了他的致命弱点。在亚历山大六世去世时，有许多因素导致了切萨雷的失势，但可能最需要注意的是他盛名难副。由于缺乏像他父亲一样的组织能力和倾听意见的意愿，他更像是一个人在战斗。他的性格在很多方面仍然是个不解之谜，但他在教皇国所取得的成就很大程度上是得益于他父亲的权势。后来的尤利乌斯二世正是在切萨雷的成就上继续巩固教皇的势力的。而切萨雷的失败也标志着博尔贾家族希望在教廷内维持其财富和世袭权力企图的失败。

亚历山大六世后裔表

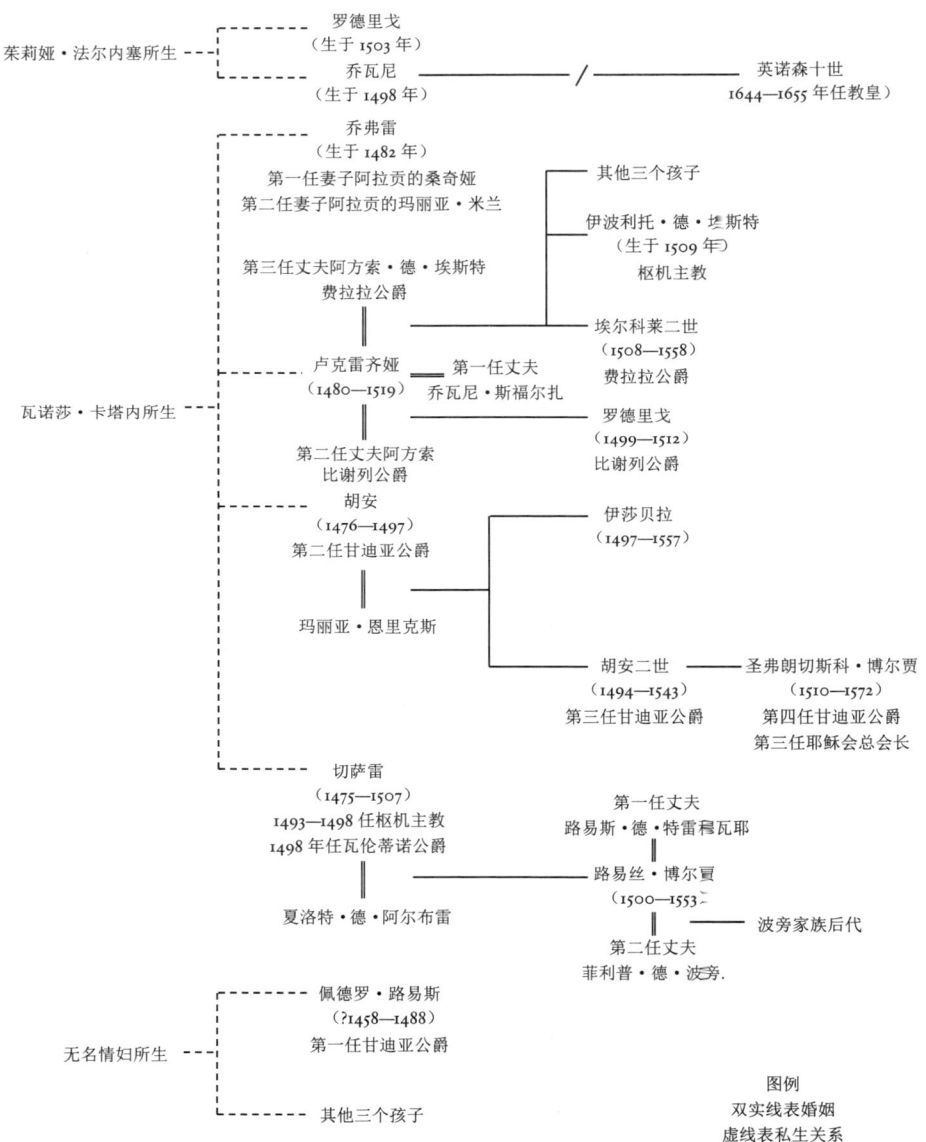

以政治和王朝目标的成败来作为评价亚历山大六世的主要标准，这本身就表明了亚历山大六世，或者说文艺复兴时期教皇最根本的失败所在。是否应该持这一标准来看待教皇的争论并不是 15 世纪晚期才首次出现。数十年前就有很多批评家对教皇的各种诉求和政策提出了批评。但必须承认的是，亚历山大使得这一批评受到广泛关注。大赦年，前来罗马的二十万朝圣者感受到了文艺复兴时期教会的物质主义和腐败堕落。虽然博尔贾家族的罗马与文艺复兴其他时段的罗马并无太大差异，亚历山大六世与其他文艺复兴教皇也并无很多不同，但对于亚历山大六世的所有敌人——家族的私敌、教会腐败的批评者以及文艺复兴教皇制度的攻击者而言，亚历山大代表了一切道德上的罪恶和无耻。【29】然而，与这一时期的许多其他论断一样，我们多少可以从布尔夏德的记述中看出，这样的论断需要在多大程度上进行限定。尽管不无瑕疵，布尔夏德的《日记》仍然是那个时代有力的见证者。作者笔下那些摄人心魄的故事和思想，引人遐想的社会生活图景，以及丰富多彩的人物角色（其中最耀眼的当属罗德里戈·博尔贾，教皇亚历山大六世），都可以帮助我们理解那个时代。

　　本书文本全部来自塞拉尼（E.Celani）编辑的两卷本《从 1483 至 1506 年的约翰·布尔夏德日记》（*Johanni Burckardi Liber Notarum ab anno 1483 usque ad annum 1506*，Citta di Castello，1906），这也是布尔夏德《日记》的权威版本。由于布尔夏德对亚历山大六世统治时期的记述篇幅过大，有接近二十五万字，占据了整本《日记》的一半以上，因此我们在节选时进行了删减，保留了六万字。尽管大部分原文都被舍弃，但它们都是些重复而烦琐的仪式细节以及在梵蒂冈效力的人员名单和头衔清单而已。此外在原始的《日记》里，还保留了不少有价值和意思的插话，它们散布于那些仅对布尔夏德这个礼仪官有用的日常官方的记述中。

序幕：教皇亚历山大六世的当选

【33】教皇英诺森八世逝世后，历经繁冗拖沓的教皇选举会议，罗德里戈·博尔贾最终于1492年8月11日当选为新一任教皇，史称亚历山大六世。在此之前，他已位居枢机主教，并担任教皇的副秘书长长达35年之久。罗德里戈的职位、经验以及财富无不使其成为最具影响力的几个主要教皇候选人之一。即便拥有西班牙血统，但他仍深受欢迎。然而，他的当选却得益于教皇选举会议上支持其他候选人的不同派别所形成的竞选僵局。其中一派以枢机主教阿斯卡尼奥为首。他本人是米兰摄政洛多维科·斯福尔扎的弟弟，受到法国国王查理八世的庇护。法王非常希望能扶持一位对那不勒斯统治者阿拉贡的费兰特持敌对态度的新教皇。另一派则受那不勒斯国王支持，以枢机主教德拉·罗韦雷（后来的教皇尤利乌斯二世）为首，力保选举出一位对那不勒斯更友善的教皇。身处这两大派系之外的枢机主教博尔贾有着自己的支持者。当上述双方的争斗陷入僵局时，他通过大量的行贿和许诺（尤其是向阿斯卡尼奥承诺给予其副秘书长之职和博尔贾宫），最终保证其以三分之二的多数票当选。

布尔夏德参加了亚历山大六世的就职典礼，但他的《日记》却没有1492年7月至12月的相关记录。根据其他记载，新教皇显然对自己的当选欣喜不已。他迫不及待地穿起教皇的法袍，立刻向罗马全境通告选举结果，之后又在8月26日的加冕礼上尽情狂欢。这场在罗马城中备受瞩目的盛大典礼热烈、奢华，让这位新教皇精疲力竭，几近昏厥。这一切无不显示出他的欣喜之情。对一些人而言，上述仪式与基督教传统仪式相比更具异教性。某些人更是为选举中公开的圣职买卖行为所震惊。为确保获得当选的最后一票，罗德里戈竟然向95岁高龄的威尼斯枢机主教贿选。不过，大多数评论家对此表示认同，认为这样的过程实属正常。而博尔贾枢机主教在出价和谋略上确实要比其他竞争者技高一筹。【34】

米兰公爵加莱亚佐·马里亚·斯福尔扎
Portrait of Galeazzo Maria Sforza, Piero del Pollaiolo, c. 1471, Uffizi Gallery, Florence

新教皇任人唯亲这点是众所周知的。因此，仅仅在继任之初做出要避免任人唯亲的姿态后，亚历山大六世便开始着手建立自己的家族王朝。在11月1日召开的第一次枢机主教会议上，他让自己的长子，年仅17岁的切萨雷继任瓦伦西亚大主教，并任命自己的侄子蒙雷阿莱大主教乔瓦尼·博尔贾为枢机主教。同时，其他博尔贾家族的宗亲也云集罗马，不久便都被安置在各种行政和管理职位上。

在罗马及其辖区之外，亚历山大六世的当选也广受许多欧洲统治者的真心欢迎。因为亚历山大六世不仅有着公正、有力的统治声望，而且还立刻恢复了罗马城的相对和平和秩序。在此之前，罗马城则是一片混乱。作为教会首领和意大利的统治者，新教皇所面临的罗马之外的局势要更为广阔复杂和不容乐观，其政策也需要综合各种因素进行调整，而这些因素正是导致教皇选举会议内部不和的那些因素。在教皇国境内，他同样面临着忧患，不过他已决心要压服这些具有威胁性的好战家族，诸如科隆纳、奥尔西尼和萨韦利家族等。当然，这些内部争斗往往又成为相互敌对的意大利各邦以及欧洲政治势力斗争的一部分，并且

博尔贾宫廷：布尔夏德日记选（插图本）

米兰摄政"摩尔人"洛多维科·斯福尔扎
Portrait of Ludovico Sforza, Giovanni Ambrogio de Predis, Miniature from the Grammatica Latina by Elio Donato, Castle Trivulzio Library

与这种斗争比起来，显得相形见绌。北意大利依然是神圣罗马帝国的组成部分，不过皇帝的统治只是徒有其名。佛罗伦萨的洛伦佐·德·美第奇才是半岛英明、稳定的长期领导者。1492年4月他的离世使得处于其不得人心的儿子皮耶罗治下的佛罗伦萨政府陷入混乱，前途未卜，并饱受萨沃纳罗拉和其他一些人的非议。与此同时，富强而具有绝对影响力的威尼斯正耽于与土耳其的争端中。结果，洛多维科·斯福尔扎，这个以其侄吉安·加莱亚佐（真正的米兰公爵）之名进行统治，并试图取代其合法地位的米兰摄政，希望借助法国的帮助进一步扩张自己的势力。1492年5月，斯福尔扎与查理八世正式达成协议，支持法国夺取那不勒斯，并计划促使法国远征意大利。

因国力弱小，费兰特治下的那不勒斯王国是引发意大利动荡及阴谋诡计层出不穷的源头，同时也是对欧洲敌对势力的极大诱惑。【35】尽管费兰特极具政治远见，但其统治似乎在1492年也走到了尽头。国内对王朝的效忠和同情因长期的暴政几近殆尽。家族统治权也面临着来自西班牙和法国的挑战。他们均声称对那不勒斯拥有同样的统治权。因为费兰特是阿拉贡家族阿方索五世的私生子，所以他的堂兄弟统治西西里岛和西班牙的费迪南，一直希望将那不勒斯置于控制之下，尽管费迪南暂时仍极力支持费兰特反对法国的声索。相比之下，作为西欧最强大的统治者，法王查理八世坚称古老的安茹王朝对那不勒斯有统治权，并积极准备派遣军队远征那不勒斯。最后，教皇也享有，并且也被公认为享有任命那不勒斯统治者的传统权力，因为那不勒斯亦为教皇封地。

上述局势使得教皇亚历山大六世有必要寻求与西班牙和那不勒斯的阿拉贡家族建立深厚友谊，以便同仇敌忾对付法国。然而在继任教皇之初，由于与费兰特私交不佳，亚历山大有时也不得不另寻良策，特别是在那些得到斯福尔扎支持的问题上。除此之外，值得一提的是这位新教皇建立王朝的野心，以及扶植其子嗣进入教皇权力事业的初衷。切萨雷16岁的弟弟胡安继承了西班牙的甘迪亚公爵领，注定享有西班牙式贵族的高贵权威和荣誉；而年仅十二岁的小姑娘卢克雷齐娅和最年幼的弟弟乔弗雷，则成为他们父亲精心谋划政治联姻的棋子。

第1章

阿拉贡的费代里戈大人访问罗马

>> 1492年12月—1493年1月

【37】随着教皇选举的结束,国王费兰特与亚历山大六世之间的关系旋即变得紧张起来。尤其是当国王继续支持德拉·罗韦雷枢机主教,并暗中与在那不勒斯政府中占据要职的奥尔西尼家族密谋时,二者的关系显得更为紧张。在1492年8月之后的数月中,教皇与那不勒斯之间似乎很有可能会爆发冲突。在这种情况下,德拉·罗韦雷迅速离开了罗马,在他的奥斯蒂亚要塞找到了一个安全的避难所;而费兰特,为了自己的王朝利益着想,无法继续保持对教皇的敌意状态。因此,费兰特国王开始谋求与亚历山大六世建立更为亲密的友谊关系。为达到这一目的,他派遣次子费代里戈大人于1492年年底前往罗马。费代里戈大人此行有两个目的:他不仅要代表那不勒斯国王向新教皇宣誓效忠,并且还要说服亚历山大六世与那不勒斯王国建立一定程度的联盟关系。费代里戈王子发现,尽管在官方的效忠仪式上,教皇对自己的态度还算合乎礼仪,但自己的其他建议却遭到冷遇。在没有完全达到父亲为自己设定的两个目标的情况下,他于1493年1月离开了罗马。此时的教皇对费兰特国王的一系列举动仍然怀有根深蒂固的不信任感,因此他希望继续寻求与斯福尔扎家族建立起反那不勒斯的联盟。

12月的第一周，那不勒斯的卡拉法枢机主教告诉我，费兰特国王的次子费代里戈大人即将来到罗马，代表他父亲向教皇宣誓效忠；并且费代里戈王子非常希望在他抵达住所之前能够先拜见教皇，表达对宗座陛下*的敬意。卡拉法枢机主教想知道的是，在教皇就此事向我征询意见时，我是否会同意费代里戈大人提前拜见之事。【38】事实上，宗座陛下很快就传召了我，并当着他的侄子蒙雷阿莱的枢机主教乔瓦尼·博尔贾和副秘书长阿斯卡尼奥枢机主教等人的面，询问我的看法。教皇的第一个问题是，接见费代里戈王子的枢机主教数量与等级；第二个问题是，教皇是在王子一进入罗马就接见他呢，还是按照惯例，仅在他向教皇宣誓效忠那天才接见他。关于第一个问题，我告诉宗座陛下，应派两名枢机主教接见王子，一名为司铎枢机（cardinal-priest），另一名为执事枢机（cardinal-deacon）。其中一人可以是乔瓦尼·博尔贾枢机主教，因为他不仅是一名神父，而且还与教皇有血缘关系。至于第二个问题，我指出，虽然按惯例，派来罗马宣誓效忠的使节在他们于公开的枢机主教会议上宣誓前通常得不到教皇的接见，但这次规则也可稍作变通。作为王室之子的费代里戈大人，可以在

1490 年左右的罗马
View of Rome in Italy, around 1490, Artist not known by name, included in Schedel's work, Drawn around 1490, published in 1493

---

* 即教皇。后文"教宗"也指代教皇。下同。——译者注

他抵达罗马当天获准亲吻宗座陛下的足*。我补充到,此举是非常适宜的,因为不久前费拉拉公爵觐见教皇时,就在抵达自己寓所前获得了类似恩宠。

教皇很满意我在第一个问题上的回答。他指派阿斯卡尼奥枢机主教和乔瓦尼·博尔贾枢机主教在阿西纳里亚门（Porta Asinaria）外接见王子,并要求他们遵照传统礼节陪同他。但同时教皇认为,费代里戈大人应该直接被护送到他此行的住所阿帕斯托利宫（Palazzo dei Apostoli）,而不应该在到达之日就拜访梵蒂冈。因为王子将于 12 月 9 日星期日进入罗马,鉴于当天正好有弥撒和布道,因而那天下午 3 点前不大可能在阿西纳里亚门外举行欢迎仪式；而过了 3 点钟,他又没有足够的时间前往梵蒂冈,然后再被护送到阿帕斯托利宫。因此,教皇要求我当天（12 月 6 日）晚些时候再过来,向费兰特国王的使节亚科波·蓬塔诺解释宗座陛下不能立刻接见王子的原因。【39】我向亚科波解释后,他表示反对,因为他已经写信告诉王子,说教皇应允接见他,费代里戈王子也对此非常满意。所以此事已关系到教皇和王子的荣誉,现在不能更改。这一消息使得宗座陛下陷入了新的犹豫中,他最终决定将在星期日弥撒前与枢机主教们商议此事。

卡拉法枢机主教再次找到我,想了解事情的进展情况。他对教皇的犹豫不决深感惊讶,因为在王子到达罗马的当天就接见他,这原本是宗座陛下本人的主意。然后,他询问了自己及其他枢机主教陪同王子的方式及程

那不勒斯国王费兰特（费迪南一世）塑像
Ferrante (Ferdinand I) of Naples

---

* 即拜见罗马教皇。——译者注

序，因为他指出，由于当天弥撒结束得晚，白天又很短，他们需要骑马跑三四英里到城外欢迎王子。为解决这一问题，我建议，在弥撒接近尾声时，被委以接待王子任务的枢机主教们可以骑马沿着特兰斯蒂博里纳大道（Via Transtiberina）与王子碰面；其他枢机主教及其家族成员在吃完晚餐后再与王子见面。在卡拉法枢机主教的指示下，我又征询了锡耶纳的皮科洛米尼枢机主教的意见。他的想法是，在星期日早上，他和卡拉法枢机主教应该请求教皇允许他们不参加弥撒，一旦得到许可，他们就可以出发迎接王子。与此同时，弥撒正常举行，其他枢机主教也可以回家，很多家庭可以享用他们的晚餐。而枢机主教阿斯卡尼奥和乔瓦尼·博尔贾，以及他们其中一个家族的成员则不能享用晚餐。他们要以官方形式起程迎接费代里戈大人。当阿斯卡尼奥和乔瓦尼·博尔贾枢机主教一行人到达后，卡拉法和皮科洛米尼枢机主教则离开王子，骑马沿另一条路线返回教皇宫，在那里与教皇一起等待王子的到来。卡拉法枢机主教对这一方案基本满意，但他对其中一点略有疑虑，即如果自己和皮科洛米尼枢机主教在王子单独会见教皇这一问题上，尚未与其他枢机主教达成一致意见就贸然在星期日早上离开宗座陛下，一旦王子不能单独会见教皇，他们就不知道该如何向费代里戈大人解释，并且由于自身无法帮助王子在教皇面前争取更多利益，王子到时会怎么看他们。

【40】【41】【42】通过枢机主教间的这些磋商，我得出结论：我们应该告诉宗座陛下这些建议的细节，以及他们将不参加弥撒而去迎接王子的方案。然而，到了12月9日星期日，在教皇即将动身去教堂做弥撒时，费代里戈大人的一位传令官前来觐见。他报告说，由于大雨耽误了行程，王子请求教皇允许将其访问罗马的时间推迟至下周二。教皇仁慈地批准了这一请求。

因此我在星期一破晓时骑马前往马里诺（Marino），与阿尔塔穆拉亲王费代里戈会面，以便在其动身前往罗马前告知他进城的相关安排。到了马里诺后我才发现，费代里戈大人已经对他的路线及接待的诸多细节了如指掌，包括对自身应履行的各项职责也谙熟于胸。第二天上午，作为王子密友的卡拉法和皮科洛米尼枢机主教从罗马城外骑行两英里多，迎接日益临近罗马的王子。在以恰当的礼节对王子的到来表示欢迎后，他们沿着大道一直护送王子到拉蒂纳门（Porta Latina）才转身离开。之后，王子在随从们的陪伴下，继续向阿西纳里亚门行进。一路上，王子只在拉特兰教堂（Lateran Church）大门外做了短暂停留，这一方面是由于他要躲避污泥，另一方面是因为正式迎接他的两位枢机主教未能如期抵达阿西纳里亚门外。与此同时，所有枢机主教们的家族成员以及在罗马的皇家使节都出来迎接王子，其中有奥尔西尼枢机主教的兄弟朱利奥·奥尔西尼大人，以及其他诸多贵族。他们均从马上下来，准备向费代里戈大人致敬。但王子婉拒了这种方式，并最终使他们重上坐骑。王子则继续骑在马上，又等了约一个小时，才终于等到两位受命前来迎接自己的枢机主教——阿斯卡尼奥与乔瓦尼·博尔贾。【43】他们是在下午 2 点抵达阿西纳里亚门的，在以正式的礼节向王子表示欢迎后，继续护送王子向前行进。①

当一行人进入圣约翰拉特兰大教堂（St. John Lateran）那伫立着骑马者青铜像的庭院后，教皇宫的教士以及教皇的家族成员都走上前迎接王子的到来。尽管教皇宫总管塞哥维亚主教巴尔托洛梅奥大人的地位仅在所有出席的神职人员中位列第五，但却是他在向王子致欢迎辞。② 王子由七名特使陪同。他们均为贵族出身，此次受命陪同王子向教皇宣誓效忠。我将这些人安排在行进队伍中紧随在费代里戈大人身后的重要位置上。我们的入城路线是先从罗马竞技场到德拉孔索拉齐奥内救助所（Ospedale della Consolazione）附近的新圣母玛利亚教堂（Church of Santa Maria Nova），再从萨韦利宫（Palazzo Savelli）前穿过，经过鱼市（Pescheria）、埃布雷伊广场（Piazza degli Ebrei）以及鲜花广场（Campo di Fiori），最终抵达圣彼得的梵蒂冈宫*。我认为枢机主教们肯定拖延时间了，因为教皇试图迫使费代里戈大人直接骑马前往阿帕斯托利宫，而不是当天访问梵蒂冈宫。这无疑与宗座陛下之前同

---

① 尽管费代里戈不确定教皇会怎样接待自己，但他在整个过程中都表现得十分彬彬有礼。到后来，当他离开枢机主教时（见第 45 页；此页码均为英文版原书页码，下同。——译者注），他已完全意识到他们在协助教皇接待自己过程中有诸多违背常规之处，以及教皇对自己的冷漠。因此，他在那种情况下表达谢意显得非常尴尬。
② 按照正常程序，这样的致辞本应由地位最高一级的神职人员发表，但在此却没有出现。这种安排反映出教皇对费代里戈阁下的有意轻视。
* 即教皇宫，下同。——译者注

意考虑王子所求，并在与枢机主教商议后满足其愿望的决定相悖。

最终，在尊重费代里戈大人意愿的基础上，教皇的持盾护卫跟在那些陪同王子的王公、贵族及其家族成员之后，而我们的王公们则陪同在教皇宫卫队长罗德里戈·博尔贾①左右。另有六名侍从骑行在王子和教皇的警卫官之前。【44】其中第一位侍从身着法兰西风格的服饰，骑着一匹法国马，携带镀金的银质弓箭和箭筒；第二位则身着土耳其服装，挥动着标枪，并像土耳其人一样骑着一匹野马；第三位则以西班牙人的装扮出现，携带一柄长矛，骑着一匹浅色的西班牙马；第四位身着连兜帽圣衣，酷像一名教士；第五位背着深红色的背包；第六位佩戴着一把剑，这把剑装在一个镶嵌满珍珠和宝石的剑鞘中，其中珠宝的价值就高达 6000 达克特。②这些侍从所骑的马被装点一新，富丽堂皇。马身裹着金色的锦缎马饰，头戴价格昂贵的头饰，颈圈则缀满珠宝。王子身穿紫色天鹅绒套装，衣领上镶嵌的珠宝价值达 6000 达克特，同时还佩戴着一把同等价值的剑。王子马缰上所镶的珍珠与名贵宝石就值 3000 达克特。所有的马饰均金碧辉煌，引人瞩目。在队伍前方开路的是几百匹身裹红色马衣的马。不过我没能估计出它们的数量，据说这群马有七八百匹。到了道路不够宽敞的地方，枢机主教乔瓦尼·博尔贾骑行在前，其后依次为王子和阿斯卡尼奥枢机主教。这种做法与之前卡拉法和皮科洛米尼枢机主教在遇到类似状况时的做法截然相反。他们二人在遇到较窄道路时，谦和地跟在王子之后。

一到梵蒂冈宫，我们便登梯来到毗邻秘书室的新房中的最后一间。教皇与五名枢机主教已在那里等候着王子的到来。王子走向前亲吻了教皇的足、手和脸颊，然后跪在宗座陛下身旁的垫子上。随行的七名特使与王子家族中的王公贵族们也依次向教皇行了吻足礼。【45】阿斯卡尼奥枢机主教曾主张应该在所有枢机主教身后为王子安排一个座位，而我却力图避免这种情况的

---

① 亚历山大六世姐姐的孙子，蒙雷阿莱的乔瓦尼·博尔贾枢机主教的侄子。亚历山大六世当选教皇不久，他即被任命为教皇宫卫队长。

② 1 金达克特在 1500 年相当于约 10 先令。虽然我们很难用任意一种现代货币标准来准确衡量它，但在原有数值上乘以 20，我们可以得到它的大概价值。因此，6000 金达克特也就相当于约 60000 镑。

发生。因为在我看来，王子坐着是不合礼仪的，相反他应该保持跪姿。

当所有仪式完毕后，王子在卡拉法和皮科洛米尼枢机主教的护送下来到枢机主教德拉·罗韦雷的阿帕斯托利宫。他将入住这里。教皇宫的神职人员、特使和其他高级教士，仍保持着从拉特兰教堂骑行到梵蒂冈的骑行次序，紧随其后。到达宫殿大门后，王子曾试图向枢机主教们表达自己的谢意，但他们却没有给王子这个机会。骑行到花园入口处后，他们就与其他高级教士一同离去了。由于已到夜间，费代里戈大人没能向枢机主教们统一致谢；此外，由于枢机主教们在向教皇引见王子时没有遵循惯常的做法，因而王子也无法以恰当的方式向他们单独表示谢意。①

教皇在 12 月 21 日星期五早上离开住所前，将枢机主教们召集起来，并让我与乔瓦尼·马里亚大人担任礼仪文书（Clerks of Ceremonies）。教皇询问我们，在接见身为王子、公爵以及费兰特国王次子的费代里戈大人的那天，应该做何安排，以及王子应该什么时候在枢机主教会议上宣誓效忠。宗座陛下尤其想知道，应该安排王子位于枢机主教们中间，还是其后。我告知教皇，之前费兰特国王的四子弗朗切斯科大人来到罗马代表其父向教皇英诺森八世宣誓效忠时，两名枢机主教被派到远至财政院的地方去迎接他，并将他带到教皇面前。有了这个先例，我建议可以仿效这种安排。我进一步指出，尽管在效忠礼上，通常不安排护送，但若是国王的儿子或是显赫的王子前来宣誓效忠，程序可以稍作变通。【46】此外我提议，费代里戈大人应该被安排在倒数第二位执事枢机之前。枢机主教圣塞韦里诺和教皇均表达了类似的想法。王子通过罗马总督、塔拉戈纳大主教提醒教皇，他在教皇保罗二世在位期间来到罗马时，是被安排在曼图亚的枢机主教之前的，他那时是等级最低的执事枢机。

在听取了我的意见后，宗座陛下起身，并在枢机主教们围在他身边时，收走了所有枢机主教的投票。当时我正跪在他们中间。阿斯卡尼奥以及其他一两位枢机主教在投完票后指出，他们记得费代里戈大人的弟弟——弗朗切

---

① 参见第 43 页的脚注。

斯科大人当时是被安排在所有执事枢机之后。尽管在我看来这不正确，但我未作任何评论。不过我也插话指出，这两个王子一个是四子，另一个是次子，出于这个原因，二者的等级是不同的。在我插话时，阿斯卡尼奥枢机主教向我问道："费代里戈大人与米兰公爵，二者中谁的地位更高？"我回答说："据我们所知，在仪式中，费代里戈大人的地位要比米兰公爵高不少，因为费代里戈大人作为国王的儿子，地位不仅高于公爵，甚至还高于神圣罗马帝国的选帝侯。"泽诺枢机主教在投票之前曾反对说，投票不应该当着我与乔瓦尼·博尔贾的面进行。但当教皇指出，因为我俩是负责将决策付诸实施之人，所以必须尽可能清楚地知晓这些讨论与决定后，泽诺枢机主教同意在与他所传召的皮恩扎主教意见协调一致的基础上进行投票。然而问题仍然没有得到解决。由于皮恩扎主教被派去陪同费代里戈大人，未能前来，所以泽诺枢机主教坚持拒绝投票。【47】最终，宗座陛下决定接受多数投票人的意见，委派两名最年轻的枢机主教护送费代里戈大人从财政院到教皇面前；并且（如先例中的那样）安排王子位于最后一名执事枢机之前；不过今天在宣誓效忠时，他不应坐在枢机主教中间，而应该与他的特使们一起站在司铎枢机后面的传统位置上。

　　在费代里戈大人向宫殿走来的同时，最年轻的两名枢机主教——阿斯卡尼奥和圣塞维里诺，与教皇的众多随从一起前往通向宗座厅（Sala dei Pontefici）的阶梯处与王子会面。他们在那里向王子表示了欢迎，并与王子的陪同们（包括前面提到的七名特使）一起护送王子。我们做出这样的安排，可以让费代里戈大人的随从及其他使节在下马后能够迅速到达教皇所在的房间。随后王子与两位枢机主教（阿斯卡尼奥在前，圣塞维里诺在后）以及跟着他们的其他同伴来到宗座厅。

　　当他们一行人抵达后，王子与七名特使按照惯例，依次亲吻教皇的足、手与脸颊。之后，费代里戈大人宣称费兰特国王将会谦卑地效忠和尊崇宗座陛下，并向教皇展示了父亲的亲笔书函。随后，所有的特使后退至合适的位置。两名枢机主教护送王子来到枢机主教席的最后（但未越出枢机主教席）。卡帕乔主教大声宣读了一系列王室信函，包括费兰特国王对其爱子——安德里亚公爵、阿尔塔穆拉亲王及王国统治者——的特别引荐，以及对奉命宣誓效忠的其他使者的称赞。之后，圣马可主教发表了演说。在枢机主教会议的最后，王子托起了教皇的裙裾。当教皇褪去法衣后，他命令西波枢机主教和科隆纳枢机主教以恰当的礼仪把王子送回阿帕斯托利宫。最终，他们确实彬彬有礼地完成了任务，因为一遇到道路狭窄的地方，枢机主教们就坚持让费代里戈王子走在前面。

【48】12月24日星期一，我们主的诞辰日前夕，教皇在杜卡勒厅（Sala Ducale）穿上得体的新法衣，穿过教皇宫的其他大厅，下楼来到宫殿的主庭，再通过公共走道来到圣彼得大教堂。枢机主教们走在他前面，普通教士紧随其后。他们均头戴兜帽。① 在圣彼得大教堂，枢机主教们向宗座陛下致敬，然后与教士一起，以非严格的顺序，依次接受教皇赐予的特制法衣。不过第一批枢机主教在向教皇致敬后却犯了一个错误。他们在行礼后直接领受了法衣，而没有等其他枢机主教行过礼后一起领受。因为只有这样，所有的枢机主教才可以在高级执事（deacon）的协助下一起穿上法衣。在仪式上，教皇在圣歌声中吟咏了《晨祷》（*Prime*）和《圣母颂》（*Magnificat*）。与此同时，副执事（subdeacon）贝尔纳迪诺·甘巴拉大人吟诵了圣歌前的诗句（有一次是在我的协助下完成的）。弗朗切斯科·布里维奥大人对圣歌提供注解。费代里戈大人坐在阿斯卡尼奥与圣塞维里诺枢机主教之间，其他仪式均以传统方式进行。教堂的圣器收藏室总管已将圣彼得大教堂装饰一新。他在主祭台上方廊台的三面悬挂了许多帷幕，上面描绘的是古希腊的场景。他的这种做法沿袭了教皇保罗二世时的惯例。同时，在教皇亚历山大六世的指示下，正对着教堂入口的那一侧还挂了两顶奢华的水晶灯笼。

晚祷之后，教皇遵循惯例重返梵蒂冈宫。他穿过古老的旧厅，在帕帕加洛厅（Sala del Pappagallo，又译鹦鹉厅）脱去长袍。【49】之后，王子可以在梵蒂冈宫的新房间里过夜。这些房间装潢豪华。第三、四、五间房悬挂着

---

① 普通教士及枢机主教所戴的兜帽，均设计为能够盖住头和肩膀的式样。唯一不同的是，普通教士的兜帽是黑色的，枢机主教的则是红色的。这一时期，四角帽开始得到普遍使用，在颜色上也有类似区分。不过四角帽通常仅为上层教士所使用。枢机主教在接受任命时所戴的红色帽子，是他职位的象征，日后并不佩戴。

圣彼得大教堂
St. Peter's Basilica in Rome

天蓝色的天鹅绒挂毯，卧榻上铺着金色的锦缎。而第二个房间则装饰着华丽的绯红色饰品。第二天凌晨1点到2点钟之间，教皇在帕帕加洛厅重新穿上合适的法衣。不过这次他还戴了一条缀满珍珠的圣带和绯红色天鹅绒的四角帽。他随后走入西斯廷礼拜堂，身前是十字架，身后跟着枢机主教。费代里戈大人走在最后两名枢机主教中间。教皇在人们选读每段《圣经》时都会向大家赐福，并大声宣读书中的赦罪文。出于仪式的需要，费代里戈大人读了第五段《圣经》选文。他身着白色罩衣，但同时仍佩戴着剑。宗座陛下自己读了第九段及最后一段《圣经》选文。之后他还吟咏了《赞美颂》（*Te Deum*）。在仪式中，有二十二名教皇持盾护卫高高举着白色火把。其中有六名站在司铎枢机席后，十二名在执事枢机席后，最后四名则站在教皇左手边，位于助理司祭的凳子后面。根据宗座陛下的指令，我要求这些持火炬者在教皇站着的时候，他们要跪着；在教皇跪下的时候，他们要站起来；并且无论何时何地都要将火把高举过地面。乔瓦尼·博尔贾枢机主教在第八段轮流应答的祷文开始后，脚蹬便鞋，身穿法衣走到跪凳处，以便及时为第一场弥撒的开始做好准备。教皇的军事总管博林噶里奥·卡拉法大人①持剑站在王子前面。在我的指引下，他在晨祷结束前携剑站到十字架前，以便在大弥撒结束后，当众走向前将剑呈送给王子。在帕帕加洛厅，王子将剑交给教宗私人侍从乔瓦尼·马拉迪大人。与此同时，之前将王子带到这里，并已脱下自己法衣的乔瓦尼·博尔贾和阿斯卡尼奥枢机主教，按照宗座陛下的吩咐护送王子到过夜的新房。【50】晨祷在凌晨1点至2点间开始。教皇也在弥撒结束后回到自己的房间。之后唱诗班唱了赞美诗，圣器收藏室总管按照惯例主持了第二场弥撒。

圣诞节这天，教皇一行人列队来到圣彼得大教堂，在这儿举行了一场符合传统礼仪又声势浩大的大弥撒。在整个仪式的过程中，卡拉法枢机主教都站在教皇身旁。枢机主教皮科洛米尼和贝尔纳迪诺·甘巴拉大人用拉丁文分别朗读了福音书（Gospel）和使徒书信（Epistle）；伊萨克·阿尔吉罗普洛和德梅特里奥大人则分别用希腊文宣读。同时，在唱诗班唱到"归于和平"时，教皇请尼科西亚大主教贝内代托大人协助他。之前我已按照宗座陛下的指令安排他位于其他助手中间。弥撒结束后，宗座陛下回到他的御座上，为剑祈神赐福，但是由于没有圣水，他没有给剑洒上圣水。然后，他把剑赠予了跪在自己面前的费代里戈，同时附上几句罗马教皇在这种仪式中的套话，并允许王子亲吻他的足、手与脸颊。随后我将剑递给了博林噶里奥大人，他立刻持剑站在了王子身前。在圣彼得大教堂的门口，教皇表达了希望全体枢机主教陪同费代里戈大人返回他在阿帕斯托利宫的住所的意愿。当然，枢机主教们不久前已就此达成一致。教皇仅仅是授权他们这样做。

王子最终于1月10日星期三离开了罗马。他横穿罗马城，中途经过了马西莫宫（Palazzo Massimo）、鲜花广场以及埃布雷伊广场，从圣保罗门（Porta San Paolo）出城。在那里，他登上一艘在河道中等候的帆船，与他

---

① 枢机主教卡拉法的远亲。

的两名随从一起从海路返回那不勒斯。而作为那不勒斯国王与王子的密友的卡拉法和皮科洛米尼枢机主教已与费代里戈大人的家族成员一起骑马先行一步。他们在圣保罗门等待王子的到来，为他送行，并准备陪同王子前往乘船处。【51】然而，当他们得知没有一位枢机主教会以枢机主教团的名义露面，甚至连乔瓦尼·博尔贾和阿斯卡尼奥二位枢机主教此次也不会出现时，他们指派我骑马前往阿帕斯托利宫，以探明事情的真相，以及其他枢机主教是否正式受命护送王子出城。我到达行宫后，从费代里戈大人那儿了解到，在他前一天晚上约10点钟觐见教皇时，他被允许离开罗马。但那时或后来他都未听说会有任何枢机主教为自己送行。我将这个消息告知了等候在泰斯塔乔（Testaccio）附近城门内的卡拉法与皮科洛米尼枢机主教。他们随后决定在圣阿莱西奥（St. Alessio）教堂下的河道附近的路上等待王子的到来，并如之前所说的那样，继续护送他。我返回到费代里戈大人那里。他如期出发，在教堂下与枢机主教会面后，一起骑马前往帆船停泊处。我注意到，当遇到狭窄小路时，尽管王子极力反对，但是枢机主教们还是坚持让王子先走。有八名侍从走在王子前面。他们分别穿着德意志、匈牙利、波西米亚等不同民族风格的衣服，并带着镶满珍珠宝石的弓箭、圆盾、剑和其他武器。到了停泊着许多桨船和帆船的河畔后，枢机主教们在没有下马的情况下与王子话别后便返城了。与此同时，王子也登上了一艘船启程回国。

第2章

教皇访问罗马的教堂

>> 1493年2月—3月

【52】亚历山大六世沉湎于典礼的恢宏壮观与五光十色，同时他还经常为满足个人虚荣心而僭越传统与秩序。身为礼仪官的布尔夏德，对任何细微的违反礼节的行为均明察秋毫。然而，随着时间的流逝，他逐渐停止了对教皇失礼行为的公开反对，转而仅仅将这些失礼之处记录在自己的日记中。亚历山大六世对位于罗马的圣母大殿及神庙遗址圣母堂（Santa Maria sopra Minerva）的早期造访，显示出教皇个人意愿与传统在多方面的冲突。

教皇访问这两个教堂时都恰逢四旬期，而四旬期仪式有它特定的列队行进程序与着装要求。此外，在罗马某些特定的日子里，教皇依据惯例须参加由教士和普通民众组成的，伴有连祷的庄严队列游行，前往40个特定教堂中的其中一个内举行弥撒。圣母大殿便是这些教堂中的典型代表。基督徒在这里举行庄严的集会，进行礼拜活动。相应地，教皇对这里的访问也应该依据传统的规定，然而亚历山大六世对传统的背离却表现得十分明显。在他稍后对神庙遗址圣母堂的访问中，他对程序是否正确关注得更多。但也只是在布尔夏德的强烈要求下，他才试图确保仪式的井然有序与合乎规范。神庙遗址圣母堂中有个圣母领报兄弟会

（Confraternity of the Annunciation）。它是由托尔克马达枢机主教于1460年成立的，最初目的是为穷苦女孩提供嫁妆。之后教皇在每年3月25日即圣母领报节造访这座教堂已成为一种惯例。教皇于此时向女孩们赠予嫁妆。这些女孩在接受赠礼时，会身穿白衣，并在这个仪式上被赐予荣誉之座。【53】虽然亚历山大六世正确地履行了他的所有职责，但他还是会利用一切机会展现他对炫耀的热衷。

    2月27日星期三，四旬期四季特别祈祷日第一天，宗座陛下参加了在宗座厅举行的弥撒，之后便宣布将访问圣母大殿。这里正举行着特殊的宗教仪式，引人瞩目。在之前举行的一次小型枢机主教会议中，教皇在祭台前的演讲里提出了他打算访问圣母大殿的意愿。他想去看一下该教堂构架与屋顶的建造情况。① 当他询问我如果他在圣母大殿的祭台前祷告并向人们进行正式赐福是否合适时，我告诉宗座陛下，这种程序是非常不合适的，确实很特殊。因为在赐福之前没有弥撒、晚祷或其他任何宗教仪式。我进一步指出，在四旬期，教皇不戴法冠骑马出门，枢机主教骑马紧随其后是一种很好的和合乎传统的惯例。我还告诉教皇，相比白色兜帽与绚丽的刺绣圣带，此时他身穿红色兜帽与紫色圣带更为合适。然而宗座陛下不愿听从我的建议，他告诉我，自己更愿意跟在枢机主教的后面，而非走在前面；更喜欢戴着白色兜帽，而非红色兜帽；更喜欢佩戴漂亮的珍珠刺绣圣带，而非单调的紫色圣带。

    因此，教皇在房间中按照自己的意愿进行了装扮。在帕帕加洛厅举行的持续一个小时的枢机主教会议结束后，他骑着用绯红色天鹅绒马饰装扮的

---

① 在15世纪下半叶，圣母大殿曾多次被大规模地装修。先是尼古拉斯五世，然后是富有的法国枢机主教德·埃斯图特维尔都曾对其进行过大规模的装修。亚历山大六世的伯父卡里斯都三世也参与了此项工作，并且开始重新建造教堂的屋顶，这也是新教皇继续推进并完成的工程。朱利奥·达·桑迦洛奉命为亚历山大六世设计教堂屋顶。工程于1498年完工。据说，该屋顶所用的原木上镀着从美洲带回来的第一桶金。

第 2 章 教皇访问罗马的教堂

圣母大殿和广场
The Piazza and Church of Santa Maria Maggiore, Giovanni Paolo Panini, 1744, Palazzo Quirinale, Rome

白马启程了。【54】处于整个队伍最前方的是十字架,其后是走在教皇之前的枢机主教们。同时与往常一样,教皇身后是助理神父和其他神职人员,他们位居队伍中部。殿后的是教宗私人侍从。以这种顺序,队列先穿过鲜花广场和埃布雷伊广场,然后途经萨韦利宫、德拉孔索拉奇奥内圣玛利亚

043

罗马圣母大殿
Santa Maria Maggiore, Rome

教堂（Santa Maria Della Consolazione）及圣阿德里亚诺（Sant's Adriano）教堂，最终抵达圣母大殿。在那里，有一队教士站在面对圣普登齐亚那（Santa Pudenziana）教堂的大门前，迎接宗座陛下的到来。其中地位最高的萨韦利枢机主教手持十字架，在教士们唱到"看，主的大司祭"时，他将十字架递到教皇面前让其亲吻了。进入教堂后，宗座陛下在位于祭台前的跪凳上跪着祈祷。他也亲吻祭台，并在上面放了 10 达克特作为供奉物。这是我事先特意提醒他的。接下来，正如他希望的那样，他面向人们，进行隆重的赐福仪式。与此同时，十字架在他面前被降低，以便可以从圣彼得教堂看到他。在圣卢克的圣母玛利亚画像前祷告完毕后，教皇爬上了通往毗邻建筑的阶梯，视察已开始的修建工程。然后，他返回教堂。这一切结束后，他沿着派利西亚里亚（Pellicciaria）的路线骑行返回了梵蒂冈，中途经过了圣巴西利奥教堂、圣马可教堂、马西莫宫以及卡拉法枢机主教的府邸，还穿过了帕廖内（Parione）区。

  在行进的过程中，一大队士兵加入了我们的队伍，这引起了所有人的很大不满。许多弩手走在位于最前列队伍中的枢机主教们的前面，而一支骑兵队和其他手持长矛或类似武器的全副武装的人跟在骑行于教皇身后的教士们的后面。罗马总督与监护官、地方军事长官、治安官① 以及众多骑士一道，或骑马或站立，在教皇经过不同的建筑、街道和广场时，向教皇致敬。【55】由于这个原因，宗座陛下要求教廷军队统帅和教皇宫卫队长走在枢机主教与自己之间，还命令掌管士兵的众多将领加入队伍并走在教皇助理神父的前面。以这种队列方式，我们穿过了圣彼得广场，到达了沃尔泰拉主教的府邸。在这儿，我看到队列很混乱，并告知宗座陛下这样非常不庄重。我真挚地请求教皇，希望他下令让官员与其他将领回到自己在队伍中的应待之位。最初，教皇指示我将他们安置在枢机主教和军队统帅与教皇宫卫队长之间，但我反对这种做法，因为这样安排会打扰到枢机主教。教皇明白了我的意思后，转而命令将领走在十字架前，紧跟在一大队武装步兵后面。这群步兵人数众多，

---

① 关于这些官员及其职责，参见第 14 页的导言。

而且不同寻常地长时间陪伴着我们。我执行了教皇的安排，并且在剩余行程中保证了队列的秩序。

3月25日星期一，圣母玛利亚领报节，教皇访问了神庙遗址圣母堂。这一次，他身着白麻布圣职衣，披着一件配有腰带的长方形白麻布披巾，穿着一件白色蒙头斗篷，还戴着一件镶有珍珠的白色圣带。他在十字架和枢机主教的引领下骑马来到教堂。一队男修士手持一个十字架在门口迎接宗座陛下的到来。在教皇进门时，枢机主教皮科洛米尼将十字架递给他亲吻。如果我没有记错的话，与此同时，当男修士高唱"看，耶和华的大司祭"，又或者是《赞美颂》时，教皇走上了主祭台。祷告完毕后，他脱下了斗篷，仍戴着圣带，再穿上白色圣衣，与主持弥撒的神父一起忏悔。之后，他坐上教皇御座，接受枢机主教们的一一拜见和致敬。仪式的其他环节也都井然有序地得以完成。

教皇的御座仅被抬高了两个台阶，被安置在蒂拉森的枢机主教的纪念碑与陵墓的正前方。主教枢机与神父坐在教皇的右边。执事枢机坐在相反的一边。他们靠近墙壁，位于助理主教的左侧。修道院院长坐在教皇与祭台之间的传统位置上。【56】世俗代表和使者也已落座。他们的席位被斜放在从高坛附近的主教和教士席到教堂尽头大门之间。此外，还有另一排座席也被同样置于执事枢机席与大门之间。不过，并没有人落座于此，因为这是为了方便站在远处的围观妇女能够毫无阻碍地看到教皇本人以及教堂中所发生的一切。头戴兜帽的宗教使节与其他教士很不舒服地坐在修士的唱诗席上。对于这一点，西班牙国王的大使帕维亚主教向我抱怨了许久，他希望自己和其他宗教使节能够坐在执事枢机席旁的教皇唱诗班的空位上；而我告诉他，教士们不应该分开坐。不过，在仪式接近尾声时，他仍指责教廷没有在唱诗台上为每个神职人员都安排座位，以便和教皇坐在一起，而去年则是这样做的。我认为他的这一批评是正确的。我在当时以及现在都认为，我们应该像他建议的那样为每个人在唱诗台上安排座位，而不应将个别教士排除在外，这样似乎更合适。尤其是当时的唱诗台够大、够宽，足以为每个人都提供一个舒适的座位。

在弥撒和教皇赐福结束后，没有举行赦免仪式，因为之前在教堂门口张贴的教皇西克斯图斯四世的诏书中，已对人们进行了大赦。其他的仪式均如期举行。圣母领报兄弟会的成员手捧两个小盆走到宗座陛下面前，教皇

罗马神庙遗址圣母堂
Santa Maria sopra Minerva, Rome

向每个盆里捐了约 25 金达克特。教宗私人侍从弗朗切斯科·博尔贾大人则向每个盆里捐了 100 新卡林。事后当我询问教皇是不是一共捐了 50 金达克特，弗朗切斯科大人捐了 200 新卡林时，弗朗切斯科反驳我道，我不应根据自己所见就断定所捐数目。① 【57】上述兄弟会成员随后走向了枢机主教们。每位枢机主教都捐赠了自己认为合适的金额。与此同时，还有两个兄弟会成员手捧一个小盆以及手提 16 个袋子走上前。每个袋子里面装有价值 75 罗马弗洛林的卡林币，作为 16 个女孩的嫁妆。② 有地位的夫人们将这些年轻女孩依次引领至宗座陛下面前，每个女孩在从教皇手中接过袋子的同时，亲吻教皇的足。随后她们的监护人也同样亲吻教皇的足。结束了这项仪式后，教皇在祭台前的跪凳上进行祈祷。祈祷结束后，他脱下圣衣、摘下教皇法冠，再戴上兜帽和圣带，走向由枢机主教卡拉法修建的新圣母领报礼拜堂。随后，他直接前往人民圣母教堂（Church of Santa Maria del Popolo）。队伍行进的方

---

① 弗朗切斯科大人是加里斯都三世的儿子，约与亚历山大六世同岁，是亚历山大的堂兄弟。关于他 1493 年出现之前的生平，我们一无所知，但他却在仕途上平步青云。他于 1493 年成为总司库，1500 年当选枢机主教。在整个博尔贾家族中，他称得上是最有良心、最刻苦和最和善的一个，因此很有魅力。1 卡林在 1500 年约相当于 4 便士，或相当于今天的 6 先令 8 便士。25 金达克特约等于 250 镑。
② 在 1500 年，1 罗马弗洛林约相当于 2 先令；75 弗洛林约相当于现在的 150 镑。

式也与先前一样。到达教堂之后，宗座陛下在祭台上进行祈祷，并捐赠了 15 金达克特（如果教宗私人侍从告诉我的数字是准确的话）。然后他就沿着台伯河的一条较短路线返回了梵蒂冈，并允许枢机主教们在圣天使桥附近绕圈骑行。17 名枢机主教全部参加了这一游行。

在前一天，我听说宗座陛下打算骑马穿行罗马，因而我请求枢机主教阿斯卡尼奥尽力确保没有武装士兵与教皇一同行进或在我们的队列中出现。如果阿斯卡尼奥希望有士兵来保证安全，那么他可以提前派他们出发，并把他们布置在他认为危险的特定地点和街道。【58】枢机主教阿斯卡尼奥同意了这一请求并将其付诸实施。他命令士兵们只能待在自己选定的那些地点，同时保留了 40 名佩剑步兵护卫教皇。另有 100 名持着戟与剑但未带长矛的步兵像往常一样，行进在队伍中的十字架之前。此外，宗座陛下离开住所前，我向他建议：为了确保队列的井然有序，不应该有任何人骑行在教皇本人与枢机主教之间。尽管前一次教廷军队统帅和教皇宫卫队长这样做时，并未引发什么负面评论。我还强烈建议，为了教皇及枢机主教的荣誉，教皇应该命令教廷军队统帅和教皇宫卫队长在队伍中合适的位置骑行。宗座陛下同意我以他的名义进行这样的布置，并委任我将这些官员安排在我所认为合适的位置。于是，我将教廷军队统帅和教皇宫卫队长安排在步兵与持十字架者中间。在整个游行过程中，他们一直骑马走在四名抬着教皇座椅的男仆前。

土耳其大使的来访
与卢克雷齐娅的第一次婚姻

>> 1493年6月

【59】博尔贾教皇在处理教宗事务时，公私利益往往紧密缠绕在一起，这一点早在1493年夏就显露无遗：教皇将女儿卢克雷齐娅嫁入斯福尔扎家族，并在处理教皇国的事务上与土耳其大使进行交易。博尔贾与斯福尔扎两大家族的结盟标志着教皇对自身家族王朝建设的早期成就，他希望能与乔瓦尼·斯福尔扎亲王结为政治、军事同盟。亲王是佩萨罗的宗座代牧和枢机主教阿斯卡尼奥与洛多维科·斯福尔扎的堂侄。但罗马教廷与土耳其之间的磋商就要涉及某些历史遗留问题，牵涉到整个欧洲的政局。

在国际性事务上，亚历山大六世秉承了传统，与土耳其苏丹巴耶塞特二世保持着某种奇特的关系。欧洲的基督教势力与扩张中的土耳其帝国在东地中海地区长期以来冲突不断。为了应对这种威胁，教皇亚历山大六世的伯父加里斯都三世较之前任更为努力。尽管在1453年君士坦丁堡陷落前后集结一支十字军的计划流产了，并且来自土耳其的威胁也在逐年增长，但1481年苏丹穆罕默德二世去世后局势的发展却出乎意料地给了教廷一个扭转时局的良机。穆罕默德的次子杰姆因试图推翻其兄长苏丹巴耶塞特的统治失败，逃往了罗得岛寻求圣约翰骑士团（Knights

土耳其苏丹巴耶塞特二世
8th Sultan of the Ottoman Empire, Bayezid II, Unkown Artist, 1578, Pinakothek der Moderne, Munich

of St John）的庇护。骑士团团长（Grand Master of the Order）负责监管和保护杰姆，并于次年将其送至法国。在那儿，他以每年收取巴耶塞特4万达克特为条件，以非常体面的方式软禁了杰姆。【60】苏丹所支付的这笔钱并非出于保护其兄弟的人身安全考虑，而是为了确保他不会重返土耳其争夺王位，尤其是在基督教会势力的帮扶下。欧洲各国君主对这位值钱的人质展开了数年的争夺，最终教皇英诺森八世于1489年取得了对杰姆的监管权。他被带到罗马，并在梵蒂冈城内拥有自己奢华的住所和宫廷。教皇成为苏丹所付年金的受益人，并附带让苏丹承诺不再进攻基督徒。巴耶塞特始终非常害怕杰姆会危及其统治地位，因此一直想置其于死地。但在多次尝试未果后，他转而试图劝服教皇交出杰姆。就在1492年英诺森八世离世前不久，巴耶塞特甚至派人将在攻占君士坦丁堡时查获的圣矛（Holy Lance）的一部分作为礼物交还给罗马。

在亚历山大六世担任教皇期间，上述局势并未发生变化。这也促使了1493年土耳其大使的来访，希望就此问题继续协商。博尔贾教皇深知控制杰姆所带来的经济和外交利益，因此他和他的儿子们对待这位土耳其王子十分友善和周全。因此，尽管杰姆不被允许离开罗马，在城里游玩时也须有随从紧跟其后，但他却在所有仪式和场合中享有尊贵的地位。特别是胡安·博尔贾与之交好，经常穿戴着土耳其式样的服饰陪他在罗马游历。

第 3 章　土耳其大使的来访与卢克雷齐娅的第一次婚姻

6月9日星期日，宗座陛下告诉我说土耳其大使将在第二天下午1点经由波波洛城门（porta del popolo）进城。他钦点我来准备此次的布告并将详情在明早告知信使，以下即是我草拟的安排：【61】"受宗座陛下指示，特此知会枢机主教：6月10日下午1点，土耳其大使将由波波洛城门进入城中，届时所有枢机主教将派出自己的持盾护卫予以迎接，而不是由主教、神父或专职神父*前去迎接。持盾护卫将在城门外恭候，随后按常规骑行陪同土耳其大使经由波波洛城门沿拉塔大道（Via Lata）前往圣玛利亚教堂（Santa Maria），在此绕过马西莫宫和鲜花广场，经圣天使桥到达安置土耳其大使的圣马丁内洛宫（Palazzo San Martinello）。"

在城外一英里的地方受到了教廷军队统帅皮蒂利亚诺伯爵和教皇宫卫队长罗德里戈·博尔贾及其所率骑兵和步兵的迎接后，土耳其大使查西姆普埃格于星期一下午1点左右经由波波洛城门进入罗马。而枢机主教派出的持盾护卫则分别在各个不同地点迎接大使。以教皇和枢机主教的名义，教廷军队统帅简洁地予以致意："欢迎！教皇和枢机主教们已经恭候多时了，还特别派出了近身侍卫来迎接大人。"随后，统帅和卫队长分居大使左右，按照既定路线一路将其送至圣马丁内洛宫。其余各国的使节也纷纷表达了问候，随后加入了欢迎队伍。他们依次为威尼斯公使，佛罗伦萨、锡耶纳、那不勒斯的使节团，以及法国大使。一名骑士在队前引路，接下来依次是枢机主教派出的持盾护卫、土耳其士兵、众贵族，以及三位被拘禁在罗马的土耳其贵族。他们派出了自带随从前来觐见大使，后面还跟着卫队长的步兵和重甲兵。由于我的同僚因病缺席，我一个人骑马跟在后面。当然我也有个同伴，即土耳其语翻译格雷戈里奥，他在我的左侧。土耳其大使身后，乔瓦尼·博尔贾枢机主教的两个兄弟（其中一位是耶路撒冷圣约翰骑士团的一员）护卫着身为"囚犯"的杰姆殿下。他们身旁是刚完成对土耳其出访任务回国的教皇书记员乔治·布恰尔多①。【62】重装士兵在队尾殿后。我们就这样一路骑行至

---

* 专职神父（Chaplain），有时也被称为礼拜堂神父。——译者注
① 乔治·布恰尔多经常作为教皇派往土耳其的密使。在他此次完成任务并与查西姆普埃格一同回国之前，他曾代表教皇英诺森八世与土耳其协商，从而使得圣矛在1492年被送回罗马。

圣马丁内洛宫。按照礼节，在大使表示感谢后我们便告辞了。土耳其大使此行带了十名仆从和奴隶。乔治也带了数量相仿的随从。他们之前经海路从土耳其乘船到达安科纳时并没有携带马匹。但当宗座陛下得知他们即将到达的消息时，立刻遣人准备了足够多的牲畜以供大使及其随员使用。而阿尔勒大主教也为其兄弟乔治备了马匹。土耳其大使此行的目的在于偿付之前为使教皇监管杰姆而欠下的年金中的最后一笔分期款。

　　6月12日星期三，所有身在罗马的大使都已在前一天接到通知，受命前去参加一次秘密的枢机主教会议。教皇宫的教士们将他们安置在主教枢机和神父身后的座位上，自己则站在执事枢机身后。随后，土耳其大使查西姆普埃格在接受宣见后，由教廷军队统帅和佩萨罗宗座代牧陪同，来到了此次会议参加者的队末（传统的枢机主教是围圈而坐，这次众人则被分成两纵列）①。在我和翻译乔治大人的陪同下，土耳其大使走到教皇面前。无论是刚进门还是在宗座陛下面前，土耳其大使始终没有行屈膝礼或是低头致意。包着头巾的大使径直平缓地走到教皇面前，亲吻了他的手和长袍。随后，他站在宗座陛下面前，向他转达了欧洲和亚洲的皇帝及统治者——苏丹巴耶塞特的问候。【63】在向教皇呈上信件后，大使踱步回到枢机主教们所坐的长椅后试图找个位子坐下。当我提醒他，作为一个帝国派来的大使这样做不合礼节时，他只好按照土耳其的风俗盘腿蹲坐在地上（就像我们的裁缝会做的那样）。德梅特里奥·瓜塞利——圣彼得大教堂受圣俸者之一（a beneficiary of the Basilica of St Peter）——跪在枢机主教皮科洛米尼身边开始读信。最初他按原希腊文朗读了一遍，随后用已经翻译好的拉丁文又读了一遍。

　　读完信后，教皇询问大使是否还有什么想要说的。大使依然像我前文所描述的那样盘腿坐着，由跪在他身边的乔治大人代为翻译。大使说他的主人和皇帝苏丹很好，并祝贺亚历山大登上了教皇之位。此外还表示承蒙教皇费心，可以将舍弟托付给教皇照管，并且照顾得很好。苏丹请求让大使面见他的兄弟并呈上礼物，随后应尽快回国复命，以便带回教皇的消息。土耳其大使的

---

① 在只有教皇和枢机主教出席的秘密枢机主教会议上，人们往往围圈而坐。

第 3 章　土耳其大使的来访与卢克雷齐娅的第一次婚姻

卢克雷齐娅·博尔贾
Lucrezia Borgia, Dante Gabriel Rossetti, 1860—1861,
Tate, London

表述杂乱无章，而且每次只对翻译口述一句话。宗座陛下对他面见杰姆的请求表示同意，并进一步表示希望在他动身回国前安排一次私人会晤。与此同时，土耳其大使的 6 名扈从进来了，站在大使后面合适的位置上。他们和 6 名教廷男仆一起每人手上捧着，胳膊上绕着色彩鲜艳、形式不一的各色锦缎、羽纱和丝绸片，足有 20 匹之多。当教皇看到这些东西时，教皇得出结论，这些东西是大使带给他的礼物，同时也是希望能抛弃前嫌的象征，因此他对大使表示了感谢。当侍从上前收下这些礼物后，大使便起身带领所有随从告退。

【64】大使呈给教皇的信件使用的是棉纸①，纸张有的地方光滑平顺，有的地方却褶皱不堪。信件没有印章或签名，使用的字体也很小，但是每段的首字母却使用了大写，并被镀上了金色。

就在同一天，乔瓦尼·斯福尔扎——作为科蒂尼奥拉伯爵与佩萨罗宗座代牧，与教皇年仅 13 岁的女儿卢克雷齐娅·博尔贾订婚并举行了仪式。在教皇宫中，雷阿勒厅（Sala Reale）和其余房间（除了与之毗邻的一间）都被仆人用天鹅绒帷帐和挂毯精心装饰起来。在雷阿勒厅的尽头即入口的右边，安放着御座，其下共有四级与大厅等宽的台阶——从最远那堵墙往上的两阶之上是一个宽阔的平台，而剩下的两阶之上又是另一个触及大厅其他三堵墙的平台。原本放置在公开枢机主教会议和礼拜堂中的教皇御座被移放至后一个平台中央，椅背用锦缎装饰。御座两侧各为枢机主教们放置了五把座椅，扶手处用深红、蓝、绿色天鹅绒装饰起来。在较低那级平台之上靠墙的两扇窗户之间，放置了与上述十把椅子形式相仿的两把椅子，不同之处在于椅背用细条的金色锦缎装饰，并罩上了平纹布。在这两把椅子前的空地上则散放着一百来个颜色各异的坐垫。

胡安·博尔贾——甘迪亚公爵、教皇的儿子以及卢克雷齐娅的兄长——奉宗座陛下之命护送卢克雷齐娅从其居住地枢机主教泽诺寓所处至此。【65】他

---

① 中世纪晚期的欧洲将东方的纸泛称为棉纸（cotton paper）。这一词语具体所指已经无从考证，自从阿拉伯人和土耳其人用亚麻、破布和植物纤维造纸以来——这种方法后来也为欧洲所效仿，已经不用棉花作为原材料了。但东、西方出产的纸张也有明显分别：东方的纸质地较硬且平滑，没有水印；而西方诸如意大利、西班牙和德意志出产的纸则更为粗糙柔软，常有印记。

第 3 章　土耳其大使的来访与卢克雷齐娅的第一次婚姻

将她带到最后一间房间，一个黑人女孩捧着她的裙裾；走在她身后的是前任教皇英诺森八世的孙女巴蒂斯蒂纳夫人，她的裙裾同样由一个黑人女孩捧着。教皇的情妇茱莉娅·法尔内塞和其他一些罗马贵妇约 150 人左右跟随在两个女孩后面。听闻她们即将到达，教皇从宫殿大门上方的房间穿过其他众多房间来到雷阿勒厅旁的侧间，坐在御座上恭迎前来的女士们。女士们依次从教皇面前经过，但除了教皇的女儿及其身边少数几位女士外，其他女士都无视了我的劝诫，并未向教皇行跪拜礼。宗座陛下身着白色法袍，头戴红色兜帽。十位枢机主教安坐在其两侧，其中右边是五位司铎枢机，左边是执事枢机。随后甘迪亚公爵引领着新娘前来亲吻教皇的脚尖，众女士紧随其后。胡安和卢克雷齐娅，以及几位地位显赫的女士跪在教皇身边，其余众人行完礼后便立于教皇右侧。教皇左侧靠墙的地方，站着长子切萨雷·博尔贾（届时已被指任为瓦伦西亚主教当选人*）① 以及众多贵族和神职人员。

女士们向教皇行完礼后，左侧的乔瓦尼和卢克雷齐娅跪在教皇面前的垫子上。罗马公民卡米洛·贝内姆比内大人作为婚礼见证人走上前来，用方言对乔瓦尼大人说道：“尊贵的殿下，相信您意在迎娶尊贵的卢克雷齐娅·博尔贾为妻，正如您的代理人以您的名义所缔结的婚约所写。【66】请容我在此不再逐条复述婚约条款。您已经准备好接受并承诺今后会履行条约所规定的义务了吗？”乔瓦尼回答道：“我完全明白也赞同此婚约，在此我宣誓将遵守并履行条约中的每一条款。”随后他在条约上签字的同时，也宣读了遵守婚约的誓言。卡米洛大人询问并确认枢机主教与在场所有人对此婚姻并未持有异议后，再次问新郎：“尊贵的大人，您是否已经准备好接受并宣誓，将接纳尊贵的卢克雷齐娅·博尔贾为您的合法妻子？”乔瓦尼大人对此回答说：“是的，我十分乐意。”接下来他又向新娘问了类似的问题，新娘也回答说：“是的，我愿意。”这时，康科迪亚大主教莱奥内洛走到教皇前面，

---

* 已经宣布，但尚未祝圣或就任的主教。——译者注

① 由于其神职人员的身份，切萨雷只能位于婚礼来宾中的第二等，而他的弟弟胡安却因为其世俗身份地位得以伴随新人左右。婚礼现场的其他外宾大都注意到了，远远地站在主教和神职人员中的切萨雷神情无比失落，尽管他在各方面都远胜过他的弟弟。无疑，这样的位置安排让切萨雷多少会对他弟弟的地位和好运感到妒忌。

博尔贾宫廷：布尔夏德日记选（插图本）

茱莉娅·法尔内塞（据信）
Virgin and Unicorn (depicting Giulia Farnese), Domenichino, c. 1602, Palazzo Farnese, Rome

第 3 章　土耳其大使的来访与卢克雷齐娅的第一次婚姻

并跪在新郎新娘面前，将新郎送给新娘的婚戒戴在了新娘左手的无名指上，并将另一枚戒指戴在食指上。与此同时，教廷军队统帅皮蒂利亚诺伯爵将一把出鞘的剑高举在新人头顶，直到主教将戒指全都戴好后才放下。接下来，康科迪亚大主教站在教皇与新人身旁，做了一场精心的婚礼布道。

宗座陛下随后赠与乔瓦尼的代理人以骑士勋章，新娘则在胡安大人的陪同下移步到雷阿勒厅，众女士跟随其后。在那里，乔瓦尼和卢克雷齐娅在自己的座位上就坐，其余人等则落座于散落在平台上的坐垫上。教皇随后也来到这里并在御座上就坐，与众人观赏为婚礼安排的娱乐节目。【67】四名来自科隆纳枢机主教家的男仆穿戴成绅士的模样朗诵了几首情诗。随后安德鲁校长（在城内开办了一所学校）的两个儿子身着流行服饰，与朋友们一起演出了一场精彩的喜剧，获得了无数掌声。演出完毕后，各色糖果、杏仁蛋白酥和美酒被装在盆中、杯中随餐巾由管家和男仆们呈上。他们首先呈给教皇与枢机主教们，其次是新娘、新郎和众女士，再次是神职人员和其余众人，最后他们将糖果抛撒给聚集在门外观礼的群众。消耗掉的糖果如此之多，以至于据我估算，仅仅被人踩碎的糖果就超过100磅。分撒完糖果后，新婚夫妇与胡安·博尔贾，以及众女士经由大厅的门前往枢机主教泽诺的府邸。教皇与枢机主教们则返回自己的寓所。当天晚上，教皇在宗座厅宴请了新郎新娘，并有四位主教和一些贵妇作陪。①【68】【69】

---

① 这场婚礼远比布尔夏德所描述的奢华和隆重。其他的记述者还提到茱莉娅·法尔内塞与教皇一起出席观看了演出。私人晚宴之后，亚历山大六世将新婚夫妇送到婚床之上，确保这段合法婚姻在仪式上的最终完成。

阿方索二世的加冕

>> 1494年5月

【70】1493年仲夏，教皇亚历山大六世同斯福尔扎家族联姻结盟。然而，此次结盟仅是为了巩固上半年建立起的北意大利诸邦联盟（包括威尼斯、米兰及教皇国等）。与此同时，法王查理八世与英国罢战，同西班牙以及德意志的马克西米利安言和，加紧准备入侵意大利。但下半年，由于教皇改变态度，局势发生变化。8月，西班牙人担心同斯福尔扎家族的关系不稳，便催促胡安·博尔贾早日从罗马动身前往西班牙迎娶费迪南国王的表妹玛丽亚·恩里克斯。与此同时，费迪南国王也成功地以协商方式拉近了教皇与那不勒斯之间的关系。同月，法国大使要求亚历山大承认查理八世对那不勒斯的统治权，但被教皇拒绝。此外，亚历山大还同费迪南的主要支持者维尔吉尼奥·奥尔西尼及德拉·罗韦雷主教和解。罗韦雷自去年年底以来，一直谨慎地身处罗马之外。9月，在德拉·罗韦雷的帮助下，教皇新任命了一批枢机主教，其中包括他的儿子切萨雷以及茱莉娅的兄弟亚历山德罗·法尔内塞。教皇的一举一动日益表明那不勒斯渐得其垂青，而与米兰的关系则颇有利尽交疏之势。

1494年1月那不勒斯国王费兰特去世，本就盘根错节的矛盾变得更加纷繁复杂。法王抓住时机，宣布应由他本人继承那不勒斯的王位，而不是由费兰特的儿子阿方索。尽管教皇力挺阿拉贡家族,但枢机主教团却对其权威提出质疑。【71】德拉·罗韦雷对亚历山大深恶痛绝,极其不满,于是他背信弃义,于1494年初背弃那不勒斯,转而投靠阿斯卡尼奥和其他支持法国的枢机主教一方,对付教皇。

早在教皇英诺森八世在位时,就曾许诺一旦那不勒斯国王,阿拉贡、西西里和耶路撒冷的费兰特离世,即由其长子阿方索继位。然而,法王宣称其具有远至法罗(Faro)的那不勒斯王国的继承权,并且通过其大使坚称阿方索没有资格继承王位,也不能由教皇为之加冕,亦不接受任何有关那不勒斯的协议。因此在费兰特去世后的很长一段时间内,阿方索都无法继承王位。即便如此,亚历山大六世一心希望巩固阿方索的地位。为此,在4月18日他同枢机主教们秘密磋商,会议从清晨5点一直持续到午后一两点。不久,蒙雷阿莱大主教乔瓦尼·博尔贾以教皇特使身份为阿方索加冕,授予他远至法罗的那不勒斯王国的领地。

星期日,尊贵的真蒂莱·维尔吉尼奥·奥尔西尼大人以阿方索二世陛下之名令我——作为教皇礼仪官的约翰·布尔夏德——在得到宗座陛下的许可下动身前往那不勒斯准备加冕礼的诸多事宜。当天下午1点,我从罗马动

那不勒斯全景
15世纪,板面蛋彩画

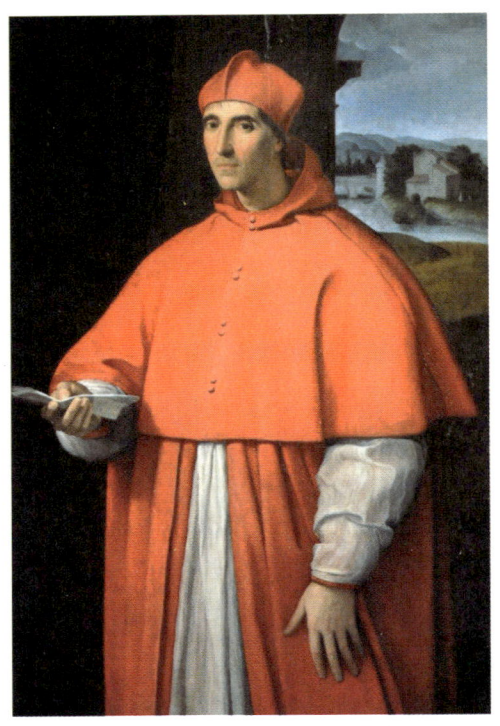

枢机主教亚历山德罗·法尔内塞
Portrait of Cardinal Alessandro Farnese, later Pope Paul III, Raphael, 1509—1511, Museo di Capodimonte, Naples

身，随行带了四个骑马侍从（每人我都给了一件制服、几双新鞋及一顶红帽子），三名男仆和一匹驮马。四天后，我们于4月24日下午行抵那不勒斯。按国王的要求，我们住进了锡耶纳的弗朗切斯科家中。他的夫人罗莎也为我准备了所需的一切。国王的首席大臣（King's Chancellor）乔瓦尼·比布利亚与我一路从罗马同行。虽然他坚决不要我为他的花销埋单，但我还是执意如此。【72】在离开罗马之前，应阿方索国王之要求，我从安布罗西奥·斯帕诺奇（Ambrosio Spannocchi）银行接受了25个达克特金币以资路费。

　　由于国王陛下考虑到接待教皇使节应给予与之相符的礼节，于4月24日离开罗马的枢机主教乔瓦尼·博尔贾在抵达那不勒斯后便受到了热烈欢迎。现场名流汇集，轩盖如云，好不壮观。4月30日星期三，国王召我去诺沃城堡（Castle Nuovo），当着他密友和仆人们的面，我向他概述了整个加冕礼的过程。国王陛下告诉我加冕礼最初定在3月1日，但由于那天是满月，月满则亏的寓意不佳，因而推迟到3月4日。之后又因其他变故，最终将加冕定在了5月8日，正好那天是我主升天日，也是大天使圣迈克尔降临日。稍后国王又命其仆从莱奥纳尔多·科莫大人取来一件深红羽纱斗篷和一件丝质上衣作为对我的赏赐。我向陛下致谢后随即告退。

　　5月7日那天，所有身在那不勒斯的主教和大主教们接到加冕时间及相关事宜的谕令，内容如下："通知身在那不勒斯的主教及大主教们，明日即 5 月 8 日，也是我主耶稣升天日，教皇特使将在那不勒斯大教堂为那不勒斯国王、阿拉贡的阿方索二世加冕。主教们应在早上 4 点至 5 点在特使驻地集合（即大主教宫），与特使大人一行前往大教堂，并在教堂正厅前排座位穿上法袍。【73】每人需穿戴如下：应着白麻布披巾、白罩衣、圣带、尽可能装饰丰富的白色或红色的圣衣以及白色的法冠。更衣完毕后，主教们将出席加冕典礼。此外，每人需带上主教礼仪书并在专职神父的陪同下入场（专职神父应着白罩衣及丝绸领，并替主教们拿好礼仪书及法冠）。"

同日，我也在加冕前穿戴上国王赐我的礼服——红羽纱斗篷、一顶制作精良的丝质兜帽和一件紫色缎面的上衣。

第二天一早尚未破晓，我便赶往教堂安排加冕典礼事宜。黎明时分，风云突变，暴风雨整整持续了三个小时。但当典礼开始时雨势骤停，风和日丽、万里无云的好天气一直维持到了次日。后来我听说罗马也经历了一番暴风疾雨，但比那不勒斯持续了更久。5 点时分，作为罗马特使的枢机主教在神父们的簇拥下来到了教堂，他们如敕令要求的那样衣着庄重。

各种王室的象征物——王冠、佩剑、权杖和地球仪，被从圣器收藏室中取出，我将其一一摆放在主祭台的平台之上。以珍珠、宝石点缀的王冠置于银制匣子里。冠内放有锦缎织就的四角帽，两旁各有一条细垂带，相交于下颌处的纽扣，以便于国王取下王冠后不必再需要佩戴另一顶四角帽。佩剑收于剑鞘内，剑鞘亦由奇珍异石装点。银制权杖长约 10 英寸，比我的小拇指还要细，顶端由一镀金百合缀之；地球仪通体银光闪亮，顶端镶有一银制小十字架，底部带有银色缎带，可缠于国王食指，以防其不慎滑落。

【74】待特使身着法袍，穿戴整齐，落座于祭台前的跪凳后，国王的秘书乔瓦尼·蓬塔诺和另一名贵族走上前去，声明阿拉贡的国王以跪地的方式接受圣器或加冕，以及以其个人名义立誓，这两项程序不符合那不勒斯的传统。他们还说，通常先由某人以国王的名义宣誓，再由国王进行宣誓，这时国王才行跪拜礼。当他们得知在此次加冕礼中国王须在特使的引导下亲自跪地宣读誓词时，便提议由蓬塔诺先代替国王宣读誓词，此时国王只需在一旁

就座。待到誓词宣读完毕，陛下即可跪在软垫上，手抚《圣经》立誓他愿遵守蓬塔诺所言。枢机主教召我上前，询问发生了何事。我力争典礼应按惯例举行，加冕礼的程式不可更改。特使也认为陛下无论如何要进行宣誓，因此支持我的意见，坚称典礼应按事先的安排进行。蓬塔诺和另一名秘书只能对此做出让步，但也取得了一些小小的成就，蓬塔诺大人等人征询特使，可否允许国王仅跪在软垫上，由一人带领陛下逐字逐句宣读誓词。特使认为这样对典礼进程并无妨碍，只是会拖延点时间而已。

早上，塞尔莫内塔的教廷高级书记亚科波指责我没有为他安排个合适的位置。由于他的等级低于拉塞加的教廷高级书记，我便将他安排在距离布道坛的第五排，坐在拉塞加的教廷高级书记身后。但亚科波傲慢无礼、狂妄自大，称自己并不是安条克宗主教（我与他曾就优先权的问题在早前发生过争执），而是一名罗马骑士、教皇的助手，他无法容忍我强人所难，我应该识相地给他安排一个适合的位置——亚科波认为他和他的同僚在教皇礼拜堂里坐在第一排，在这儿也应该一样。【75】我反驳道，教廷高级书记只有在教皇礼拜堂中是亚历山大六世的助手，但这并不适用于那不勒斯。因此，无论出于何种原因，给他安排的座次恰如其分，接受与否敬请随意，我不会再给他另排座位。亚科波依然对此喋喋不休，我只好解释道，我的任务是为出席的来宾按其身份、地位安排座次，并没有借此攻击或中伤大主教的意思，只是恪尽职守，做好自己的本职工作而已。最终，亚科波只得待在原位，没有再添麻烦。

7点时分，雨仍然下个不停，国王及其廷臣、贵族们到达教堂。他身着深红锦缎束腰外套，饰以貂纹式镶边，还披了件较小的黑色锦缎外套，头戴黑天鹅绒四角帽，帽上饰有由3颗珍珠与1颗珍贵宝石所串成的珠串，大约值100达克特。直到加冕时国王才将这顶帽子取下。陛下经由唱诗班一侧步入教堂，那不勒斯的大主教和其他大主教在此恭迎其入场。当国王向众人致意时，神父们全体起立，而后陛下根据预先安排落座。

在斯特凡诺·埃吕尼读完教皇谕诏后，阿方索国王跪在特使身前的软垫上，其秘书蓬塔诺一并跪下，拿出了已写好的誓词。在蓬塔诺宣读誓词"我，国王阿方索……"时，陛下也跟着一字一句地复述。当念到"以上帝的福音"

时，特使拿出一本翻开的弥撒书并置于膝上，同时右手持十字架，左手持着卷轴，其上刻有四部福音书的卷首语。十字架和卷轴都是我放在那儿的。【76】国王将右手放在卷轴上，左手贴在十字架上，按惯例宣誓。随后，特使一手拿着权杖①，一边念着"以教皇的名义……"等誓词，将那不勒斯王国授予阿方索国王。此前，大家曾就授权仪式上所要用的具体措辞争执不休。我草拟的宣言如下："以教皇嘱吾等之名义，吾等将此杖授予你，并将除贝内文托等教皇牧函内所列城市之外的远至法罗在内的那不勒斯王国及其领土、法律、财富授予你。根据这些谕令，我们将前述领土和王国上的所有物授予你。以圣父、圣子、圣灵的名义。阿门。"但公证人斯特凡诺想简化誓词，将所有细节省略。我和他争论了一番，最后仍决定采用我草拟的誓词内容。

授予仪式完毕后，国王接过并亲吻了权杖，再将它交给首席大臣。陛下与特使相对而坐，特使继续主持祈祷书中所述的仪式。在教皇特使为国王做连祷时，他不小心吟诵了两遍"此人乃天授之王，应受祝福"，甚至将祷文"奉献"连读了3次。幸运的是除此之外再无差错。

在仪式完毕后，枢机主教同他的执事和宗座副执事一起忏悔，同时国王也跪在靠近读经台的跪凳上，与他的高级两个专职神父一并忏悔，诵读入祭文和使徒书信，直到特使在祭台焚起香烛才停止忏悔回到座位。【77】我这样安排都是为了方便陛下，他在鞠躬示意后步入圣器收藏室，由副执事贝尔纳迪诺·甘巴拉为其宽衣，擦拭肩膀和胳膊。阿方索国王换上另一件黑缎外衣，着一席深红锦缎长袍，窄袖拂地。仆人奉上拖鞋、黑靴以及其他精致的礼服。他戴着黑色四角帽，步入内室，同其高级专职神父一道跪地诵读入祭文并完成例行礼节。同时，教皇特使吟诵"愿您平安"，但因他和其他神父的疏漏，特使一直面朝祭台。根据我们的建议，当他离开圣器收藏室时，国王派他的男仆和我一道将他的锦缎外衣呈给特使，而特使也接受了并表示感谢。可陛下本该将那外衣和另一件较小的黑缎外衣赐给我，而不是特使。但考虑到没

---

① 在王室或其他领地和教产的授权仪式上，权杖在传统意义上常被用作一种授权的象征，后来在上面还可附有代表统治者的相关旗帜。

必要同特使的意愿相悖，我也没表现出任何不满。教皇特使对我说，他应该还要带走那顶镶有珠串的华丽法冠，但我认为这样会使气氛尴尬。当然，如果他坚持索要那顶法冠，我也会按此行事，但此事最后不了了之。

接下来，国王接受加冕。按照惯例，其他所有贵族的徽章都要交至他手中。但因王公、大臣、外交使节等宾客人数众多，并非所有神父都可以随国王参加涂油礼仪式。国王加冕后，再次回到内室登上王座，接受众人朝拜。"阿方索国王万岁"之声声振屋瓦，不绝于耳。【78】这次，又是因为人多而空间小的缘故，协助国王的神父们挤不进他的房间。当教皇特使诵读祷文时，因我忘了召唤国王上前参加奉献仪式，所以只是在特使在祭台上念道："来，奉献你的所有"，并坐在跪凳上后，陛下才走上前，跪地呈上12盘黄金，约值8个大达克特金币。特使将这些交给我保管，其余事项进展顺利。

诵读完福音书，国王从费代里戈手里接过王冠。但由于特罗皮主教的疏忽，在整个诵读信经期间，国王都是坐着的。点香烛和分发圣像牌大体顺利，除了莱奥纳尔多·卡波奇（Leonardo Capocci）出了点差错。他是分管牧杖（pastoral staff）的专职神父。他在给国王呈上圣像牌之后，遗漏了那不勒斯大主教，即他从国王手中接过圣像牌后直接递给了安条克宗主教和其他神职人员。当我发现那不勒斯大主教还没有亲吻圣像牌就回到了座位时，我立刻把圣像牌送了过去。他随后将其传递给了其他神父，最后我将圣像牌归置在祭台上。

在接下来的典礼中，国王开始进行加冕，举行圣餐仪式，并得到赦免。每一项仪式中，费代里戈都来回递取王冠和地球仪。按原计划当由真蒂莱·维尔吉尼奥·奥尔西尼手持王冠，但当陛下在祭台前接受徽章时，他突发痛风，动弹不得，只好另派乔弗雷·博尔贾拿着王冠，阿拉贡的恩里科举着权杖，阿拉贡的卡洛托着地球仪。但在王座旁，真蒂莱又接过了王冠，乔弗雷大人和恩里科大人则分别持着权杖和地球仪。

【79】在特使完成弥撒与祝祷后，借由教皇诏书所授予的至高权威，以及祭台所赋予的权力，他当场发放了大量赎罪券。如果我的记忆准确的话，帕特拉（Patra）大主教斯特凡诺大人宣告如下：

"罗马教皇，圣苏珊娜（Santa Susanna）的领主乔瓦尼，蒙雷阿莱的司铎枢机以及教皇特使，根据其被赋予的权力，宣布教会将宽恕每个人现今的罪孽。祈求上帝庇佑教皇亚历山大六世以及罗马，庇佑阿方索国王和罗马教廷。"

赎罪券发放后，由乔瓦尼·蓬塔诺开始宣读一份公告。国王的传令官站在他身边，一字一句地大声进行复述，好让在场所有人都能听见。公告宣布，国王承认胡安·博尔贾作为甘迪亚公爵和教皇的儿子为特里卡里亚（Tricaria）亲王及克莱尔蒙特（Claremont）、

胡安·博尔贾（据信）
Portrait of Juan Borgia / Giovanni Borgia,
Musei San Domenico, Forlì

劳里（Laurie）和卡尼奥尔（Carniol）伯爵。另一份相似公告中，国王承认乔弗雷·博尔贾为阿拉贡家族成员，封其为斯奎拉切亲王兼卡里亚蒂（Cariati）伯爵、远至法罗的那不勒斯王国书记官和国王副官。公告宣读完毕后，乔弗雷跪在陛下面前，阿方索国王授予其骑士称号。阿方索国王带上头盔，用剑轻贴乔弗雷的左耳，并说道"希望上帝和圣乔治①佑你成为一名优秀的骑士。"【80】之后，国王又宣布，出于对真蒂莱·维尔吉尼奥·奥尔西尼的特别情谊，他承认其为阿拉贡家族的一员，并任命他为王国治安总长。但国王并没将封邑的徽章授予乔弗雷，也没把象征其职位的徽章颁发给真蒂莱大人。这是因为他们需要在其属地统治者的陪同下走遍全城才算正式上任。但由于此时正好有王室游行，他们的授职典礼将另择吉日。

上述仪式结束后，阿方索国王站了起来，在教皇使节的陪同下，走向教堂大门。其他神职人员紧随其后。随后国王上马。马的缰绳、胸甲及尾部皮带都由珍珠装点。马背的罩布上带有一细绳，可套在陛下的无名指上。他同

---

① 圣乔治是英格兰的守护神，在中世纪晚期也通常被看作骑士精神与身份的保护神，十字军使其形象在基督教统治区域内广为流传。在英国由爱德华三世创立的嘉德勋位（Order of the Garter）以及欧洲仿效其创立的类似勋位，都将圣乔治视为保护神，不过他的名字通常会在授予某人骑士身份时被提及。

特使一道骑马穿过那不勒斯。国王右手持权杖，由数位贵族为其撑起华盖，按照预定路线前往诺沃城堡。教皇特使在此与陛下告别，途经大教堂返回之前所住的大主教宫。余下的神职人员也自行回家。

第二天即5月9日星期五，中午时分，国王阿方索在诺沃城堡授予乔弗雷斯奎拉切亲王称号及其象征物。这些象征物包括一个简单的圆金环，形同绳索，同人最粗的手指一般厚。国王将之戴在亲王头上。此外还有两面旗帜。其中一面上印有乔弗雷的纹章和阿拉贡家族的纹章；另一面则以蓝灰色条纹为背景，绘有十一级金色阶梯爬越三座小山峰的图案。这些旗帜分别由特使的兄弟加尔杰拉诺·博尔贾（他是耶路撒冷圣约翰骑士团的一员）和巴尔托洛梅奥·塞拉（乔弗雷手下的一名骑士）呈上。【81】在接受这些象征物后，乔弗雷骑行在由鼓手和风笛手打头阵的游行队伍中。贵族和领主跟在后面。再后面是王室的执权杖者和前文提及的两名旗手。国王的传令官和一名小丑走在乔弗雷的左侧，而他则由国王的兄弟费代里戈陪同。其他的那不勒斯贵族则跟在王室队伍的后面。由于乔弗雷光着头顶着金冠，被压得难受，于是他先行抄近路返回诺沃城堡，没有走完既定的路线。

第5章

乔弗雷·博尔贾大人的婚礼

>> 1494 年 5 月

【82】阿方索二世的加冕礼标志着教皇与阿拉贡家族这一新联盟正式、公开的建立,但亚历山大六世并不满足于此,他还需确保其家族从中获益。身为枢机主教的切萨雷被那不勒斯国王授予了教职圣俸,胡安获得了王国境内的一块封邑,但这两大家族的联系更大程度上是建立在乔弗雷与阿方索皇室的联姻之上。乔弗雷与桑奇娅的婚约早在1493年8月就已获得费兰特的应允,但此后数月间变幻的政局使得这桩婚事一再被耽搁。阿方索二世对巩固结盟以对抗法国和米兰的威胁怀有强烈愿望,借助于加冕礼这一时机,国王希望完成婚礼。

5月11日这天是星期天,从清晨开始,一整天都阴雨连绵。上午7点左右,阿拉贡的桑奇娅——国王的私生女、乔弗雷的未婚妻——在教皇特使和国王的护送下前往诺沃的礼拜堂。婚约是在上周三5月7日获准的,今天将要举行结婚仪式。在去诺沃途中,贵族、领主和皇室官员照例在前方引路,乔弗雷则与费代里戈大人一起走在特使与国王身边。在礼拜堂门口,他们遇到了格拉维纳大主教马泰奥,他受命在此主持主教弥洒。主教身着主教法衣和长袍,其专职神父皆身穿白色法袍。其中一位手持主教权杖,一起在此恭候众人。【83】护卫新郎的一名骑士将戒指呈给主教接受祝福。主教在对戒指洒过圣水后将其递交给新郎。新郎先用这枚戒指轻触了自己的无名指,随后将其套在了新娘左手的同一手指上。这一仪式完成后,主教向新郎新娘以及进入教堂的众人倾洒圣水以示祝福。

进入圣所后,特使和国王走到祭台前的跪凳进行祈祷。祭台后的椅子已被移入内室以便面对祭台。随后,国王走入内室站在自己的座位旁,而特使

乔弗雷·博尔贾
A portrait of a young man, believed to be Jofré Borgia.,
Unknown Artist, c. 1500

乔弗雷·博尔贾与阿拉贡的桑奇娅
Joffré Borgia and Sancha of Aragon,
Unknown Artist, c. 1510

在听完主礼主教的忏悔后也走进了内室。

新郎、新娘身处唱诗班中央（在祭台与内室之间）。新郎站在新娘的右侧，两人同时正对祭台。在他们面前分别有一个用以跪拜的金色垫子，身后也有形式相仿的两个坐垫。这样一来，无论特使和国王或起或坐或跪，他们也可以与之一致。在举扬圣体过程中，这对新婚夫妇双双跪下，各自手执一块约 3 磅重的嵌有 10 块达克特金币的白色蜡板。他们在弥撒开始前一直拿着这块蜡板，只有在接过圣像牌时才把它暂时交由圣器收藏室总管保管。当圣体被举扬后，在主礼主教的诵经声中，在新郎新娘头顶上方支起了一顶华盖。支撑华盖四角的 4 支仪仗由 4 名显贵擎举。当说完"历经世代……"之后，"请赐予我们平安"之前，主礼主教将圣餐放置于圣餐盘中，表示圣体小片与酒已转化为圣体中的血与肉，将其传递给新郎新娘，祝祷"上帝与你们同在，我们在此祈求上帝的闵怀……"等等，并按照那不勒斯的习俗给予新娘祝福。【84】随后，主礼主教再次转向祭台，手持圣体小片，祷告说："请赐予我们平安"，之后继续祈祷道："我主耶稣基督"，并将圣像牌递交给执事亲吻。执事将圣像牌呈给新郎，再由新郎交给新娘。但由于不合那不勒斯的传统风俗，特使、国王以及其他宾客都没有亲吻圣像牌。圣餐礼完毕后，华盖被撤走并收放在圣器收藏室中。

在弥撒的最后，新郎新娘前去祭台前最低一级台阶上的垫子上跪拜，接受主礼主教常规的致辞"接受你的妻子……"乔弗雷和桑奇娅先后将手中嵌有金币的蜡板交给神父并亲吻了他的手。但王后的侍从竟在众目睽睽之下，公然在两块蜡板上各取走了一枚金币。

上述仪式过后，特使起身。他的十字架由他的随从兼专职神父在内室外高举着，他则在内室表达了他的祝福。他还给予了在场所有人 7 年的赦免，由主礼主教将此公布。随后，特使和国王步出内室，一同挽着新娘，由祭台旁的旋梯登上城堡。新郎与其他宾客依次紧随其后。晚上 7 点，特使、国王、新郎新娘、费代里戈、西班牙大使，以及真蒂莱·维尔吉尼奥一同用晚膳。晚宴一直持续到了 10 点至 11 点之间。晚宴结束后，桑奇娅在特使和国王的陪同下前往乔弗雷位于城门外的行宫，而这时乔弗雷和其他人已经先行一步在那里等候了。随后，新郎、新娘先行至卧室，在侍女们的服侍下宽衣，并在婚床上躺好。期间，枢机主教和国王一直守候在房外。但当这对新婚夫妻赤身裸体地躺在亚麻床单下时，他们走进房内见证了仆人将床单拉至夫妇的腰部，乔弗雷也大方地亲吻了他的妻子。【85】特使和国王在此逗留了差不多半小时，与新婚夫妻进行了交谈。在互道晚安后，他们便离开了。特使回到了主教行宫，而国王回到了他的城堡。

  5月13日星期二早晨，我从那不勒斯出发去探访其境内古老、光辉的历史名胜。与我同行的是贝拉瓜尔迪亚（Bellaguardia）。他本是一名皇家药剂师，由教廷指派来负责打理我的生活起居。他让一头骡子驮着足够多的酒、面包、肉、蛋糕、柴草等此次旅行所需的补给品，此外还有数名旨在观赏美景的同伴相随。

  我们首先到达的是距那不勒斯4英里远的一个名叫阿尼亚诺（Agnano）的地方。这里的许多处所都建在地底能升腾起热气的地上，这些热气很容易就能让人汗流浃背。因此，他们管这个地方叫做蒸汽浴场，任何病痛在这里都可以被治愈。其中一间屋子更是热得可怕，进去过的人除非马上进冷水池降温，不然性命堪忧。1英里之外便是生产明矾①的卢马雷（Lumara）。从附近山中采集来的石块首先要经受炙烤以便分解，然后在户外暴晒，再用水反复冲洗；之后再与清水一起在大熔炉中被再次加热；最终提炼出的物质被放入中等大小的盐盘或木桶中，最终结晶成为明矾。【86】在山的另一面约1.5英里处还有一眼出产硫磺的硫磺泉。这片区域地势平坦，形状就像一只周长为半英里的车轮，为远处的群山所环绕，只有一条路通向波佐利（Pozzuoli）。这里还有两个相隔有点距离但常年沸腾着的湖泊，以及一眼长流不断的喷泉，它发出的声音简直震耳欲聋、令人胆战。在这里，我们目所能及的群山和土

---

① 在中世纪晚期的欧洲，明矾作为染色的基本原料十分珍贵。但由于只有在小亚细亚开采及生产，欧洲其余各地必须从土耳其进口明矾。然而，1462年教皇国境内的托尔法（Tolfa）被发现拥有丰富的明矾矿藏，这让教皇有能力对欧洲的明矾市场供应建立垄断；当时的税收原本旨在用于建立一支十字军，但很快被教皇挪为他用。其他火山活跃地带，诸如那不勒斯王国境内的卢马雷，也被发现拥有小量明矾矿藏，并不受教皇控制而被独立开采。以上的小型矿山之后都被关闭了，但直到19世纪人工合成明矾技术出现之前，托尔法的矿山依然保持开采并供应着整个欧洲市场，直至今日依然供应着当地的消耗。

地中含有丰富的硫磺。也就是说，这座山中同时出产明矾与硫磺，只不过是在不同的侧面罢了。波佐利距此处约1.5英里，再走1英里有一座形似罗马竞技场的古老建筑，叫作特鲁利奥（Truglio）。它所附带的地下洞穴可容纳约3000匹马，因为我们在里面发现了遗留下来的畜栏和鹤嘴锄。【87】不远处还有另一个大的地穴。其上的土地已经被开垦为林地或用来种植蔬果。贝拉瓜尔迪亚为我们指出这些特别之处，并由此感慨由于皇恩浩荡，我们什么也不缺。

我们在波佐利吃过晚餐后，乘船在海上航行了1.5英里来到拥有众多温泉浴场的巴亚（Baiae）城。距此地3英里的地方有一个雕饰精美的地下岩洞，被称为"奇妙的岩洞"。洞中有拱形的穹隆，洞门到洞底有14道穹隆，洞的两侧之间有5道穹隆。每道穹隆间隔七八英尺的距离。此外，临海的山中还有一个大岩洞。岩洞正中被开凿出了一个大浴池，四角还分别有4个小浴池。每个浴池都分别具有治疗不同疾病的神奇功效。在这4个浴池周围装饰着刻有铭文（内容叙述了各个浴池的治疗功效）的大理石砖。相传这些石砖曾一度被对温泉疗养作用持偏见的萨莱诺（Salerno）医师移除。在这些温泉旁，人们还开凿出一条石阶通往一条狭长的山洞。其中来自山间的涓涓热流汇聚于此，形成了蒸汽浴场。在这里，人们也很容易汗流浃背。浴池中央嵌有一块称为卡瓦洛（Cavallo）的石头，因为温度太高，人们被禁止到石头之外的地方。在山洞另一头靠近蒸汽浴场的入口处，人们在石壁上开凿出了两个隔间。其中有5块类似于床的平台。人们洗浴完毕后赤身裸体地带着自己的软垫在这里休息。参观完这里，我们便动身返回特伦伯戈勒（Trepergole）宫。因为我们走的是水路，便有幸一睹已与海床融为一体的巴亚古城墙。

特伦伯戈勒宫拥有各式各样的浴池，都仍在使用中但并不干净。贝拉瓜尔迪亚告诉我们说，那不勒斯的国王费兰特1月21日曾在此地停留过，【88】后来因身体不适第二天就骑行前往那不勒斯的诺沃城堡，一下马便病倒了。随后在1月25日星期六早上9点，他在没来得及忏悔或是接受任何圣礼的情况下骤然离世。国王的告解神父，一位方济各会修士，站在国王的卧榻旁大声呼唤，试图让他对曾经犯下的罪过或是任何有悖教会的行为表示忏悔，但国王已经毫无反应。

特伦伯戈勒宫附近还有一个深不见底的盐水池。据说海水缓缓流入。同时它的一侧还有一眼被盐水环绕的淡水温泉。在特伦伯戈勒宫和波佐利之间远离海岸的地方，是高罗山（Monte Gauro）。据说此地埋藏着财宝。而在某处的峰顶依然可以见到堡垒的痕迹，据说某位国王曾在此抵挡住了长达24年的围困。我们经由另一条路线返回那不勒斯，途经巴尼奥利（Bagnoli）的温泉浴池。此地距离波佐利3英里。其中一个大浴池足以容纳6个人。这些浴池和尼西达（Nisida）岛之间的海峡仅有1英里宽。尼西达岛上无人居住，但岛上的山峰上矗立着一座荒废了的古堡。古堡内部大部分都被挖空了。在一些洞窟中有很多通道和野山羊。回程的这条路线距离高山下的一座小城仅有半英里。一条公共道路被修建成了隧道的形式，有七八英尺宽，六英尺高。行至中途，道路一侧的山体雕有一个十字架，另一侧则是圣母玛利亚的雕像。由于这条隧道自入口处就非常昏暗，进入隧道的人无论从哪个方向来，也无论男女，均靠左行走，以免冲撞到反向行进的人。

【89】我在傍晚时分结束了这次远行，回到那不勒斯城。在此逗留期间我还有过几次远足经历。其中一次是去坡吉奥雷阿勒（Poggioreale）。它是一座距那不勒斯城两英里远的美丽宫殿。这是一栋两层楼建筑，形制呈方形，四角建有4座方塔。宫殿中建有一座拱顶地窖，人们需要走下9或10级台阶方能到达。地窖中暗藏了为数众多的引水渠。只要国王一声令下便可以瞬间将地窖淹没。阿方索从前偏爱在此举行晚宴，这样便可以在宾客来不及逃走前就将他们溺死。

5月14日星期三这天，国王陛下赠送给我一匹4岁大的骡子，连同鞍座、嚼子等畜饰，以及一百枚大金达克特①。这是他对我在加冕礼上所做服务的慷慨馈赠。当天晚祷过后，我离开那不勒斯动身前往罗马。在上帝的保佑下，我5天后安全抵达了罗马。

---

① 约合1000镑。

查理八世和法军在罗马

>> 1494年11月—1495年2月

【90】1494年4月18日的枢机主教会议刚刚结束,德拉·罗韦雷枢机主教就逃往法国投奔了查理八世,并竭力怂恿他入侵意大利。法国人对阿方索二世加冕的不满也导致他们积极备战进军意大利,当然表面上的借口只是确保那不勒斯作为对抗土耳其人的十字军前哨基地。时年7月,教皇与阿方索在维科瓦罗(Vicovaro)会面,希望与奥尔西尼家族和佛罗伦萨人达成一致以应对紧迫的形势,但是这一计划未能成形。当查理八世于9月初侵入意大利时,德拉·罗韦雷与科隆纳与之同行,洛多维科·斯福尔扎和费拉拉公爵开门欢迎,西班牙的费迪南和神圣罗马帝国皇帝马克西米利安也未加干涉。意大利方面,威尼斯恪守中立,因而法国人不费吹灰之力就战胜了那不勒斯军队并一路横扫罗马涅。到10月,洛多维科密谋毒死了他的侄子吉安·加莱亚佐,并继承了米兰公爵之位,他想进一步利用法军,因此建议查理一路向南。

无力阻止法军入侵意大利使得亚历山大六世只能寄希望于保住罗马,避免自己的教皇之位受到威胁。但德拉·罗韦雷和斯福尔扎作为法王的谋臣可不会让教皇心安。斯福尔扎积极策划组织一次公会议(General Council)以改革教会,许多其他枢机主教也想借机罢免教皇。10月,查理决定从罗马涅途径托斯卡纳到罗马，再向南打掉阿方索。是月末，法军驻扎于奥斯蒂亚，此地在9月中旬已被科隆纳家族的人占领。【91】正是在这样的背景下阿斯卡尼奥枢机主教再次现身罗马，作为双方的使节企图在与教皇的斡旋中为自己的家族谋求利益。因为主教声称自己有能力使法王调转枪头，陷入困境的教皇也把赌注压在了阿斯卡尼奥身上。

　　11月3日清晨，教皇召集了一次枢机主教会议，除了正在西斯廷礼拜堂做弥撒的圣德尼的格罗莱枢机主教外，其他的主教都出席了这次会议。在这场持续了两个多小时的会议上，决定派遣刚从科隆纳返回的阿斯卡尼奥枢机主教前往佛罗伦萨与法王会面，并商讨法王进军意大利的事务。在教皇结束会议前往弥撒前，阿斯卡尼奥枢机主教在梵蒂冈宫中用餐。随后，他踏上行程，在乔瓦尼·博尔贾枢机主教陪同下到达圣保罗的台伯河畔，在那儿他上船途径奥斯蒂亚，去往佛罗伦萨。

　　11月9日，佛罗伦萨传来了当地发生暴动的消息，统治者皮耶罗·德·美第奇的官邸遭到洗劫。据说，他和他的部下都流亡他处。皮耶罗的弟弟美第奇枢机主教也死里逃生。佛罗伦萨城里的美第奇派为了保命只得四下逃散。

　　11月15日，佩劳迪枢机主教得到宗座陛下的允许去参见法王。作为一位将鸢尾花*铭记于心的纯正的法国人，他将不遗余力地帮助查理八世。他满脑子都是如何为法王增添荣耀，并积极付诸行动。【92】为了帮助法王顺利进军罗马，他假意欺骗教皇说他愿意安抚法王，劝诫法王不要来罗马，以求教皇派他去见法王。教皇相信了他。当天早上，他用他那充满欺骗的话语一再向我们保证，他此行的唯一目的是巩固教会势力、维护和平与人民的福祉。之后他便离开了罗马，前往佛罗伦萨与法王会合。

---

* 鸢尾花是法国王室的纹章。——译者注

查理八世探访垂死的米兰公爵吉安·加莱亚佐·斯福尔扎
Charles VIII visiting the deathbed of Gian Galeazzo Sforza at the Palazzo Ducale, Pavia, 1494.
Engraving by G. Beretta after P. Pelagi

  之后的星期一,查理八世昂首阔步地进入佛罗伦萨,紧随其后的是他那声势浩大的骑兵与重装步兵。随后他与佛罗伦萨人进行了一系列的会谈。金色的铭文"和平与恢复自由"被雕刻在教堂的大门和其他公共场所。11月20日,弥撒结束后,在佛罗伦萨大教堂前,双方协议内容被公之于众并以起誓的方式签订。佛罗伦萨人答应在下一年给予法王130000达克特的赔款。在此之后每年资助法王12000达克特直到战争结束。查理八世随即召集他的两位大使前来佛罗伦萨与两位佛罗伦萨使节一道商议下阶段的行动计划。比萨和里窝那(Leghorn)被法王的武力所控制。法王还处理了热那亚人和佛罗伦萨人之间关于彼得拉桑塔（Pietrasanta）、萨尔扎纳（Sarzana）和卡斯泰尔诺沃（Castelnuovo）的争议领土问题。①

【93】11月24日星期一，当教皇得知形势的最新进展后，立刻召集安哈尔特亲王兼阿斯科纳伯爵及贝尔伯格领主鲁道夫大人，②向他抱怨法王对神圣罗马教廷的挑衅行为。宗座陛下认为法王不仅阴谋从神圣罗马帝国手中夺取大片意大利地区的土地和城市，而且企图进一步篡夺帝国帝位。对此教皇宁死也绝不答应，因此迫切希望马克西米利安——这位罗马人的国王和罗马教廷的唯一拥护者，能尽快得知此事，并对罗马教廷、神圣罗马帝国和意大利施以援手，维护他们的荣耀与利益。安哈尔特亲王随即前去操办此事。

阿斯卡尼奥枢机主教于12月2日星期二返回罗马，在20多位神职人员和大量随从的陪同下进入梵蒂冈宫。接下来的星期二的晚上，他与圣塞韦里诺枢机主教、卢纳特枢机主教，还有切塞纳的主教（一位教廷财务院法官），普罗斯佩罗·科隆纳、杰罗姆·德·埃斯图特维尔③一同入宫并在那儿被捕。

【94】第二天早上，切塞纳主教获释。但在一次有之前被捕的3位枢机主教都参加的秘密枢机主教会议后，阿斯卡尼奥与圣塞韦里诺枢机主教二人被带至教皇寝宫上面的房间，仍被关押着。普洛斯佩罗与杰罗姆则被转移到圣天使堡（Castel Sant' Angelo）关押。卢纳特枢机主教被派往奥斯蒂亚参与和谈。

同一天，阿拉贡的费兰蒂诺——卡拉布里亚公爵与阿方索国王之子④——访问罗马，在奥尔西尼枢机主教的花园中就餐后，于下午前往梵蒂

---

① 热那亚人和佛罗伦萨人之间关于这些边界据点的争论断断续续地持续了许多年，其他意大利势力调解双方的努力一直没有见效。英诺森八世也曾经参与其中，但同样无功而返。即便佛罗伦萨人在其他事务上并不响应查理八世，但他们在此事上却承认了法王的决断。事实上，查理八世并不完全偏袒佛罗伦萨，他将萨尔扎纳判给了热那亚，而彼得拉桑塔被判给了小城卢卡。
② 安哈尔特的鲁道夫是腓特烈四世与马克西米利安统治时期神圣罗马帝国的一位显贵，此时是帝国驻罗马的大使。
③ 杰罗姆·德·埃斯图特维尔是埃斯图特维尔枢机主教之子。这位枢机主教是法王利益的代表，直至1483年去世为止一直是枢机主教团的核心人物之一。杰罗姆担任过佣兵队长和大使，依次为那不勒斯、法国和斯福尔扎服务过，到1494年末在罗马任职。因此他与其他斯福尔扎和科隆纳党人一同被捕，但教皇为何要逮捕他们至今仍是一个谜。可能因为担心法军的进攻，亚历山大试图保住自己的地位并向法王施加压力。但教皇很快就意识到这于事无补，因而陆续释放了被捕者。
④ 阿方索的长子费兰蒂诺在这之前率领那不勒斯军队在罗马涅抵挡法军，战败后撤至罗马，希望站稳脚跟。尽管身负卡拉布里亚公爵的名号，但他尚未被教皇正式授职，因而1494年圣诞时节教皇举行了授职仪式，作为对抗法军的信号。但不久后，费兰蒂诺再度南撤。

第 6 章　查理八世和法军在罗马

查理八世进入佛罗伦萨
French Troops under Charles VIII Entering Florence 17 November 1494,
Francesco Granacci, 1518, Uffizi Gallery, Florence

查理八世进入佛罗伦萨
Entry of Charles VIII into Florence, Giuseppe Bezzuoli, 1829, Pitti Palace

冈宫觐见教皇。是时，宗座陛下正在与法王的使节会谈。多日以来，这些使节一直试图说服教皇同意法军途径教皇领地并提供补给，但是宗座陛下的最终通牒是：他绝不赞成，使节们可以立即回去向法王转达此意。

两天后的12月12日星期五，卡拉布里亚公爵的士兵侵入并洗劫了罗马城内佩劳迪枢机主教的府邸①。接下来的星期二，教皇的私人秘书安吉利亚多召集城内的一些德意志人（包括我自己）在傍晚7点去听宗座陛下的演说。

【95】教皇向我们痛斥法王的不端行为——强占教会的土地，试图包围罗马。他说，虽然自己不认为法国人真的会兵临城下，但他也无法预见法王这么一个毫无基督教情感的国王会有什么举动。因此他请求我们将这些消息转告给城内的德意志同胞们，毕竟他对德意志人满怀信心，希望我们能鼓舞其他德意志人一同保护教皇、教会和罗马城。宗座陛下建议我们自行选择首领，准备合适的武器并制定规章制度。如此一旦战事开启，每个人都有自卫能力，教皇也可以凭借有组织的队伍保卫罗马。

我作为在座的代表向教皇保证："我们与您共患难，而且准备好听从宗座陛下您的指令，还会向同胞们转达您的提议并要求他们执行。"第二天，我们在名叫灵魂救助所（Ospedale dell'Anima）的小旅馆内开了一次会议。我向出席的两位店主和六位鞋匠阐明了宗座陛下的意思，并试图说服他们；但他们异口同声地强调他们从属于罗马的地方军事长官。他们表示在此情势下只能听从地方军事长官的命令。因此，我发现我实在难以让他们屈服，只得把消息转告给安德烈亚斯·凡诺特，让他通过审查官传达给宗座陛下。在先前的讨论中，教皇已经告诉我们他准备用同样的说辞去游说城内的西班牙裔甚至法国裔居民。

【96】从身处佛罗伦萨的佩劳迪枢机主教那里我们得到消息：一星期甚至更早以前乔治·布恰尔多被乔瓦尼·德拉·罗韦雷（罗马行政官，德拉·罗韦雷枢机主教的兄弟）逮捕，并被关押在塞尼加利亚。先前乔治曾作为使节被教皇派往访问土耳其苏丹巴耶塞特，被俘后（据佩劳迪枢机主教所言），

---

① 关于佩劳迪枢机主教叛变的谣言早已在罗马城传开，因此教皇可能利用这个机会煽动群众抢劫了他的府邸。

他便出卖了教皇,将此前宗座陛下与苏丹间的暗中勾结和盘托出。以此为据,枢机主教猛烈地抨击并抹黑教皇。

在一份 11 月 25 日于佛罗伦萨作的证词中,乔治承认 7 月他被教皇派往面见苏丹,并向他呈递了关于联合土耳其人对抗法国的信件。据乔治所言,这些信件指出法王正对那不勒斯和教皇构成直接威胁,而且对苏丹也是潜在威胁;同时要求苏丹赶紧将被扣留在罗马的杰姆的年金提前支付给教皇,并与威尼斯结成联盟以共同对抗查理八世。作为谈判的筹码,亚历山大还向苏丹赠送了礼物,并允诺不会支持匈牙利人和其他东欧基督徒对土耳其人的侵犯。在他的证词中,乔治补充谈到他在 10 月初离开君士坦丁堡前,已经完全转达了教皇的旨意。他将教皇要求的年金和苏丹的回信带了回来,但现在这些都落入了罗韦雷之手。佩劳迪将这些证据公之于众。其中有一封信(如下所示),它尽管很可能是一位反博尔贾派伪造的,但也间接反映了巴耶塞特对时事的些许态度:

"苏丹巴耶塞特,苏丹穆罕默德之子,以真主之名统治亚欧大陆和世界的帝王,致亚历山大六世,天赐的一切基督徒的圣父和主,罗马教廷可敬的教皇。通过真诚的会晤,我们从您的使节乔治·布恰尔多那儿得知了您的消息。【97】对于您的安康我们表示欣喜。乔治告知我们,法王非常希望俘获现在处于贵国看管下的我们的兄弟杰姆。对此我们深表担忧。这不仅对您,对所有基督徒都是异常严重的伤害。因而我们与乔治达成和解,对贵国表示支持。我们认为,对杰姆的死刑宣判应该被贵国执行,这对他而言是解脱,也有益于您的权威和我们的利益。如果您表示赞同,我们当然相信您的能力,为了您的安全和我方利益考虑,您应该尽快妥善处理此事。照此,您可以安心,杰姆也能更快摆脱俗世的折磨,他的灵魂会得到安息。除此,如果杰姆的遗体也能在随后交还给我们,我,苏丹巴耶塞特,保证赠予您 300000 达克特①

---

① 约合 3000000 英镑。

以示酬谢，用这笔钱您可以为您的子孙添置财产。关于这笔款项的委托人，我们听您安排，您只要在杰姆的遗体归还之前办好就行。另外，我代表我和我的后人承诺与您保持长期的友谊和深入的合作关系，尽一切可能对您提供帮助。"

"为进一步表示对您的尊敬，我们保证不仅我们自己，还有我们的臣属，甚至我们领地内的任何人都不会主动伤害基督徒，不论贵贱，不分地域，除非他们先伤害我们。【98】为了履行上述承诺，我们在乔治的见证下对我们敬爱的真主和古兰经发誓，真主将监督我们的言行，绝不容许欺骗。为了打消您的任何疑虑，我，苏丹巴耶塞特，对真主（天堂和人间以及万事万物的缔造者，我们的信仰和敬爱之神）发誓，我们绝无他心。基督降临后的1494年9月15日于君士坦丁堡宫中。"

12月18日星期四，教皇的所有财产，包括他的寝床和祭器台都被从梵蒂冈的宫殿转移到圣天使堡。教皇礼拜堂（Apostolic Chapel）里的法衣、圣器收藏室中的钱箱，以及宫中的武器、粮草和其他全部教皇的所有物都被运进城堡之中。同时，枢机主教们也在装载驮马，准备逃离。第二天，圣塞韦里诺枢机主教获释。他带着教皇的指令，以个人名义前去面见法王，与之商讨事宜。普洛斯佩罗·科隆纳同样被释。据说他已经易帜，改为教皇和教廷服务，答应加固奥斯蒂亚要塞。

12月22日星期一，金匠亚科波·玛格罗里奥和其他圣天使堡周围的民宅陆续被拆毁，守卫者在此开掘壕沟。与此同时，从19日开始，法军已经从马里奥山（Monte Mario）进入城郊，深入至圣拉扎罗（San Lazzaro）教堂，逼近圣天使堡。法军驻扎在城外，等待着叛徒的出现。按原定部署，科隆纳家族的人应该从另一侧进攻罗马城，其手下有1000名法国士兵，但是他们从奥斯蒂亚附近渡过台伯河的计划因为天气不佳只得放弃。【99】据称，法军本打算从圣保罗门攻入城内烧杀抢掠。有些人进一步断言是佩劳迪枢机主教谋划了这一行动。但当天晚上，他发现罗马人早有防备，未能得逞。尽管如此，他依然是法王入侵罗马的最大助力器。正是他说服了阿夸彭登泰（Acquapendente）和其他一些教皇领地的居民为法军开道，并不断赞颂法王及其军队的诚实和守法。佩劳迪宣称法军绝不乱拿百姓一针一线,还谎称教皇并未反对法军的进军。正是凭借这些骗术,他诱导平民为查理八世和他的军队让道,而这完全有违宗座陛下的意愿。他甚至还试图鼓动罗马城内的德意志民兵也背弃教皇。他在策反信中写道:

查理八世进入那不勒斯
Entry of Charles VIII into Naples 1495, Galerie des Batailles, Versailles

"致我们最亲爱的兄弟、教友,还有其他居住于罗马的德意志人。上帝做证,毕竟他知晓俗人的情感和心理。尽管我们满怀仁爱之心竭力在至高的教皇和优秀的基督教国王之间建立真诚的理解和联盟,然而迄今为止,我们的努力却面临着极其严重的阻碍。虽然我们还不清楚这究竟是谁的过错,但是这绝非因为法王。他一心只想虔诚地侍奉宗座陛下,如同教皇的长子一般。上帝曾经因为原罪而惩罚人类,现在只有以虔诚的祈祷来安抚他,基督教王国间的联盟与和平才能得以实现。"

【100】"人们害怕法王和法军的入侵可能带来灾难,但这只是因为罗马城内的敌人们拒绝与法王和平地谈判。法王已经承诺法军不会伤及城内的高级妓女①,也不会侵犯那些未与法军作对的市民。对于罗马的外来民,法王保证,凡是臣服于奥地利大公兼勃艮第公爵的菲利普王子的市民,他都视为自己的子民。正因如此,他派我从布拉恰诺(Bracciano)出发传令给他的

---

① 罗马城内,高级妓女地位很高(参见导言第21页),狡猾的佩劳迪认识到这一许诺的重要性。

副统帅（General-Deputy）蒙庞西耶伯爵，千万不要伤害你们。我希望你们明白，如果法王的军队在罗马城内肆意妄为，你们也不要怀疑法王的善意。为了保护你们的财产，你们可以在我家避难。我已经嘱托枢机主教里昂的埃斯皮奈（Cardinal Espinay of Lyons）的秘书办理此事。我确信虽然是上帝赐予我枢机主教之位，但神圣罗马帝国皇帝和选帝侯同样为我而祈祷。因此，只要我还活着，我就会竭力回报皇帝和他的子民。祝好，我亲爱的孩子们，我衷心的向上帝祈祷，希望基督教世界持久和平，齐心协力对抗土耳其人。你们的朋友，佩劳迪枢机主教，1494年12月23日于福尔梅洛（Formello）。"

12月24日星期三，平安夜，西斯廷礼拜堂响起了晚祷之声，晨祷在午夜继续。【101】第二天清晨，乔瓦尼·博尔贾枢机主教本应前去举行大弥撒，但他临时被宗座陛下派去布拉恰诺要塞与法王会面。破晓前，教皇得知法王希望以和平方式进入罗马，因而宗座陛下立刻派人着手安排此事。与此同时，在前往礼拜堂前，教皇召集所有枢机主教来到帕帕加洛厅，主领弥撒的圣乔治枢机主教除外。他当着卡拉布里亚公爵的面，向所有人报告了形势的最新进展。随后，他披上法衣赶往西斯廷礼拜堂举行弥撒，但布道环节被取消了。弥撒过后，教皇随即在帕帕加洛厅改换行头，还与一身戎装的卡拉布里亚公爵私下聊了一会儿。临别之前，公爵亲吻了教皇的手足。宗座陛下亲吻了公爵的脸颊，随后公爵在卡拉法、瓦伦西亚、阿斯卡尼奥（当天刚刚获释）三位枢机主教的陪同下离开。阿斯卡尼奥枢机主教到家后即与公爵告别，卡拉法与瓦伦西亚枢机主教继续把公爵送至圣洛伦佐门（Porta San Lorenzo）。在此，公爵辞别两位枢机主教，并对他们致以谢意与祝福。乔瓦尼·博尔贾枢机主教此刻刚刚用过早餐，准备前去布拉恰诺。

12月26日星期六，圣史蒂芬日（Feast of St Stephen Protomartyr），贝内文托的西波枢机主教在西斯廷礼拜堂举行大弥撒。宗座陛下也出席了这次弥撒。马泰奥·卡拉里奥宣讲布道辞。他曾做过维泰博主教的老师。在前一天夜里，法王派出的三位使者——法兰西元帅和巴黎高等法院院长让·加奈以及另一位要人已经到达罗马。因此，当大弥撒的入祭文结束后，他们走进了礼拜堂。【102】我负责给他们安排座位。法兰西元帅就座于教皇御座的台阶上，另两位坐在使节常用的长椅上。恰好，两位那不勒斯国王的使节也坐在那里。那不勒斯的使节一开始有点儿不高兴，准备离席。但当我在教皇的授意下向他们解释一番后，他们方回到原位。与这三位法国大使同行的还有一大帮法国随从。他们十分随意地散坐在神职人员周围。我想让他们集中坐在一起，但教皇颇为不满地驳斥了我的想法。我只得对宗座陛下表示深深的歉意，并表示不再干涉这些法国人。

12月31日星期三，我领着教皇之令前去觐见法王，以便向他传达具体的入城仪式，同时也要征求下他本人的意见。内皮主教（教皇的秘书）、教廷高等法院副院长（Vicedeacon of the Rota）吉罗拉莫·波尔卡里大人（Don Girolamo Porcari），还有许多其他官员与我同行。刚走出城外两英里，快到加莱拉（Galera）时，我们偶遇了德拉·罗韦雷、佩劳迪和萨韦利三位枢机主教，但只是随意打了个招呼。不久，法王就出现在我们面前，因为道路泥泞而且法军正在行军，我们只在马上致意。当内皮主教向法王详细介绍入城安排时，我也向法王传达了教皇的嘱咐【103】了解情况后，法王表示不必举行盛大的仪式，然后，他对波尔卡里大人做了非常简略的回复。后者对他说，他的全体罗马同僚们愿意为陛下贡献罗马的财富，并且全体公民们愿意为陛下效劳。自罗马跟随我而来的人随即打道回府，但查理国王邀请我继续与他同行。一路上他不停地问我仪式的细节，教皇以及各位枢机主教的状况，瓦伦西亚的枢机主教切萨雷·博尔贾的权势与地位，还有诸多其他事项。恕我愚钝，只能略作解答。

快到博尔盖托（Borghetto）时，两位威尼斯使节前来拜见法王。他们下马后伸手希望接受法王的吻礼，但他们却不对法王表示同样的礼节①。随后阿斯卡尼奥枢机主教迎了过来，他依然坐在马上，只是脱帽致意。法王回礼后，两人一同入城，途径莫勒桥（Ponte Molle），到达威尼斯宫（Palazzo Venezia）。此处是西波枢机主教的府邸。由于雨水天气导致道路泥泞，我们直到傍晚7时许才抵达此处，沿着拉塔大道，经露西娜（Lucina）的圣洛伦

---

① 威尼斯使节的态度和举止与其他使节形成了强烈反差。因为恪守中立和独立地位，威尼斯人并不愿向法王俯首称臣，而力图与之保持平等地位。

佐教堂旁的达·科斯塔枢机主教府邸，直到威尼斯宫。街边的房屋灯火通明，人们点燃篝火、擎着火炬大声呼号："法兰西！法兰西！科隆纳！科隆纳！温科拉（Vincola）！温科拉！"。到达威尼斯宫后，阿斯卡尼奥，德拉·罗韦雷和其他枢机主教先行告辞。在法王进入罗马之前，遵照他的旨意并获得教皇允许后，老维里达里亚门（old Porta Viridaria）、贝尔韦代雷（Belvederet）[①]及其周边堡垒，还有全罗马城城门的钥匙都被转交到法兰西元帅手中。【104】法王之所以提出这样的要求，原因在于卡拉布里亚公爵也曾受到如此礼遇，而法王不能在接待规格上逊于一位公爵。

　　从次日开始，按照惯例，全罗马的枢机主教陆续拜见法王，除了卡拉法与奥尔西尼两位。经宗座陛下允许，他们继续留在梵蒂冈宫内。我在之前与法王的交谈中已经向他交代了各位枢机主教会如何迎接他，然后陪同他前往圣彼得大教堂。法王只需伸出右手等待枢机主教伺候就行。但现在事情却远比我想象得复杂。没有枢机主教前来陪同他，规定的礼仪完全无人执行[②]。在威尼斯宫，大厅和最好的房间被腾出来供法国使节和随从们下榻。稻草编织的床垫数量足够，但一点也不干净。蜡烛挂在房门上和壁炉里，尽管有最漂亮的挂毯装饰着墙壁，但怎么看这里都像个猪窝。

　　1月2日星期五，科隆纳家族的人抢夺了枢机主教圣塞韦里诺家外的两匹马，还有圣天使桥上的杰雷米亚·贡图吉的两匹马和里亚里奥枢机主教的一匹马。它们的骑手都被粗暴地抛在路边。马里奥·梅里己的马厩也难以幸免。【105】第二天，科隆纳家族的人和法国人抢劫了巴尔托洛梅奥·德·卢纳（教宗私人侍从）和已故的尼科拉·格拉托·德·孔蒂主教的住处。一路上，法国人强闯民宅，肆意打砸抢烧。一时间，流言四起，查理只得明令禁止此类暴行，否则将处以死刑。

　　1月5日星期一，教皇参加了西斯廷礼拜堂的晚祷。在此之前，当他离

[①] 贝尔韦代雷是英诺森八世时期建造的一座夏宫，同时也是梵蒂冈堡垒防御体系的一个关键部分。交出它的钥匙意味着法国人可以自由出入圣彼得大教堂及其宫殿。
[②] 布尔夏德一方面责备枢机主教们没有按照应有的礼仪前来迎接法王，另一方面查理八世在会面时对枢机主教的冷淡和粗鲁也让布尔夏德大为不满。

开帕帕加洛厅时，许多法国人亲吻了他的双脚。晚祷过后，当他端坐于礼拜堂的御座之上时，又一批法国人蜂拥而至，虔诚而又激动地亲吻教皇的双足，一个接一个地整整持续了一个小时。当教皇返回帕帕加洛厅时，相同的仪式又进行了一次。

第二天，教皇出席了大弥撒。这次弥撒由一位枢机主教主持。布道仪式是否进行又由谁主持我却不太记得了。当弥撒结束后，我回到家里，却惊讶地发现法国人竟然在我府上，这并不是我愿意看到的，而且他们也并未事先告知地方军事长官马尔科·泰巴尔迪。法国人抢走了我的几匹马、几头骡子和驴〔一共有7匹（头）之多，而我畜栏里总共才8匹（头）呢！〕他们自己的7匹马竟然在我的畜栏里吃我准备的干草。我的房间被鲁昂伯爵征用了，服侍我多年的医生安德烈亚·翁多普（一位艺术和医学博士）也被一位贵族给征调走了。不幸的是，数天后他在亚科波·加利的家中因为瘟疫过世了。另一间安置我家仆人的屋子也被这些法国人接管了。【106】我对这种流氓行径深感愤怒，一气之下直接找到法王向他控诉了一番。他让我去找法兰西元帅，我就带着萨韦利、科隆纳和格罗莱三位枢机主教一齐向他抱怨法军的暴行。我要求把我家的法国人安置在亚科波·加利家中，他们最后同意了。而留在我家中的那7匹马直到第二天晚上才有人来把它们领走。

1月8日星期四，罗马公民保罗·布兰卡的住宅惨遭法国人劫掠。他的两个儿子惨遭杀害。还有一些市民，包括犹太人也遭受厄运。即使是切萨雷·博尔贾枢机主教的母亲瓦诺莎·卡塔内的宅子也未能幸免。第二天，五个窃贼被处以绞刑。其中三个被吊死在美第奇枢机主教家对面的一幢房子的窗户外，第四个被吊死在同幢楼的另一扇窗户外。这幢楼位于鲜花广场，正对着台伯河。另一个则是在博纳迪家的窗外。这栋房子位于圣天使桥旁的一个街角。第二天夜里，圣天使堡的一段外墙（超过30英尺）突然倒塌。3个人包括看守都被埋在了废墟中，不幸遇难。如果我没记错的话，宗座陛下已于1月6日用完晚餐后离开梵蒂冈，前往圣天使堡避难。卡拉法、帕拉维奇尼、乔瓦尼·博尔贾、圣乔治和切萨雷·博尔贾五位枢机主教与之同行。

在圣天使堡处于相对安全状态下的亚历山大此时有能力对抗查理八世，强迫他进行和谈。毕竟，教皇手中还有不少谈判的筹码，尤其是控制住了杰姆王子。【107】此人在前文中已有所提及，但到此时为止他并未被害。在先前圣诞时与卡拉布里亚公爵的商议中，教皇（当时可能想逃跑）曾答应把杰姆安置到那不勒斯。可是计划赶不上变化，1495年1月杰姆被教皇当作了与查理八世谈判的重要筹码。

经过长时间的磋商，教皇与法王的舅舅也是他的代理人舅舅兼的菲利普·德·布雷斯伯爵最终于1月11日在关于杰姆王子的事项上达成一致。按照协议，杰姆王子暂时被转交给法王看管半年。法王需要支付给教皇20000达克特，并保护佛罗伦萨和威尼斯贸易联盟，以此作为按时归还杰姆的担保。除此，教皇要加冕查理八世为那不勒斯国王，但同时不贬低阿方索的地位。① 教皇还要保证德拉·罗韦雷、佩劳迪、萨韦利和科隆纳四位枢机主教的安全。为了确认教皇与这几位枢机主教间的复合，他们当晚需要公开发表声明。圣乔治枢机主教、内皮主教和佩鲁贾主教作为教皇的代表，菲利普伯爵、蒙庞西耶伯爵和巴黎最高法院院长作为枢机主教的代表，双方共同为该声明做证。但是，当枢机主教罗韦雷与佩劳迪得知在其未参与之下法王已与教皇达成协议，他们便向法王抱怨之前的协议已被打破，因法王将在其不认同和参与的情况下加冕。【108】他们反对与教皇媾和，也不愿参加与圣乔治枢机主教的会面。

1月12日星期一，查理在格罗莱枢机主教的陪同下巡游罗马。但实际上枢机主教只是与其他贵族骑马远远地跟随在法王身后，在一名将军的带领下，一队士兵时刻贴身护卫着查理。第二天，法王与随从们一起前往圣塞巴斯蒂亚诺（San Sebastiano），随后几天又巡游了周围地区。

1月16日星期六，据说阿斯卡尼奥和卢纳特枢机主教一大早就动身前往米兰。晚些时候，法王前去圣彼得大教堂，在圣彼得罗妮拉礼拜堂（Chapel

---

① 如何既为查理加冕又不伤及阿方索的地位并未得到说明，但可能亚历山大从未真正想过为查理加冕。这项协议只是为了拖延时间。在接下来的会议中，当涉及该协议的确认时，教皇一直避免给出准确答复（参看第115页）。

of Santa Petronilla）中，如果我没记错的话，他聆听了他的一位专职神父的弥撒。随后，他登梯进入教皇宫，在专门为他安排的房间中用餐。大约 1 点时分，身着白色法衣、头戴帽子的教皇被人从公共走道带回梵蒂冈，因为没有宗座副执事（subdeacon），拉斐尔这位礼拜堂执事举着十字架为教皇开路。在得知教皇到来后，法王立刻赶往第二花园的尽头，在路旁迎接教皇。枢机主教们同样在此等候。当宗座陛下到达花园门口时，查理走下轿子，站在花园中央的枢机主教们领着他向前走。看到教皇后，查理两次在合适的时机跪倒在地。要知道查理此时离教皇还有 8 英尺远哩。宗座陛下起初假装没看见查理，但是当查理第三次屈膝时，教皇摘下四角帽，搀扶起查理并亲吻了他。就这样，他们的第一次会面，两人均脱帽致敬。法王并未亲吻教皇的手与足。
【109】宗座陛下在法王戴上帽子前拒绝戴上四角帽。最后，当他们同时戴上冠冕时，教皇还主动帮法王戴上帽子。

在受到教皇的如此款待之后，法王又向他表达了让圣马洛主教和国王咨议会成员图尔的纪尧姆·布里松内成为枢机主教的愿望。宗座陛下立即答应了。教皇命我去弄一套枢机主教的行头以备仪式之需。于是，我找切萨雷·博尔贾枢机主教借了帽子，找帕拉维奇尼枢机主教借了斗篷。法王因为心切，不断询问枢机主教的授职仪式将于何时何地进行，我告诉他仪式将马上在帕帕加洛厅举行。教皇以左手牵起法王的右手，带着他走进帕帕加洛厅。在门口时，教皇假装感到眩晕。① 进去以后，宗座陛下坐在窗前低矮的长凳上。当法王想坐在他身旁时，教皇要求把主教座椅抬过来给法王坐。我当然不会同意这种违反礼仪规矩的做法，教皇只得回到自己的御座上去。宗座陛下脱去红袍，摘下四角帽，穿上白色外衣并带上装饰精美的圣带。法王坐在他右手边。在法王的四周，布置了长椅以供枢机主教们就座。宗座陛下让法王先坐下，卡拉法枢机主教坐在教皇右边靠墙的长椅上，就如同礼拜堂中执事的位置。其余的枢机主教按照枢机主教会议的顺序就座。【110】因此，法王并非与枢机主教坐在一起，而是被他们围绕或者说在他们身前。

---

① 这是仪式的一部分。

当所有人都坐下后，宗座陛下宣布枢机主教团刚刚全票通过了任命圣马洛主教为枢机主教的决议，因此应法王之托举行授职仪式。不过，他还想再征求下诸位枢机主教的意见。卡拉法枢机主教认为，此仪式不仅仅是对教皇，更是对法王的尊重；其他枢机主教也竞相附和。我随即召唤圣马洛主教改换行头，跪倒在教皇身前。宗座陛下遂代表上帝正式任命他为枢机主教，并向上帝赞赏了他的丰功伟绩。在圣马洛主教亲吻了教皇的手与足后，教皇将他扶起并亲吻了他的面颊。然后，他再度屈膝，教皇把红帽戴在他头上并祝福他。当授职仪式结束后，布里松内枢机主教对教皇致以谢意。宗座陛下则认为他更应感谢法王才对。枢机主教就赶紧跪在法王身前，丝毫不在意自己枢机主教的身份。之后，他又与各位枢机主教互致吻面礼。他的主教外套被教宗私人侍从——亚科波·卡萨诺瓦和弗朗切斯科·卡巴尼亚——趁机顺走了，但斗篷和四角帽我还留着。

教皇起身，希望陪同法王返回住处，但被法王谢绝了。【111】因而法王在所有枢机主教的陪伴下穿过帕拉蒙蒂（Sala dei Paramenti）和所有大厅，沿着帕拉维奇尼枢机主教小径抵达新的下榻地。卡拉法与多梅尼科·德拉·罗韦雷枢机主教一左一右地跟在教皇身边。其他枢机主教按顺序两个一排地跟在后面。当他们到达第四间房时，所有随行人员在国王按惯例致谢后转身离开。只有格罗莱和布里松内两位枢机主教继续前往为新枢机主教分配的房间。这间房之前属于法尔科内，但到了以后他们发现门是锁着的。两位不得不先待在康科迪亚主教的房间里等着仆从前来开门，但不久问题就解决了。宫殿的所有大门和其他通向法王寝宫的入口都被苏格兰雇佣兵①牢牢守卫着，除了法王的仆从和少量特定人员之外，任何人不得入内。

1月18日星期日，教皇托他的马夫把我叫去，并通知我第二天要召集一次公开的枢机主教会议以示对法王的欢迎，接待仪式他要亲自主持。我提醒他这样的事之前可没有先例，但是我们可以按照法王第一次进入罗马的程序

---

① 15世纪，许多苏格兰人在法军中充当雇佣兵，其规模和质量都名扬海内。在查理八世入侵意大利的军队中，有来自各地的雇佣兵，但其中有一个苏格兰百人团（均为弓箭手）专门负责保护法王。

来安排。

正当我们在商量此事时，法王来到了宗座厅。教皇只能不顾衣着是否得体，前去迎接。【112】法王这次前来是为了与教皇审核之前双方签署的协议条款，结果出现一个问题。问题主要在于如何担保法王会在六个月后如约安全归还土耳其王子杰姆。在之前的条款中，法王答应交出一定数量的法国贵族和高级教士作为人质，宗座陛下要求人数在30到40之间，但巴黎最高法院院长想把人质数量减缩到10个。针对这一问题双方争论了近三个小时。谈妥后，教皇带着大家走进了宗座厅与帕帕加洛厅之间的房间，那里有两把椅子。教皇和法王各自坐下，陪同人员站在他们身前。双方出席的代表有：代表教皇的帕拉维奇尼与圣乔治枢机主教，代表法王的格罗莱与布里松内枢机主教，还有全体教皇秘书和审查官等。协议被当众宣读，双方宣誓并签署之。为方便法王和教皇，该协议分别用法语和拉丁语书写①。

星期一，梵蒂冈的雷阿勒厅被按照召开枢机主教公开会议的规格予以装饰。法王即将在此宣誓以对教皇表示臣服。当教皇将要动身时，他命令我提醒法王应该如何亲吻他的足以及宣誓时应该说些什么。我刻意向教皇隐瞒了法王就座的位置，到底是在枢机主教之间还是之后，因为法王事先已经私下决定站在教皇身边，并简短地宣誓。【113】康考迪亚主教作为使节与我一同前去法王的驻地。法王当时正站在火炉旁，穿着紧身上衣，靴子还没系上。我向他传达了教皇的指示，并提醒他尽快动身，但法王表示他会先去圣彼得大教堂聆听弥撒，之后还要享用早餐，最后才去觐见宗座陛下。我们费尽唇舌劝说却全然无法使他改变行程。

与此同时，枢机主教们已经被宗座陛下召集起来，在教皇的一间私人房间商议接下来的诸多事宜。一个多小时后，教皇来到宗座厅，穿戴上披巾、圣衣、圣带和英诺森留下的红色无缝长袍，戴上装饰精美的法冠。穿戴整齐后，他来到雷阿勒厅。他登上御座，其他枢机主教依次对他表示敬意。圣乔

---

① 协议的具体内容布尔夏德并未详述，但其内容肯定有利于教皇。第二日的事件，特别是法国人让·加奈的举动也反映了此时亚历山大在外交争夺上暂居上风（见下文第115页）。

治与卡瓦哈尔两位枢机主教因被派去陪同法王尚未到来。尽管布里松内枢机主教是法王的附庸并因此受到特殊关照，但他只是一个级别较低的枢机主教。因此宗座陛下还是让级别更高的圣乔治与卡瓦哈尔前去迎接法王以示尊重。枢机主教行过礼后，教皇用一顶简朴的法冠替换了带有装饰的法冠。

我召集所有随行人员前去迎接法王。当我们到达时，他居然仍在用餐。两位枢机主教只能坐着等他，其他人则站在周围。我向法王介绍了枢机主教及其他随行人员，并再次提醒他宗座陛下现在已经在等候他。又过了大约半个小时，法王才开始询问我仪式的注意事项。【114】我向他详细解释了每个要点。他听完后让我再等会儿，然后他就到另一个房间去了。这样，法王又和他的近臣们商量了半个多小时。等他再次召唤我时，他要求我当着咨议会的面把仪式的每个细节再讨论一遍。我只得再次解释了一番。结束以后，法王在枢机主教和神职人员的陪同下前往会场。整个队列由皇家侍卫领头，后面是宫廷护卫，然后是圣乔治和卡瓦哈尔两位枢机主教，再后面是法王和另外两位枢机主教，最后为王室成员菲利普·德·布雷斯、蒙庞西耶伯爵、富瓦伯爵、克利夫斯公爵，以及费拉拉公爵之子，等等。

当法王抵达时，教皇再度换上了华冠。按要求，查理首先在门口屈膝行礼，然后在教皇御座前再次跪地，第三次是在教皇身前，并亲吻教皇的手与足。教皇扶起他后再亲吻他的面颊。当教皇入座后，圣乔治和卡瓦哈尔枢机主教依次向他行礼，而法王仍旧站在教皇的左边。我立刻提醒法王应该向教皇宣誓，他表示明白。就在此时，让·加奈走向教皇并跪倒在地，声称法王这次前来就是要向宗座陛下表示臣服的，但是他希望教皇能在宣誓前答应法王三个要求，就像其他所有封臣一般。第一，"笃信王"法王和他的妻子与长子的所有特权得到教皇的确认；第二，那不勒斯王国归法王；第三，昨天关于杰姆王子的协议作废。【115】教皇针对他的请愿一一作了回答。第一项他会马上着手解决。第二项他认为涉及另一个人的利益①，所以他还要和枢机

---

① 亚历山大很清楚为查理八世加冕成为那不勒斯国王会带来什么后果，但他找到了合适的借口推脱以避免给出任何明确的答复。

主教团再斟酌一番。不过,他们会给予法王尽可能满意的答复。第三项他希望能与法王和枢机主教团再进行商议,相信最后一定会协调妥当。

当教皇说完后,法王大声宣誓:"至圣的圣父,我像我的先王一般对您表示绝对的忠诚。"已经起身的让·加奈接着详细解释了法王的誓言:"教皇陛下,法王先前已经通过他的使节向罗马教会和教皇表达了敬意。但法王仍旧希望亲自拜访教廷,进一步表达他的尊敬与虔诚。因此,他承认您,伟大的教皇,是基督徒的首脑,基督的代表,圣徒彼得与保罗的继承者,并像他的先辈一般对您宣誓忠诚,他愿意把他的一切都献给您和教会。"

【116】教皇一直握着国王的右手听完了让·加奈的讲话。随后他简短而又贴切地予以回应,把法王称赞的如同己出一般。同时,所有枢机主教都围在教皇的御座周围,被这个法国人的无礼行为搞得茫然而不知所措。当教皇回应完毕后,他站起身,用左手牵着法王返回帕帕加洛厅。在那儿他褪去法衣,再送法王一程。但法王谢绝了,在致谢后回到了住处。

1月20日星期二,圣塞巴斯蒂安日(Feast of San Sebastian),教皇召集枢机主教们前往帕帕加洛厅商议一些宗教任职的安排,随后将应法王之愿一同前去圣彼得大教堂举行大弥撒。因为帕拉蒙蒂厅挤满了法国人,所以教皇和枢机主教们只得在帕帕加洛厅穿上法衣。宗座陛下戴上他的三重冕,然后坐着他的华盖大轿前往大教堂。在那儿他又等了法王接近一刻钟。查理之前已来过圣彼得大教堂,在圣彼得罗妮拉礼拜堂听了弥撒。不过他之后又前往邻近的教堂用早餐。教堂为他专门准备了所有食物、罐子、酒壶和其他器皿。早餐过后,他又回来与教皇一起参加大弥撒。他的贵族陪伴着他,当然他们都不能携带武器,而侍卫只能守在礼拜堂外面。只有一支仪式性的长矛被他的管家助理(under-chamberlain)带了进来。在教皇的指令下,一个上面放有锦缎垫子的跪凳被放在祭器台前,宗座陛下的右手边,供法王使用。这样法王可以获得更好的视野。然后,枢机主教和其他神职人员开始向教皇行礼。教皇命令我在祈祷开始后的第三个小时,将供他洗手的圣水由法王和三位伯爵(富瓦伯爵、布雷斯伯爵和蒙庞西耶伯爵)依次传递给他。【117】因为我不是很清楚这三位贵族的等级位次,所以我在询问法王是否愿意这样服侍教皇时顺便咨询了他。法王认为如果这是惯例他会照做不误，并告诉我从高到低依次是布雷斯、蒙庞西耶和富瓦。就这样，我先把盆交给富瓦伯爵，最后轮到法王时，水盆由法王的私人管家，每晚与之同睡一室的利尼伯爵端给他。我再把臂巾交到法王手中，他随后登上教皇御座服侍教皇。

福音书和使徒书信被用拉丁文与希腊文分别诵读，卡拉法枢机主教则充当教皇的助手。当宗座陛下朗诵告解词时，法王坐在他身后观察着，随后站在事先备好的跪凳上。法王的跪凳离卡拉法枢机主教的很近，在卡法拉的跪凳与司铎枢机和神父的长凳之间。弥撒的所有程序都按着规定进行。只是当教皇接受圣餐礼时，他无意中把圣体而非圣像牌递给了身边的执事和副执事。他们也未亲吻教皇的手。教皇饮用的葡萄酒质量不算好。当然由于事务繁忙，我没空考虑。而且我更不想影响弥撒程序的顺利进行。在圣餐礼后，戴着三重冕的教皇在法王的服侍下洗过手，然后登上祭台。在弥撒之前，教皇穿上全套法衣。这时，法王开始追问我弥撒的详细内容。尽管我竭尽所能地予以解答，但他仍要求我继续解释。【118】我只能试着更深入地解答，但每当他感到不满意时，便急忙转入下一个问题。

当弥撒最后的赐福祈祷仪式结束后，宗座陛下登上圣彼得大教堂的阳台，庄严地为大众祈福，并宣布大赦天下。随后圣乔治、切萨里尼和圣塞韦里诺三位枢机主教分别用拉丁文、意大利文和法文予以发布。仪式结束后，宗座陛下仍戴着三重冕，坐着没有华盖的轿椅返回住所。枢机主教们送行至科蒂尔·英诺森齐亚诺（Cortile Innocenziano）便在教皇的允许下离开了，但法王一直陪同教皇直到其房间。在第一杜卡勒厅（First Sala Ducale），宗座陛下下轿与法王一同步行。法王怎么返回自己的住处我不太了解，但所有仪式是发生在下午4点以后。在去祭台、阳台和杜卡勒厅的队伍中，法王总是被他的部下包围着，处在枢机主教和教皇之间的位置。虽然教皇命令我让法王走在两位带头的枢机主教之间，但很明显因为那帮法国贵族的簇拥我没法这么做。

一周后的星期二夜里，杰姆王子从圣天使堡被转移到威尼斯宫。在那儿他被移交到法王手中。翌日，当教皇在第一杜卡勒厅与13位枢机主教会谈时，

阿拉贡的伊莎贝拉代表其父亲那不勒斯国王、丈夫米兰公爵哀求查理八世
Isabella of Aragon at the Feet of Charles VIII, Attributed to Giovanni Biliverti, Louvre Museum, Paris

法王前来觐见。【119】法王和教皇私下商议一番，之后切萨雷·博尔贾枢机主教也加入进来商谈了一刻钟。随后，法王在教皇和枢机主教们的陪同下一直走到通向宫殿上层房间的过道。在那，法王免冠跪倒在地。教皇也摘下三重冕，亲吻了法王，但坚决谢绝了法王的吻足礼。法王随后上马，等待切萨雷·博尔贾枢机主教和他一同离开①。教皇和枢机主教们则一直在回廊里注视着。最后，切萨雷穿着枢机主教的兜帽出现了，在宗座陛下的授意下，

---

① 在与法王签订的协议中，教皇同意切萨雷·博尔贾与之同行。很明显，切萨雷被作为人质以牵制教皇的行动。

骑上了法王身边的那匹马。他赠予法王六匹骏马,都套着缰绳但没装马鞍。在众人的目光中,法王和枢机主教渐行渐远。查理为了避免离城仪式的拖延故而拒绝了枢机主教团为他送行。同一天,法王和切萨雷前往马里诺,德拉·罗韦雷、萨韦利与科隆纳三位枢机主教以及一位教廷财务院法官也在队伍中。当天夜里,佩劳迪枢机主教和另一位枢机主教一同出发,跟随法王至教皇国和那不勒斯王国的边界。在法王离开之前不久,杰姆王子也被要送前往马里诺,随后加入大部队。当法王告辞后,卡拉法枢机主教前来陪同教皇,而其他枢机主教则各自返回府邸。

还是在当天夜里,宗座陛下得知阿方索国王已经逃离那不勒斯,用四艘大帆船满载他的财宝前往西西里和西班牙召集军队抵抗法王。【120】第二天夜里,我们进一步了解到卡拉布里亚公爵费兰蒂诺继承那不勒斯王位,并与阿拉贡的伊莎贝拉,即他祖父费兰特国王的女儿,也就是他的姑姑订婚。此外,我们还听说费兰蒂诺已经在那不勒斯境内巡行,接受臣民的宣誓效忠,释放了他的祖父和父亲关押的自由市民和贵族,并处决了一些亲附法国的人。

1月30日,消息传来说切萨雷·博尔贾在韦莱特里(Velletri)逃跑了。他化装成一位马夫当天夜里就赶回罗马,在教廷高等法院法官安东尼奥·佛洛雷斯家留宿。在与法王同行时,切萨雷安排了19头装饰华丽的骡子载着他的物品,其中有两头装有贵重物品。在第一天夜里,当他们正在往马里诺行进时,这些牲畜就被带回罗马了,切萨雷的仆人们则在法王面前报告说骡子被盗贼抢走了。作为替代,又派出了17匹驮着箱子的马。当枢机主教逃走后,法王公然将之据为己有。尽管我听说在马驮的箱子里什么也没有,但我不相信这是真的。

2月25日,我们听说杰姆王子死于那不勒斯的卡普安纳(Capuana)城堡,死因可能是中毒。为了回应巴耶塞特苏丹的要求,杰姆的遗体和所有随从都被送回土耳其。据说苏丹为此花了大价钱,并热情欢迎了杰姆的仆人。①

---

① 布尔夏德刻意隐瞒了自己对杰姆之死的看法,但其他作者明确地将死因归咎于博尔贾家族的毒害。当然,没有明确证据支持这种怀疑,他们使用的慢性毒药也未被证实。杰姆最有可能是自然死亡,就像布尔夏德描述的那样。

第 7 章

教皇特使会见神圣罗马皇帝马克西米利安

>> 1496年7月—11月

【121】离开罗马后，查理八世长驱直入，势如破竹，于1495年底攻入那不勒斯，费兰蒂诺仓皇出逃西西里。奥尔西尼家族此时支持法国，家族首领真蒂莱·维尔吉尼奥在先前已经背叛了阿方索与教皇，公然允许查理八世进入布拉恰诺。但法国人对那不勒斯的控制并不稳固。他们战线过长，那不勒斯本地的民众起义，以及西班牙的海上军事力量，威尼斯人与洛多维科·斯福尔扎（威尼斯人和洛多维科·斯福尔扎因为十分担心法国人过于强大而会破坏势力均衡，因此开始与法国为敌），神圣罗马帝国皇帝马克西米利安和教皇等人的联合都对法军构成威胁。3月末，上述各方结成神圣同盟共同对抗法国。此时法王发现自己处境不利，因而于3月20日率军从那不勒斯向北撤退。他只在罗马稍作停留，因为教皇在奥尔维耶托（Orvieto）避难故未与之见面，直到7月在佛尔诺瓦（Fornova）战役取胜后，查理才得以全身而退，回到阿尔卑斯山以北。费兰蒂诺遂再度夺回那不勒斯，法军留守部队由蒙庞西耶和奥尔西尼指挥，被困于阿泰拉（Atella）。

1495年末，法国人的入侵告一段落。但是在1496年初，查理八世的入侵有复燃之势，他扬言要组织新的军队卷土重来。正因如此，反法联盟于当年7月拉拢了英王亨利七世。教皇还特别希望获得马克西米利安的个人支持，因为截至目前他尚无作为。马克西米利安于1493年从父亲腓特烈四世手中接过帝位，但考虑到他父亲留下的微薄遗产，他无论在财力还是人力上都难有贡献。【122】不仅如此，客观上讲，马克西米利安只是一个被选出来的皇帝，尚未被教皇正式加冕。尽管15世纪的其他皇帝也多如他一般，但正式的加冕仪式尚存在一定的影响力。因此，亚历山大六世提出，派遣一位教皇特使在米兰为他加冕。马克西米利安也同意了，却拖了很久才来到意大利。但是预定的典礼和帝国加入神圣同盟均未最终落实，这主要是因为马克西米利安对教皇和米兰公国的不信任以及自身军事、经济实力的不足。在教皇特使与皇帝的协商过程中，他们都试图对米兰公爵隐瞒各自在北意大利的图谋，但是马克西米利安为了自身利益，做了更多。他拒绝前往米兰，还试图在托斯卡纳的争端中占些便宜，但直到他年末返回德意志都未获成功。

7月6日星期三，在一次秘密的枢机主教会议中，宗座陛下任命卡瓦哈尔枢机主教作为他的特使前去会见"罗马人的国王"*马克西米利安。马克西米利安即将为了意大利的和平与福祉访问罗马，并接受加冕。随后，这位新特使在所有枢机主教的陪同下前往他在马里奥·梅里尼家的下榻地。7月29日，卡瓦哈尔枢机主教从罗马启程。按照惯例，枢机主教们会为他送行，直到波波洛城门。下午2点左右的光景，特使在人民圣母女修道院（Convent of Santa Maria del Popolo）用过午餐，随即出发。第二天夜里，他在卡斯泰尔诺沃外的彼得罗·科隆纳的家中留宿。第二天早上，根据教皇的命令，我出发追赶特使，并在当天晚饭前与他在奥特里科利（Otricoli）的一间旅馆碰面。当天我们在那过夜。

---

* 德意志选帝侯选举出来的人称"罗马人的国王"，只有进军罗马，由教皇加冕后才能使用"神圣罗马帝国皇帝"头衔。——译者注

神圣罗马帝国皇帝马克西米利安一世
Portrait of Maximilian I, Albrecht Dürer, 1519, Kunsthistorisches Museum

"摩尔人"洛多维科·斯福尔扎夫妇
Virgin and Child Enthroned with the Doctors of the Church, Unknown Master, 1494, Pinacoteca di Brera

【123】8月24日,我们终于抵达米兰。特使在随后的两三天内出席了很多仪式。8月28日星期日,他与米兰公爵及使节们一同参观一座奥古斯丁修会的修女院。这座修女院的院长是公爵的妹妹,尽管她是私生女,但她依然管理着这座修女院的将近130位修女。

第二天,我从马克西米利安的秘书那里接到与他会面的通知。马克西米利安前些天刚刚离开他在博尔米奥山(Monte Bormio)和科莫湖(Lake Como)的领地,在50多位随从和其他一大批下属的陪同下抵达卡里马泰(Carimate),并在当地的城堡中下榻。这座城堡离米兰还有大约16英里。我把消息转告给特使,猜他也许会要求我全权负责与马克西米利安的交涉事宜。果然他非常高兴我会作为代表前去面见马克西米利安,并依照皮科洛米尼枢机主教的指令行事。特使嘱托我要清楚得体地阐明问题,不用在米兰公爵面前遮遮掩掩。米兰公爵随后让他的管家照看我,并为我安排行程。在卡里马泰,管家对我以礼相待,我得到了很周全的照顾。只不过我到达那里时已是晚上7点,我发现已

第 7 章 教皇特使会见神圣罗马皇帝马克西米利安

经没有时间与马克西米利安会见，而且我的住宿也未被安排妥当。我们只得折返到 1.5 英里外的一座叫伦塔泰（Lentate）的小村庄过夜。第二天一早，我们再度前往卡里马泰与马克西米利安会面。面见之初，我对他表示了使节应有的敬意，然后我们开始商谈具体事宜。按道理讲，马克西米利安的位次应该位于特使之下。对于这一点，我不得不对国王解释一下，并指出了加冕的皇帝和未加冕的国王之间的差异。【124】弗斯腾伯格的海因里希与马夸德大人这两位伯爵也在场。在他们的建议下，我们决定国王应该站在特使右边，因为事实上他已经拥有了皇帝的全部职权。

数周以前，当我被安排陪同卡瓦哈尔枢机主教出使时，我已经向他和佩鲁贾的洛佩斯枢机主教提出过，除非我以礼仪官的身份，否则我不会答应此事。这意味着，我应该位列两位教宗私人侍从身后，但在其他管家及所有出席者身前。对此，所有枢机主教都应允过我。可是，在奥特里科利，特使却安排莱昂的安东尼奥法官和帕尔马的弗朗切斯科司库记录员位列我之前。当时我忍气吞声了，但后来在弗尔吉尼奥（Fulgineo）我对此表示过不满。卡瓦哈尔枢机主教要我和弗朗切斯科私下再作协商，可即便弗朗切斯科看似准备把位置让给我，但他其实根本就无此意，并表示如果这样，他就准备返回罗马。这让特使陷入两难的境地，因为他既需要弗朗切斯科的服务但又不想得罪我，而我自然不会有丝毫退让。最终，卡瓦哈尔枢机主教答应在教堂时让我站在前面，但在其他场合则相反。尽管不合常规，我们还是接受了这一安排。

我还负责处理特使在各个城市和宫廷的迎接仪式中所使用华盖及其装饰的分歧。特使的管家表示这是他的特权，但同时马夫们认为这应该由他们操办，于是双方都来找我理论。我个人认为无论强迫神职人员还是平民去欢迎一位教廷使节都是不合适的，毕竟他只是路过而已。这样做过于劳民伤财。【125】这个仪式本身就是教皇西克斯图斯四世在几年前开的一个不良先例，所以在向特使谈及此事前我不愿对这一争端给出任何定论。

当我返回后，8 月 30 日星期二下午，特使与米兰公爵及其随行人员一同前往蒙扎（Monza）迎接马克西米利安。他们二位下榻在城堡中。如果我没记错的话，我与其他随行人员在一家名为坎帕纳（Campana）的小旅馆留宿。当天夜里，特使与公爵命令我连夜赶往卡里马泰，并通知皇帝陛下他们将按原计划前来迎接他。我还把他们计划好的马克西米利安的接待日程表呈递给陛下审阅，以便他提供修改意见。其内容如下：

"一早在蒙扎用膳后，特使与公爵将在大约11点抵达梅达（Meda），然后他们会出城等待皇帝陛下的到来。会合时间是在中午。特使在离陛下约半英里处下马，然后步行迎接以示尊敬。在此处进行简短交谈后，双方再一起返回梅达。特使会让陛下一直在他的右手边位置。在正式的接待仪式上，特使会递交给陛下一封教皇的书信。如果在场的人太多，他只会简明扼要地解释教皇的意见。但如果人不多的话，他可以依陛下所愿详加论述。"

在公爵司库的陪同下，我于8月31日星期三拂晓前离开蒙扎去觐见皇帝陛下。【126】我们到时他尚未用早餐，所以我们没法当时见他，但他要求我们表明来意。不久，他的仆人传话给我们，说陛下将会在中午1点左右抵达梅达，我们要事先做好准备。他不想在城外举行任何仪式，只会适宜地对特使致以谢意。他接受特使给他安排的位置，但他不会佩剑在身。对此他不想再有任何改变。领受了陛下的旨意后，我们随即返回。在离梅达还有两英里的地方，我们与特使和公爵碰面，他们接受了陛下的要求。

随后他们继续等待马克西米利安。米兰公爵夫人和她的侍女们也在旁等候。不久，马克西米利安在200名骑兵的护卫下出现。特使、公爵和公爵夫人上前迎接。陛下下马拥抱特使，然后四人一同走进屋内。特使将教皇的书信呈递给陛下。他随即交给他的秘书打开并宣读内容。然后，特使向陛下传达了他此行的任务，并对陛下表达了祝福。当特使讲完话后，陛下召集他的大臣递上他的回信。他的秘书以优美的拉丁演说形式予以朗读。仪式结束后，陛下、特使、公爵和公爵夫人，以及皇帝的大臣们共同前往位于一座贵族别墅的王室会客厅。临近傍晚时分，陛下返回卡里马泰。紧接着，特使、洛多维科公爵和夫人返回蒙扎。9月1日星期四，他们回到米兰。

【127】周日一早，卡瓦哈尔枢机主教与公爵、公爵夫人及少量随从一道从罗马门（Porta Romana）乘船离开米兰前往阿维亚尼亚索（Aviagnasso）。

第 7 章 教皇特使会见神圣罗马皇帝马克西米利安

他们在那儿上岸后，经陆路前往维杰瓦诺（Vigevano），与早先已经到达的马克西米利安会合。在维杰瓦诺，他们停留数日。代表萨伏依公爵菲利普、蒙费拉侯爵和热那亚的使节们纷至沓来向陛下表示效忠。西班牙、那不勒斯和威尼斯的使团以及佛罗伦萨使节（出现过不止一次）也前来欢迎。事实上，只有费拉拉公爵的大使因为身体抱恙不曾出现。

9月22日星期四，陛下离开维杰瓦诺前往热那亚。当天他抵达托尔托纳（Tortona），并逗留至24日。随后他领着他的1000骑兵和2000步兵继续前进。次日，他来到波尔切维拉山谷（Polcevera Valley）的科尔内利亚诺别墅（Villa Corneliano）。此处距热那亚还有3英里。他下榻于安弗雷多·斯皮诺拉（Anfredo Spinola）宫。27日星期二晚上，他进入热那亚。300民兵为他开道，200骑兵紧随其后，这恢宏的阵势让他倍感荣耀。国王在白色锦缎华盖的遮蔽下从城门骑行入城，这顶华盖是专为他准备的，一路上，不同的市民依次为他举着这顶华盖。他最后在圣洛伦佐教堂门前停下，并在教堂的祭台前祈祷，然后他又马上从热那亚回到安弗雷多·斯皮诺拉宫过夜。我注意到，这顶华盖并未被国王的仆从或者热那亚贵族青年抢走，原来它已经被托付给热那亚的长官保管起来以备不时之需。第二天晚上7点，国王和所有随从一起进入热那亚，在圣托马西奥宫（Palazzo San Tommasio）下榻，这也是德拉·罗韦雷枢机主教在热那亚城郊的一处产业。

【128】10月3日星期一，国王在坎皮（Campi）村用过早餐。他来此的目的是为了和他的军队统帅（Captain-General）萨克森公爵艾伯特会合。萨克森公爵率领600骑兵前来，并在与国王会合后一起回到热那亚。在圣洛伦佐教堂的圣器收藏室，基督在和门徒共进最后晚餐中使用过的圣杯和餐盘被展示给陛下。萨克森公爵、我以及在场的200多人参观。这是一个翡翠石碗，据说价值连城，超乎常人想象。早先，当我们在蒙扎时，也见识过属于当地大教堂的珍贵装饰品和珠宝：一件带有银质装饰的祭台布；各种金质装饰品，包括若干十字架，三顶镶嵌珍珠的王冠，一尊同比大小的母鸡雕像，上面有7只小鸡围绕成圈的盘子，小鸡的头弯着就像在啄食谷子，一些圣骨盒；还有一颗中间被掏空的蓝宝石，4英寸长，2.5英寸高，颜色相当绚丽。

所有这些财宝都是一位多年前葬于此地的女王捐献的。

同时，米兰公爵和夫人已于9月23日离开维杰瓦诺前往托尔托纳。在多尔诺（Dorno）城堡暂住一夜后，第二天他们就抵达托尔托纳。卡瓦哈尔枢机主教经由另一条路也在9月24日到达，并待了些许时日。先前9月2日在米兰时，我因为热病而病倒，而接下来的一两周病情又有所恶化，但恢复后我还是及时和特使同时赶到托尔托纳。虽然之前我私下告诉他的管家我可能会晚点到，但特使并未为我安排住处，他的仆人们也不招待我。【129】因此，我只得前往托尔托纳的圣马蒂亚诺（San Martiano）修道院。这是一座皮科洛米尼枢机主教向我推荐过的本本笃会修道院，在那儿，马蒂诺·尼米拉热情接待了我。

第二天，我拜访了卡瓦哈尔枢机主教以便在他的准许下前往热那亚觐见马克西米利安，然后返回罗马。9月28日，我到达热那亚，随后返回托尔托纳与特使正式告别，我们在城外6英里的地方见面。我祈求他的祝福并希望他支付我和我的随从返回罗马的开销。枢机主教却推脱说他手头紧。对此我反驳到，在托尔托纳花费的52达克特我已自己支付，我只是希望获得回去的路费。虽然我已经从弗朗切斯科·穆夏尼那里借到8达克特，还从另一位朋友那里得到25达克特的资助，但这笔合情合理的补助可以在很大程度上减轻我的负担。特使反而指责我为了谋取私利谎报开销，但我争辩说，我在托尔托纳的花销正是因为他与他的部下对我疏于照顾。还有许多事情我都没说。枢机主教对我的抱怨大为光火，反驳说是因为我自己当时没说清楚，我应该及时当面向他反映。可他当时根本不在那儿！我再次声明我是一个正直诚实的人，我只是希望他能够履行诺言补贴我的开销。特使最后终于同意补偿我。

【130】于是，我就此告辞，而他回到热那亚。我途径托尔托纳，历经千难万险后于11月2日回到罗马。

博尔贾家族反对奥尔西尼家族的第一次军事行动

>> 1496年10月—1497年2月

【131】在阿泰拉陷入阻击的法国人和奥尔西尼家族最终于1496年8月向那不勒斯和西班牙人有条件投降，但是随后费兰蒂诺并未按照协议释放蒙庞西耶和奥尔西尼家族的首领们。因为真蒂莱·维尔吉尼奥是教廷的敌人，教皇特意说服了费兰蒂诺把他监禁起来。

1497年的晚些时候，法国和神圣同盟之间的战争正式结束，双方缔结和约。但亚历山大还想进一步扩张其领地。总体而言，教皇的地位因为西班牙王室的强力支持而更加稳固，而且枢机主教间的反教皇同盟也被打破。德拉·罗韦雷再度投奔查理八世，阿斯卡尼奥·斯福尔扎又暂时成为了教皇的盟友。因此，教皇可以开始着手利用其资源重建在中部意大利的权势。他计划有条不紊地对付那些仍然威胁到教皇在罗马及教皇国境内权力的大家族。考虑到之前的表现及其所处的战略地位，奥尔西尼家族首当其冲。作为更强硬手段的前奏，教皇首先宣布真蒂莱·维尔吉尼奥为反叛者。为了实施对奥尔西尼家族的清剿以及之后对教皇国内其他诸侯的压服，教皇首先想到了启用他的儿子胡安大人，希望把他培养成一位强有力的意大利君主。因此，他立刻将胡安从他的生活地西班牙召回意大利。经过一些耽搁，胡安于1496年8月初抵达意大利。随即，教皇开始紧锣密鼓地筹备新的军事行动。

乌尔比诺公爵费代里科·达·蒙泰费尔特罗及其子圭多巴尔多
Federico da Montefeltro con il figlio Guidobaldo, Pedro Berruguete, c. 1474, Galleria Nazionale delle Marche, Urbino

【132】10月23日星期日，教皇军队的指挥官，乌尔比诺公爵圭多巴尔多·达·蒙泰费尔特罗从阿西纳里亚门进入罗马。按照惯例，教皇的家族成员和枢机主教们前来迎接。他们途径圣马可广场和鲜花广场，最后抵达公爵在梵蒂冈宫内的住所。接下来的星期三，在一次秘密的枢机主教会议上，德·卢纳特被晋升为枢机主教，并作为教皇特使专门负责把真蒂莱·维尔吉尼奥·奥尔西尼和保罗·奥尔西尼的土地、城镇、村庄以及领主权收归至教皇名下。会议结束后，宗座陛下身着传统长袍，来到圣彼得大教堂参加洛佩斯枢机主教主持的大弥撒。在圣餐礼后，一副戎装的甘迪亚公爵胡安·博尔贾大人在乌尔比诺公爵的陪同下到达教堂。紧随他们身后的是大教堂的神职人员和其他贵族。

当枢机主教宣布弥撒和赦免仪式结束后，两位公爵及随从们虔诚地走进礼拜堂并跪倒在教皇面前。宗座陛下随后起身，摘掉自己的法冠，开始为三面旗帜祈神赐福，其中一面印着教会的纹章，另两面印着博尔贾家族的纹章。此外，在一面旗帜顶上还装有一支一英尺多长的白色木杖，其形制与教廷财务总管每天列队行进时随身携带的那根木杖一样。赐福过后，教皇点上香，在用香熏旗帜和木杖的同时给它们洒上圣水。这时，胡安大人走到宗座陛下面前，下跪，一字一句地大声重复着作为教廷军队统帅的誓言。教皇随后把

第 8 章　博尔贾家族反对奥尔西尼家族的第一次军事行动

第一面代表教会的旗帜以及另两面旗帜依次交到胡安手里，口中一次次地重复着在这种仪式中的套话。【133】不过，在赐予带有白木杖的最后一面旗帜时，教皇改变了传统赐封新公爵的言辞，将"请接受这个权杖吧"换成了"请接受这个国家的旗帜吧"。通过这样的仪式，他正式任命胡安大人为罗马教廷军队统帅。仪式结束后，这位新统帅亲吻了教皇的足，然后起身，与宗座陛下一起走出圣彼得大教堂，并辞别教皇。胡安与随从一起走下大教堂前的阶梯，进入广场，为他们领路的是三位举着旗帜的侍者。【134】他们在圣彼得大教堂前上马，绕着门前的广场纵马而行，然后返回梵蒂冈宫。乌尔比诺公爵与法布里齐奥·科隆纳大人则一左一右护卫着胡安。与此同时，教皇在枢机主教们的陪同下进入梵蒂冈宫楼上的房间，在帕帕加洛厅换下法袍后，他准许全体枢机主教按照常规把新特使德·卢纳特枢机主教从阿西纳里亚门送至城外。之后，特使在对枢机主教团表示谢意后，又从教皇花园里那扇可以直通城外的宫门回到了梵蒂冈宫内。他与洛佩斯枢机主教共同进餐，然后再去面见教皇，接受官印。

10月27日，特使德·卢纳特枢机主教、新的军队统帅胡安·博尔贾大人

博尔贾家族的纹章

教皇亚历山大六世的纹章

瓦伦蒂诺公爵的纹章

罗马阿西纳里亚门
Porta Asinaria, Rome

以及乌尔比诺公爵一同率领大军离开罗马。他们携带着武器和大炮,目标正是包括安圭拉腊(Anguillara)在内的真蒂莱·维尔吉尼奥·奥尔西尼的各个领地和城堡。在一个月左右的时间里,他们为教廷包围、占领了十座城堡——安圭拉腊、加莱拉、巴萨诺-迪苏特里(Bassano di Sutri)、坎帕尼亚诺(Campagnano)、福尔梅洛、斯克罗法诺(Scrofano)、切萨诺(Cesano)、韦伊阿诺(Veiano)、比耶达(Bieda)以及特里维那诺(Trivignano)等,其中他们只纵火焚烧了特里维那诺。由于之前奥尔西尼的支持者曾烧毁了巴卡诺(Baccano)与维卡雷里(Viccarelli)的所有店铺,所以教廷军队无法在此驻扎。他们转而开始在通往罗马的大道上劫掠，令旅行者闻风丧胆。

在圣诞节前的第三个星期天，西波枢机主教在西斯廷礼拜堂主持大弥撒。当布道开始时，来自卢纳特枢机主教的消息传到了宗座陛下那儿。这位枢机主教当时正在伊索拉（Isola）要塞对面的阵地里。他报告说，当天早上，大约40名雇佣步兵逃出要塞向他们投降，随即他下令猛攻城堡，不久敌人就表示愿意投降。早餐刚过，另一名骑兵又带来了更多消息，说伊索拉城及其要塞已被特使和教廷军队完全拿下和控制。当然，当天大弥撒的其他程序仍然照旧进行。

【135】一个星期后的12月18日清晨，之前攻陷并驻扎过伊索拉的50名瑞士雇佣兵离开罗马前往布拉恰诺要塞。新年后的1月9日，教廷军开始用云梯对布拉恰诺发起进攻。在进攻中，虽然他们付出了相当大的伤亡，但并未取得实质性进展。将近一周后的1月15日，教廷军发起第二轮攻势，但在付出了许多伤亡的情况下仍未获成功。此次攻城共有约40名骑兵阵亡，60名负伤；此外还有约100名步兵牺牲，伤者甚多。更糟糕的是，敌人的援军卡洛·斯福尔扎（真蒂莱·维尔吉尼奥的私生子）和卡斯泰洛城的维泰洛佐·维泰利率领的200多名士兵正好赶到。我军被迫取消攻城，并全部后撤，于1月21日后重新集结，以便做好准备向卡洛和维泰洛佐等率领的军队发起攻击。这时，新的消息传来，大批法军已经越过阿尔卑斯山，并于1月13日占领卡萨莱（Casale）。我们还听说1月18日，真蒂莱·维尔吉尼奥·奥尔西尼已在囚禁地那不勒斯去世，并被安葬在城外的贝娅塔·玛丽亚－格罗托（Beata Maria alle Grotto）女修道院。

1月24日星期二，在巴萨诺（Bassano或Bassanello）和索里亚诺（Soriano）要塞附近，教廷军和奥尔西尼军的战斗再次打响。结果教廷军惨遭失利，颜面尽失。乌尔比诺公爵不幸被俘，约500名将士沉尸沙场，伤者不计其数。不仅如此，奥尔西尼军还缴获了我们全部的大炮，将我军打得七零八散，溃不成军。因此，教皇与奥尔西尼家族开始和谈。双方于2月5日星期日达成协议，并在罗马的梵蒂冈宫进行了签署。宗座陛下本人也出席了签字仪式。

第9章

罗马的复活节庆典

>> 1497 年 3 月

【136】在文艺复兴时期的罗马，许多新的仪式和珍贵的基督教圣物的展示活动被加入到传统的复活节庆典中。在棕枝全日，按惯例，教皇祈福过的棕榈在教堂间传递，这象征着基督进入耶路撒冷和基督徒在精神上的胜利。在一个全罗马高官显贵都要出席的附加仪式上，这项传统仪式成为了焦点。与此同时，罗马教廷崇敬的部分基督圣物也会有机会被展示，这其中最具代表性的是圣彼得大教堂的维罗妮卡圣帕*和圣殓布**，这两件圣物上都印有基督的形象，还有 1492 年才被送至罗马的圣矛碎片。在拉特兰大教堂则保存有两位罗马教会创始人使徒圣彼得和圣保罗的头骨，这两件传奇性的头骨，据说是 4 世纪时被教皇西尔维斯特存放在拉特兰教堂的礼拜堂里的。当 1360 年乌尔班五世重建被大火焚毁的教堂后，他把头骨存放在特制的银质雕像中，并将其放入祭台上的壁龛里。后来法王查理五世又用珍贵的宝石镶嵌其上，但在 15 世纪早期，宝石被盗走了。神奇的是，雕像和里面的头骨依然完好无损，因而在节日期间它们常常被公开展示。

---

* 维罗妮卡圣帕（Veronica），带有耶稣面像的手帕。传说耶稣背负十字架走向刑场途中，圣女维罗妮卡曾以手帕为耶稣擦汗，圣容遂留于该手帕上。——译者注
** 圣殓布（Shroud of Christ），耶稣圣尸所用的殓布。——译者注

梵蒂冈西斯廷礼拜堂
Sistine Chapel / Cappella Sistina

3月18日星期六,布告首先在鲜花广场,随后在全城张贴。根据宗座陛下的指令,当天拉特兰大教堂将会展示圣彼得和圣保罗的头骨,而第二天棕枝全日,圣彼得大教堂将会展示圣殓布。教皇同时会为教徒们祈福。【137】在西斯廷礼拜堂,教皇主持发放棕榈的仪式,但是考虑到棕榈的数量有限,只有枢机主教团、各国使节、胡安·博尔贾以及乔瓦尼·斯福尔扎得到了棕榈。随后,西班牙将军孔萨尔沃·费尔南德斯来到礼拜堂。他拒绝站在通往教皇御座的阶梯上,而是坐在为世俗使节准备的长凳上,位于西班牙国王和王后的使节身后。不仅如此,他还拒绝从教皇那里接受棕榈。当枢机主教们和其他人看到这番景象后,他们非常惊讶。通过调查,我发现孔萨尔沃·费尔南德斯这么做的原因在于他不满意胡安·博尔贾位列其上。正因为此,他才如此不理智地行事,当然这也反映出他邪恶与不忠的本性。

西波枢机主教在西斯廷礼拜堂主持大弥撒,教皇手握棕榈出席。执事与两位身着紫袍的唱诗班歌手一齐朗诵耶稣受难的故事,其余程序与平时

"大将军"孔萨尔沃·费尔南德斯塑像
onzalo Fernández de Córdoba, Ricardo Bellver, 1875, Andalusia

相同。可是，维罗妮卡圣帕和圣殓布并未按之前通知的那样予以展览。宗座陛下也没有为大众祈福。不过，拉特兰大教堂如期展示了两位使徒的头骨。

在圣周星期三的下午，宗座陛下身着红袍前往西斯廷礼拜堂参加纪念耶稣受难的赞美诗晨祷①。【138】当教皇在跪凳上祈祷以及坐在御座上时，两位执事枢机并未协助他，取而代之的是神父们。在仪式结束后，教皇坐在御座上被抬回了寝宫。第二天，他前往西斯廷礼拜堂参加圣乔治枢机主教主持的大弥撒。随后教皇带着为第二天（耶稣受难日）的弥撒所准备的圣体②，从西斯廷礼拜堂走到保罗礼拜堂（Pauline Chapel）。法官们手持着教皇身前的长袍下摆，胡安·博尔贾则托着教皇身后的。返回西斯廷礼拜堂后，宗座陛下走上阳台开始公开赐福祈祷。在脱下长袍并接受枢机主教们的敬意后，他命令宗座执事"瓦西诺·甘巴拉用拉丁文宣读了一份诅咒敕书（Bull of Anathema）③，然后由法尔内塞枢机主教用意大利语复述了一遍。教宗私人侍从随后用拉丁文宣布大赦天下，法尔内塞枢机主教再用意大利语翻译。

---

① 在圣周的最后三天里，晨祷和朝赞课被提前到前一天晚上进行。在传统的晨祷和朝赞课时，教堂内的烛光会被一一熄灭，最后将会是一片黑暗，"tenebrae"这一名称可能由此而来。
② 平时，弥撒中的圣体会被保留。但由于在耶稣受难日没有祝圣仪式，按传统，在濯足节，即圣星期四，另一份圣体会被事先祝圣并被保存起来以供第二天的弥撒使用。正因如此，在濯足节，亚历山大六世把预备好的圣体从西斯廷礼拜堂带到保罗礼拜堂，并把它安放在祭台上，直到第二天他再把它带回去供弥撒时使用。
③ 这份法令旨在反对所有异端，并非专门针对任何个人。

第 9 章　罗马的复活节庆典

罗马圣约翰拉特兰大教堂
Archbasilica of St. John Lateran, Rome

所有这些仪式结束后，教皇返回宫中的宗座厅。在那，教宗私人侍从朗诵福音书。教皇象征性地为 12 位穷人洗脚。之后，威尼斯使节为教皇准备了洗手水。整个仪式都按规定进行。夜间，教皇与昨天一样出席纪念耶稣受难的赞美诗晨祷。

在耶稣受难日，宗座陛下身着猩红色长袍，头戴法冠，被抬入礼拜堂参加多梅尼科·德拉·罗韦雷枢机主教主持的公开仪式。礼拜堂主持——卢切利诺主教安东尼奥·托雷斯——身着黑长袍并像福音传道士一般诵读耶稣受难的故事，而礼拜堂执事负责朗读基督的部分，第三部分则由一位唱诗班成员朗诵。【139】主礼神父不与其他人一起前往保罗礼拜堂领圣餐，而是在西斯廷礼拜堂的祭台前，等候教皇把从保罗礼拜堂取来的圣餐杯及

切里尼奥拉之战中孔萨尔沃·费尔南德斯发现路易·达尔马尼亚克的尸体
Gonzalo Fernández de Córdoba finds the corpse of Louis d'Armagnac, Federico de Madrazo, 1835, Museo del Prado, Madrid

其中所盛放的圣体交到自己手中。纪念耶稣受难的赞美诗晨祷依旧像之前那样进行，只是十字架下的贡品增加到至少 71 金达克特。在圣周六，教皇参加由格罗莱枢机主教在礼拜堂中主持的公开弥撒（Public Mass）。虽然瓦西罗为教皇起了个头，但教皇拒绝吟诵赞美诗。最后，在瓦西罗的再三劝说下，主礼神父代替教皇极好地完成了任务①。

在复活节当天，教皇走进圣彼得大教堂主持大弥撒。卡拉法枢机主教担任助手。福音书和使徒书信由单个教士分别以拉丁文和希腊文形式朗诵。教皇的洗手水由威尼斯和那不勒斯使节，以及孔萨尔沃和胡安·博尔贾依次递送。在弥撒中，教皇为所有的执事枢机、罗马总督、新当选的雷焦主教和摩德纳主教、审查官以及其他一到两人举行了圣餐礼。当弥撒结束后，圣矛和基督的圣像被公开展览。教皇登上阳台公开祈福，他庄严地为本国的所有人民祈福并大赦天下，随后以拉丁文和意大利语予以布告。

3月27日复活节后的星期一，弥撒进行前，枢机主教团被宗座陛下召集于自己的房间内开会。在会上，他委托圣塞韦里诺枢机主教主管维也纳教会。会议结束后，教皇前往西斯廷礼拜堂参加由帕拉维奇尼枢机主教主持的大弥撒。【140】孔萨尔沃在朗诵福音书前来到礼拜堂，但他一直在高坛上的教皇持剑者后面等待朗诵结束。在向祭台和宗座陛下行礼后，他登上教皇御座所在的平台。按照教皇的指示，我把他安排在紧邻教皇右手边的胡安·博尔贾的身边，站在平台或紧邻平台的最高一级台阶上。遵照教皇的指示，我还要求总督下移至最低一级台阶，他照着做了。因为已经正式接受了教皇的封赐，胡安·博尔贾现在位列神职人员之前，当然也在西班牙将军之前。

在复活节后的星期四，没有弥撒仪式，但教皇依然盛装打扮，穿着白色法衣、白麻布披巾、白麻布圣职衣、腰带、白兜帽和带有装饰的白圣带，骑马前往神庙遗址圣母堂。枢机主教团在前领路，途中在格罗莱枢机主教家休整片刻。枢机主教为此还在屋前树立了一座圣母领报节中的童贞玛丽的画像，做工虽略显简单但很合时宜。胡安·博尔贾在枢机主教团和教皇之间。他的坐骑被盛装打扮，缰绳、腹甲、马尾带上系着小而长的银铃。胡安本人的衣领上饰有许多珍珠，头戴附有华丽箍套的四角帽。孔萨尔沃从万神殿（Pantheon）附近的一条小路前来，加入了队伍，他走在公爵的左侧。

---

① 这是亚历山大六世少见的一次疏忽，竟然对仪式中的必要程序毫不在意。

教皇因为不愿进行最后晚餐的纪念仪式，故询问我这一仪式是否确有必要。我和教堂圣器收藏室总管赞同他的想法。不过我也指出弥撒是一个特殊而又完整的仪式，无法附加其他活动。因为教皇想把入祭文及其他仪式以特殊的形式进行，所以他把事情交给卡拉法枢机主教来决定。当我在去教堂的路上询问意见时，他和其他枢机主教以及教士们也都赞同我把最后晚餐纪念仪式去除的意见。【141】只有圣乔治枢机主教拒绝发表看法，他说他会听教皇的。到达教堂后，我把枢机主教们的意见转达给宗座陛下，他也完全同意，所以纪念仪式被取消。而圣母领报节的弥撒则得以完整而简洁地进行。

洛佩斯枢机主教主持了弥撒，教皇在祭台祈祷后脱下了斗篷和圣带，穿上长袍与主礼神父一同忏悔。随后，教皇登上御座接受枢机主教团的敬意。协助教皇的神父坐在教皇身旁，另一位教士在他身后办助他。唱诗班像以往一样穿上长袍，按秩序集合。当弥撒接近尾声时，虽然已由教皇进行了祝福仪式，但主礼神父也对所有在场者发布了赦免令。这是因为如果庆祝仪式并非在圣母领报节当天举行，教皇西克斯图斯四世为圣母领报节所发布的永久性赦免就不再有效[①]。随后，按习俗教皇和枢机主教团要为新娘们捐赠嫁妆。我记得宗座陛下当时捐了 15 金达克特[②]。枢机主教们捐了多少我不知道。18 位即将步入婚姻殿堂的少女在女监护人的陪同下走了进来。教宗私人侍从代表教皇把嫁妆交到她们手中。作为感谢，她们亲吻了宗座陛下的足。仪式结束后，教皇与胡安和孔萨尔沃回到梵蒂冈，枢机主教们则在圣天使桥与教皇辞别，返回各自的府邸。

[①] 1497 年，圣母领报节在 3 月 25 日，但这天正好是复活节后的星期六（Easte Saturday）。所以教皇对神庙遗址圣母堂的例行访问只得推迟到下一周周四。因此之前发布的可以用在每年圣母领报节的赦免不再有效，一个单独的赦免必须重新发布。

[②] 约合 150 英镑。

第10章

甘迪亚公爵遇害

>> 1497 年 6 月

【142】胡安·博尔贾的遇害是亚历山大六世在追逐权力之路上的分水岭，也是这位教皇在位时最富戏剧性的秘密之一。布尔夏德对此事的记述可信而严谨，但也在许多地方闪烁其词，让人不得其解。公爵葬礼后数周的记载空白暗示出作者应该写下了更多对谋杀者身份的确切推测和证据。显然，教皇把建立王朝的希望寄托在胡安身上，在1497年初极力扶持胡安。这导致胡安成为众矢之的。首先，胡安与奥尔西尼家族结怨。因为如果博尔贾家族的领土野心能够得逞，胡安将是奥尔西尼家族领地的继承人。之后的1497年2月，他又先后与阿斯卡尼奥·斯福尔扎和乔瓦尼激烈争吵。这加速了乔瓦尼与卢克雷齐娅婚约的废弃，乔瓦尼为了保命，在圣周逃离了罗马。最后，胡安也引起了切萨雷的嫉妒。切萨雷一直对自己充满诸多限制和不确定性的教会工作感到不满，同时在追求他们共同的弟媳桑奇娅上也与胡安是情敌关系。

因此，谋杀胡安的嫌疑人可谓相当多。甚至西班牙将军孔萨尔沃也有嫌疑，因为他一直看不起胡安。但是，教皇仅将斯福尔扎家族和孔萨尔沃作为怀疑对象。他成立了一个正式调查团调查此事。虽然调查进行了数周，但随后又应教皇之命戛然而止，再无后续。事实上，当时最有可能的凶手是奥尔西尼家族。时人多怀疑是他们所为，而且亚历山大也预谋进行残酷报复。不过，在1497年，教皇并未采取任何行动，因而也引发了其他猜疑。【143】其中有种说法暗示切萨雷才是真凶，并且教皇在调查过程中也发现了此事，因此才放弃了调查，并与之和解。直到第二年（1498年），切萨雷才第一次被人称作是凶手，但仍未公开将其定为手足相残的罪人。1500年，当他派人暗杀比谢列公爵后，切萨雷教唆他人谋杀胡安一说才广为流传起来。虽然在很多人看来，切萨雷是胡安之死的直接受益者这种说法似乎足以证明切萨雷就是真凶，但仍没有确凿证据加以证实。因此，胡安有可能只是在一场不为人知的个人恩怨中为人所害。

6月7日星期三，在一次秘密的枢机主教会议上，宗座殿下提议将贝内文托市提升为公爵领。随后，在征得所有出席的枢机主教的同意下，将贝内文托公爵领、泰拉奇纳（Terracina）和蓬泰科尔沃（Pontecorvo）两城及其所有附属领地永久授予罗马教廷军队的统帅、甘地亚公爵阿拉贡的胡安·博尔贾，并为其法定继承人世袭所有。当然，也有一些枢机主教对此提出异议，但只有皮科洛米尼枢机主教表示强烈反对，并有理有据地提出了自己的意见。不过，他一个人势单力薄，无法左右局势。如果我没记错的话，当时在场的有26位枢机主教，包括生病后首次参加会议的阿斯卡尼奥枢机主教，他对参加此次会议也表现得非常积极。① 之后的星期五，在另一次秘密的枢机主教会议上，宗座陛下任命切萨雷·博尔贾枢机主教为教皇特使，负责为费代里戈殿下加冕那不勒斯国王②。此消息随即被正式发布。【144】会议结束后，按惯例，特使在所有枢机主教的陪同下回到寓所。

6月14日星期三，切萨雷·博尔贾枢机主教、胡安·博尔贾大人与他们

---

① 尽管阿斯卡尼奥之前与胡安有过节，但当时他与教皇的关系不错，而且他的病不重。虽然数月不理公事，但他依然待在罗马，教皇也经常前来探望。
② 1496年10月，国王费兰蒂诺死于痢疾，并且无嗣；因此，他的叔叔、阿尔塔穆拉亲王费代戈大人继承了王位。

第 10 章 甘迪亚公爵遇害

甘迪亚公爵遇害

的母亲瓦诺莎以及其他客人在他们母亲位于"锁链中的圣彼得"教堂附近的葡萄园内共进晚餐。晚饭过后,眼看夜色降临,枢机主教让他的弟弟和他一起返回梵蒂冈,随即兄弟二人和一两位随从一同上马离开。当他们行至阿斯卡尼奥枢机主教的府邸(宗座陛下先前做副秘书长时修建并居住的地方)时,胡安说自己还想在回去前找点乐子,就在兄长的允许下独自离去了。当时他打发走了本已就很少的随从们,只带了一名男仆和一个戴着面具的人。这个戴面具的人刚刚与公爵共进晚餐,并且之前一个月左右每天都去梵蒂冈拜访他。胡安让他上了自己骑的骡子,坐在后部,一起骑着骡子去了埃布雷伊广场。在那里,胡安又支走了仅有的一名男仆,并命令他在广场等他一小时,如果到时胡安还没有出现就自己先回宫。说完之后,公爵离开了男仆,和那位面具朋友一起骑着骡子飞快地奔向某个未知之地。然而,就在这个未知之地,公爵惨遭杀害,随后尸体被抛进了圣·吉罗拉莫–斯基亚沃尼救助所(Ospedale of San Girolamo degli Schiavoni)旁的河里。抛尸处旁有一条沟渠,而且还有一条小路途经人民圣母教堂直通至圣天使桥,运送污水和垃圾的马队也经常

罗马人民圣母教堂
Church of Santa Maria del Popolo / S. Maria del Popolo

走这条路到河边倾倒污物。

之前在埃布雷伊广场被支开的男仆也遭到袭击，不幸重伤。他在邻近的一间房子里被人发现，但是房子的主人由于极度害怕，直到第二天才派人报告此事。【145】当第二天的晨曦降临时，公爵仍未回宫。他的私人随从们警觉起来，其中一人向教皇报告了前一天晚上他两个儿子的行动以及胡安彻夜未归的消息。宗座陛下也深感忧虑，但依然盼望着公爵能在当天平安归来。他不停说服自己相信，他的儿子应该是与某个女人共度良宵去了，因此不想被人看见白天离开她的住处。但当公爵仍未出现时，教皇感到愈发不安。他急忙派人向所有人打探消息，尤其是那些可能知道夜晚发生之事的人。

在被询问的人中，有一位名叫乔治·斯基亚维的木材经销商。他经常在之前提到的那个沟渠旁从船上卸货，为了保证他的木材不被窃取，斯基亚维会在河里驾船巡视。当被问及周三晚上是否看见有什么东西被抛进河里时，他说当他在船上看守木材和休息时，看到有两个人大约在午夜时分，步行走出了斯基亚沃尼救助所左边的小巷。他们沿着河边走，仔细观察是否有人在横渡台伯河；当发现没人后，他们又回到了小巷；又过了一小会儿，另外两个人从同一个小巷出现；他们重复了之前两人的行为，确认河岸空无一人后，他们给同伙发出了信号。这时，一个骑着白马的人出现了，马背上横挂着一具尸体。第一次出现的那两个人手扶着尸体，避免其落下马背。这伙人与斯基亚维渐行渐远，在经过位于河畔旁的下水道排污口后，他们停了下来。随即，马被牵到河边，尾巴朝向河面。步行的两人一人抓住尸体的手和臂，一人抓住尸体的腿和脚，将它从马背上拖下来。【146】然后他们举起尸体，奋力将之抛入河中。坐在马背上的人问尸体是否已经沉入水中，抛尸者答道："是的，大人。"但当他回头往河上看时，又发现死者的披风还漂在水上，在向手下询问那是什么并被告知是披风后，他又往上面扔了些石头，直到它完全沉入水中。当他们最终看到披风完全消失后，五个人便离开了。他们沿着通往圣贾科莫救助所（Ospedale of San Giacomo）的街道行进，并从斯基亚维的视线中消失，之后斯基亚维就再没有见过他们。当教皇的仆人质问斯基亚维，为什么没有把这桩罪行报告给罗马总督时，他淡定地答到，自己在夜里起码看过100具尸体在同一地点被抛入河中，因而也没觉得这次有什么大不了的。

随后，罗马城的渔夫和船夫被召集起来，并被许以重金负责打捞尸体。共有300名渔夫和船夫被召集，他们用自己的工具展开打捞。在晚祷结束后，或者可能稍早一点，他们终于发现了公爵。他衣冠齐整，手套还塞在包着30达克特金币①的腰带下。身上有9处被刺的伤口，其中一处在脖子上，其余8处在头部、躯干和腿部。尸体被抬上船运往圣天使堡。在我的同僚、礼仪文书贝尔纳迪诺·古特利的监督下，尸体在圣天使堡被清洗和换上戎装。如果我没记错的话，当晚6点左右，公爵的遗体被他家族中的贵族们从圣天使堡抬往人民圣母教堂。队伍由120名火炬手举着火把开道。宫中的所有神职人员，教宗私人侍从以及持盾护卫们杂乱无序地行进着，一路哀号，怀着沉重的心情为公爵送行。【147】华丽的棺材格外醒目，让人看起来似乎公爵并未去世而只是睡着了。公爵被安葬在人民圣母教堂，现在他的陵墓仍在那里。

在得知公爵已经遇害并且像垃圾一样被抛进河中后，教皇难过坏了。他把自己一个人关在屋里，心如刀绞，痛哭不已。塞哥维亚的马丁尼枢机主教和宗座陛下的其他仆从在门外劝慰和请求了教皇许久，最终说服教皇打开门让他们进去。不过，从周三晚上直到周六早晨，教皇滴水未沾，粒米未进。其中从周四清晨到周日，他无时无刻不在哭泣。最后，在朋友们的耐心开导下，宗座陛下同意尽可能地不再哀伤，因为他很清楚，如果再这样下去，将会给自己带来更大的伤害和危险。

---

① 约合300英镑。

第11章

宠臣科森扎大主教
巴尔托洛梅奥·弗洛雷斯的落马

>> 1497年9月—10月

【148】教廷神职人员对物质享乐和奢华生活的追求备受诟病,亚历山大六世本人的腐化生活同样面临不少批评之声。尽管教皇在很多方面是一位不错的管理者,但他在罗马教廷体制和政府固有陋习的改良上毫无作为。他允许他的私人秘书波多卡特罗与弗洛雷斯中饱私囊。直到胡安不幸遇害后,教皇国才开始认真思索对教皇政府和生活进行本质性的广泛改革。为此,他新设了一个改革委员会,配备兼具能力与威望的人,完成了一份令人惊讶的、影响深远的调查报告,但这份报告一直被压在案底。早在1497年年底前,亚历山大已经恢复平静,之前的改革热情逐渐消散。看起来他已经不再期望有大动作,而只是想让他的一位秘书巴尔托洛梅奥·弗洛雷斯来当为腐败负责的替罪羊。当然,除掉弗洛雷斯也有其他目的。弗洛雷斯之前很有可能激怒了西班牙王室,因此教皇希望通过惩罚他来博得西班牙王室的好感。更致命的是,弗洛雷斯本人还知道不少亚历山大的不法行为,同时教皇国也觊觎着他的巨额财产。

罗马圣天使堡
Castel Sant' Angelo

9月14日晚10点，宗座陛下派人把他的秘书、科森扎大主教巴尔托洛梅奥·弗洛雷斯抓了起来。他的三位随从也一同被带到圣天使堡和诺纳塔监狱。【149】巴尔托洛梅奥被监狱长官及其手下从连接城堡和梵蒂冈宫的道路上押送至城堡，并被严格看管。教皇已经知道他的秘书曾经假冒他发布敕书，其中的虚假内容和指令违背了宗座陛下的意愿，或者宗座陛下并不知情。

第 11 章　宠臣科森扎大主教巴尔托洛梅奥·弗洛雷斯的落马

其中有一项指令是针对一位葡萄牙修女的特许状，这位修女是一名正统的王室成员，特许状允许她可以不顾本人的宗教身份与已故国王的私生子订婚。另一项指令允许一位副执事结婚。据说像这样的伪造敕书竟然多达 3000 份，内容多为批准篡改账目，为神职人员提供特许状，给予免除教区司法处罚的豁免权等。宗座陛下委托罗马总督和一位教廷财务院法官来组织调查组，并

对巴尔托洛梅奥及其同伙提起法律诉讼。翌日，三位牵涉伪造敕书的事务律师均被抓获，数天后，其中一位获释，但另外两位将会面临法律的制裁。

10月9日星期一，召开了一次秘密的枢机主教会议。会上讨论和处理了巴尔托洛梅奥的案子。被告们做了忏悔，并坦白了教皇尹不知情的特许状中的许多细节。在接下来的星期三，在另一次秘密枢机主教会议上，教皇在枢机主教们的建议下，当着许多神职人员的面，对巴尔托洛梅奥做出宣判：鉴于他的罪行，他被剥夺大主教职位和其他一切圣俸，必须从一切宗教品级中将其除名，他还会被移交世俗政府接受进一步的处罚。但当时巴尔托洛梅奥仍被关在圣天使堡，因而并未出席此次会议。【150】宗座陛下命令委员们履行职责，严格执行此判决。

10月13日星期五，委员们来到圣天使堡宣读判决。巴尔托洛梅奥被带到他们面前，但他表示除了上次说的，他没有什么再为自己辩护的。在财政监督（Fiscal Proctor）马里亚诺·科切尼的要求下，巴尔托洛梅奥被宣布褫夺大主教之位和所有圣俸，被从所有宗教品级除名，并移交至世俗法庭。委员们将宣判书的内容传达给被告，随后立即将被告移交到在场的治安官手中。当所有程序完成后，乔瓦尼·玛拉迪——图勒主教当选人和教宗私人侍从——赶到圣天使堡，他直接传达了教皇的口头指令，要求治安官继续将犯人关在原地。

同一天，在晚饭和上述程序完成后，在教皇的命令下，巴尔托洛梅奥的全部财产被宗座陛下的私人随从从他在梵蒂冈宫里的房间搬至教皇的储物间。直到10月底，对巴尔托洛梅奥的惩罚才最终被执行。他被从牢房里带出，吃下了一片"痛苦"的面包，喝下一杯"悔恨余生"的水，随后被关进一间更肮脏的地牢，度过余生。

10月14日星期六，宗座陛下任命科尔内托的阿德里亚诺·卡斯泰利（一位财政院书记）接替前科森扎大主教巴尔托洛梅奥担任他的私人秘书。在16日召开的一次秘密的枢机主教会议上，教皇任命洛多维科·德·阿涅利斯接任空缺的科森扎大主教之位。

10月28日星期六晚上，已经一无所有的巴尔托洛梅奥·弗洛雷斯被要

第 11 章 宠臣科森扎大主教巴尔托洛梅奥·弗洛雷斯的落马

求在衬衣上套一件白色的粗糙齐膝长袍，穿上一双破皮鞋，披一件粗布制成的深绿色的及地宽松斗篷，最后还戴上一顶重重的白帽。【151】他手持刻在木头上的基督像，木头则被粘在一个十字架上。着装完毕后，他被从牢房里带出，随后终身被关押在哈德良皇帝的坟墓一座名叫圣摩洛哥的地牢里。在这间地牢放着一张有顶棚的木床以遮挡墙上的湿气，还有一张草垫子和两件披风。他还拥有一本每日祈祷书，一本《圣经》，以及圣彼得的使徒书信。一桶水，三片面包，一壶煤油和一盏灯，这就是他的其他物品。巴尔托洛梅奥将在此后一直处于监禁中。据我所知，教皇命令每天或者每隔一天，城堡总管或其他处于其职之人要给巴尔托洛梅奥送面包、水和煤油以供他生活。愿全能的上帝对这位最不幸的犯人充满怜悯、耐心和恩泽，使他的灵魂获得救赎！

当巴尔托洛梅奥被关押在圣天使堡后，据说教皇在一段时间内曾派遣乔瓦尼·玛拉迪、彼得罗·德·索利斯和一些随从前去看他，和他一起下象棋和跳棋。他们诱导他承认之前假冒教皇发布了很多敕书。在这些坦白信中，他承认之前那些极大惹恼了西班牙国王与王后的敕书都是他暗中操作所为，而教皇对这些敕书毫不知情。巴尔托洛梅奥被规劝应该把更多的责任揽在自己身上，因为这样教皇会回报他，使他重获自由，并赐给他更高的官职；但是一等他认罪，教皇的随从就永远地消失了。

1498 年 7 月 23 日星期一，巴尔托洛梅奥·弗洛雷斯死于圣天使堡的地牢里。【152】在临死前，他极度虔诚，希望从救世主那儿得到怜悯和宽恕，他念叨着赞美诗中的句子："我有罪，而您知道我的一切罪恶。"他否认曾经伤害过教皇。同一天晚上，他的遗体被抬进特朗斯彭迪那（Transpontina）的圣玛利亚教堂，并被埋在那里。没有火把，没有哀号，也没有任何安葬仪式。愿他安息。

第 **12** 章

萨沃纳罗拉权力的终结

>> 1498年4月—5月

【153】1494年美第奇在佛罗伦萨的统治被推翻后，佛罗伦萨开始进入一位多明我会传道士吉罗拉莫·萨沃纳罗拉的"统治"时期。在后来的日子里，萨沃纳罗拉与亚历山大六世两个人的命运纠缠在一起。这位多明我会传道士的崛起与对美第奇家族专制统治和奢华生活的反对息息相关，是普通大众的广泛拥护而非某个特殊集团的支持将萨沃纳罗拉推上了政治前台。在他治下，推行严格的道德改革，痛斥教会和教皇国的腐败，激烈抵触文艺复兴的文化，更具代表性的是他呼吁佛罗伦萨人支起熊熊篝火烧毁了无数艺术珍宝。

虽然对教皇和教皇制的指责显而易见，但萨沃纳罗拉在很长一段时间内都没有直接攻击博尔贾家族，而亚历山大也推迟了对佛罗伦萨的行动。教皇顶多只是考虑把佛罗伦萨与法国的联盟拆散，毕竟他担心萨沃纳罗拉对他的谴责会导致联盟更加稳固。只要这位多明我会修士在布道中不涉及异端思想，亚历山大也就不显露任何明显敌意。在1495年，他甚至尝试邀请萨沃纳罗拉访问罗马，不过没有成功。随着局势的恶化，萨沃纳罗拉对教皇的控诉日渐深入，教皇开始通过多明我会的上级对他施压，以阻止他继续布道。但最终还是在1497年5月将他革除教籍。同年，

第 12 章 萨沃纳罗拉权力的终结

萨沃纳罗拉在佛罗伦萨的权力正明显处于瓦解之中,城内的反对派势力日益崛起。【154】政治上,他错误地让佛罗伦萨市政府谴责和处决了五名美第奇家族的支持者;教务方面,方济各会开始与一心拥护萨沃纳罗拉,并将其作为领袖的多明我会对立;同时,普通民众对受到极端道德束缚的生活也渐渐失去了热情。萨沃纳罗拉呼吁召开公会议的请求在 1498 年初激起了教皇的强烈指责。教皇威胁要封锁佛罗伦萨,除非佛罗伦萨市民自行处置这个煽动者。这一深刻关乎佛罗伦萨经济生活和商人,并将导致贸易停滞的威胁起到了成效。1498 年 3 月,执政团命令萨沃纳罗拉停止布道。在绝望中,萨沃纳罗拉诉诸神判法,即用火来证明他的观点是对还是错。尽管包括教皇在内的很多人都对此表示反对,但萨沃纳罗拉的支持者却极力支持。这也正中他的敌人的下怀,因为他们将此看成是消除其影响的手段。这场验证是一次彻底的失败,民众对萨沃纳罗拉的信念彻底崩塌。他立即被审判,定罪,并与两位同伴在 1498 年 3 月 22 日被处决。

布尔夏德只详细记载了萨沃纳罗拉的最后一段故事。作者的记述反映了当时罗马教会对萨沃纳罗拉的诽谤,尤其利用了一些在折磨下取得的充满异想的证词。就此而言,布尔夏德对萨沃纳罗拉的记述远非客观。当其他关于萨沃纳罗拉的评价为人所知时,以及当佛罗伦萨对萨沃纳罗拉的厌恶很快消散后,他又重新被视为圣人和殉道者,而且他在反对亚历山大六世中扮演的重要角色也为人铭记。

4 月 10 日星期二,消息传到罗马,说上个星期六佛罗伦萨举行了一场火神判仪式。接受考验的是佛罗伦萨圣马可教友会的副总会长和多明我会的修士费拉拉的吉罗拉莫·萨沃纳罗拉,以此验证他的论断是否真实。仪式的地点被安排在市内的领主广场(Piazza della Signoria)。按计划,仪式将由几位修士来完成。他们都亲身经历了神判仪式,不过并未全部完成。

【155】萨沃纳罗拉以往数年的活动引发了此次事件。自从法王查理八世入侵意大利后,萨沃纳罗拉开始在佛罗伦萨公开布道,发布了不少谎言。而且,他一直是佛罗伦萨某个党派的领导人,希望借此来谋取私利,并使自己扬名

费拉拉的萨沃纳罗拉塑像

立万。[a]在他的布道辞中,他公开声称我们的救世主耶稣直接给了他很多启示。在实际行动中,他在六位修会兄弟的帮助下用一种方式揭露人们的罪恶。这几位兄弟直接听命于他,并在他的提携下居于高位。这些人被派驻在佛罗伦萨的各个城镇中,他们聆听忏悔,一旦发现其中包含了重要和异常信息便转告给萨沃纳罗拉,包括这些忏悔人的姓名和个人情况等。根据这些信息,萨沃纳罗拉在布道中揭露人们的罪行,并坚称这是上帝给他的启示。通过各种方式,他赢得了相当一批追随者,他们相信他是一位先知,一位圣人。他被邀参加佛罗伦萨的每一个重要委员会,而且整个城市都按照他的意愿行事。

---

① 布尔夏德的评论歪曲了佛罗伦萨的政局。萨沃纳罗拉在谴责奢靡和腐败时一直置身于党派和集团利益之外。他确实掀起了反美第奇家族的风暴,并在一段时间内对市政府的重建和管理起到了至关重要的作用。不过,他除了是多明我会的修士外,并非党派领袖。他的权力来源于利益集团和群众,一旦情势发生变化,这些人就会抛弃萨沃纳罗拉。

第 12 章 萨沃纳罗拉权力的终结

宗座陛下在得知他如此猖獗并觉察到他的罪恶本质后，通过多明我会的上级命令萨沃纳罗拉不要以这种方式布道，但是萨沃纳罗拉却不以为然。因此，教皇以革除教籍相威胁，可他依然认为自己应该遵从上帝的旨意而非某个个人，并用他的学识得出一些更让普通民众信服的结论。【156】最后，他阐述并发布了一些异端主张。这些主张被一位方济各会修士所抨击，这位修士在佛罗伦萨方济各派的圣十字女修道院（Convent of Santa Croce）公开布道，声称他会向大家证明萨沃纳罗拉的想法都是异端。但萨沃纳罗拉和其他多明我会修士却继续坚持己见。这场争论的最后结果是双方希望通过一次公开裁决，检验究竟孰对孰错，错的一方将会遭受火刑和死刑。是多明我会修士决定采用火神判法的，方济各会修士也表示同意。多明我会通过推论和超自然的天兆试图证明，教会需要改革，同时也将遭到天罚和改革；而佛罗伦萨也遭受天罚，只有这样，它才能迎来新生；异教徒则将皈依基督。他们宣称，所有这一切都将发生在我们这个时代。他们还认为，将萨沃纳罗拉逐出教会是无效的，无须理会。下面是双方声明的大致内容：

萨沃纳罗拉的布道
Savonarola Preaching Against Prodigality, 1879, Ludwig von Langenmantel, St. Bonaventure University

萨沃纳罗拉的殉道
Martyrdom of Savonarola, English School, 19th century, Engraving, Private Collection, The Bridgeman Art Library

【157】"我，多明我会的多梅尼科·达·佩夏，宣誓赞成上述的观点。这不仅是依据理性，更在于我相信上天的公正，因此我愿意让我自己与在圣十字修道院公开布道的方济各会传道士一起接受火的考验，希望在救世主的庇护下毫发无损，增添主的荣耀，捍卫真理，拯救灵魂。以我们永恒的主耶稣基督以及圣父、圣灵之名，阿门。"

"我，方济各会的弗朗切斯科·迪·普利亚，在佛罗伦萨执政团的请求下，已经准备好为真理和人民的安全献身，与萨沃纳罗拉一起就他上述缺乏神意支持的观点接受考验。我们修会的另一名修士已经准备好与多明我修会的多梅尼科兄弟（我和他并没有争吵）共同公开接受火的考验，以捍卫真理。"

考虑到多明我会和方济各会的公开声明以及这场争论对公众所造成的巨大影响力，依据市政会的决策，佛罗伦萨正义旗手和执政团命令4月7日星期六要在领主宫（Palazzo della Signoria）前的领主广场开辟一块场地。两座巨大的布道坛被修建起来，一座供佛罗伦萨的贵族和上层市民使用，另一座供接受审判的双方使用。在布道坛的旁边，还支起了一个大柴堆。双方的声明被公布，他们将会在当天清晨8点出席，用自己的宣言交出满意的答卷。

审判当天，在约定开始的时间前，弗朗切斯科·迪·普利亚与一位同伴来到广场，爬上布道坛静静地等待弥赛亚的到来。8点一过，多梅尼科·达·佩夏在十字架和圣体的引领下到达。多明我会的所有修士，包括萨沃纳罗拉与之同行。后面还跟着大量普通市民，他们一起来到了广场。之后，双方在布道坛上就座。此时，执政团成员也走出领主宫，在布道坛上坐下。当他们都就座后，弗朗切斯科站起身，对政府官员简短地陈述自己前来正是为了参加之前约定的审判。他认为既然凡人是有原罪的，所以应该被火吞噬，不过他仍请求到，虽然他必将被烧死，但政府不应该据此就判定多梅尼科无罪并获胜，因为多梅尼科也应同样经历烈火的考验。如果他并未受伤，那他才真是胜利者。

【158】在商议了一番后，执政团答应了这位修士的请求，同时他们准备好了两顶附有配饰的崭新帽子。他们将帽子给了受神判者，以替换他们现在戴的帽子。执政团怀疑，即将接受审判的修士，或者只是其中一位可能将咒语或咒文等藏在帽子里，从而保护他们免遭火焰的伤害，因此，他们想替换受神判者的帽子。弗朗切斯科很乐意地服从了命令，他弯腰脱帽，以便减少执政团的怀疑。随后，他准备不戴帽子走进火里。但多梅尼科找了借口并拒绝脱下或者换一顶帽子。那位方济各修士听罢此言，却请求他人不要和多梅尼科争吵，不如就让他戴着自己想戴的帽子，因为帽子是布制的，毫无疑问会被大火一齐吞噬。因此，在弗朗切斯科的请求下，执政团遂允许多明我修士戴着自己的帽子走进火场。不过，多梅尼科由于害怕被烧，仍在寻找借口推迟审判，他说他需要一个十字架，否则不会走进火场。执政团成员再次商量该怎么办。此时，弗朗切斯科又站出来为多梅尼科说话，说应该给他一个十字架，毕竟十字架也是木制的，不会使他幸免于烈火，而是和他一起被烧尽。所以，多梅尼科的这个请求也被允许了。但这一切都无法消除他心中那绝望般的对火的恐惧。因此，他提出第三个要求，即让圣体也来与他作伴，否则审判就是无效的。这个请求让执政团清楚地明白这位多明我修士无心接受审判，因此直接打道回府。

【159】这个新闻在市民中传开了。他们对萨沃纳罗拉的愤慨和怀疑急剧增加。以至于在4月9日星期一黄昏，一大帮市民来到萨沃纳罗拉居住的圣马可修道院，进行破坏。修道院的修士关上大门，想要阻挡他们。同时他们也武装起来，架起大炮和其他武器准备防卫。但暴徒们将这些武器拽了出去，之后便进入修道院。他们在围墙前就杀死了五人，修道院内又有三人倒

在血泊之中，其中一位是萨沃纳罗拉的兄弟。萨沃纳罗拉和多梅尼科·达·佩夏、佛罗伦萨的西尔韦斯特罗一同被捕，随后被押送至领主宫，并被关在这里。

之后，暴徒们又冲进了弗朗切斯科·德·瓦洛里和保罗·安东尼奥·索德里尼这两位萨沃纳罗拉的主要支持者的宅子。他们首先来到弗朗切斯科·德·瓦洛里家，发现他本人并不在。他们一路打探，最后在领主广场把他逮着了，他们残忍地拖着他并最后将之杀害。他的妻子在试图保卫府邸时也被杀，和她在一起的所有人也一样被害。人们像疯了一样抢夺他的家产，抢走了自己想要的东西。接下来轮到索德里尼了，他们想像对付瓦洛里一样对付索德里尼。不过，索德里尼得到了执政团的帮助，执政团通过威胁和许诺的方式，说服暴民们停止了行动。

复活节一早，佛罗伦萨大使将此消息告知给教皇，并请求宗座陛下向佛罗伦萨市民签发一份赦免诏，因为暴民们已经对圣马可修道院和修士们施加了暴力，伤害了一些神职人员，按照严格规定这是要被革除教籍的。教皇立即召集秘书，要求他尽快起草相关诏书，当天晚祷时分，诏书被交到使节手中，并在第二天大约11点时送至佛罗伦萨。

【160】之后的5月24日，我听说了更多关于萨沃纳罗拉和他的两位同伴在佛罗伦萨被处决前的故事。在狱中，萨沃纳罗拉被严刑拷打了7次，直到他最后请求饶恕并答应写下自己的罪状。离开刑讯室后，他被带回自己的牢房，并被给了纸和墨。他在牢房里写下了他的一切罪状，据说超过了80卷。其中，他承认自己并未听到神启，他只是和许多佛罗伦萨及其他地方的修会达成协议，要求他们向他提供忏悔人的姓名和忏悔的详细信息。正是依靠这些消息，他才能阐发自己的观点，在公共场合揭露那些原本私密的罪行，并借此来证明自己接受了救世主的启示。萨沃纳罗拉还承认自己从20岁起就再未忏悔过自己犯过的弥天大罪，尽管事实上他犯了很多弥天大罪，特别是犯有不贞和淫荡之罪。他看似每日施行圣礼，但他在20岁后再没有说过祝圣的言辞，因此他在给很多人施行圣餐礼时，圣体都是未祝圣过的。

他继续坦白他有时会告诉修士们，他预感自己可能被毒害，因此，他要求修道院里的厨师、管窖人和食物分配人都不要接触在斋戒日食用的鱼。在

第 12 章　萨沃纳罗拉权力的终结

萨沃纳罗拉的行刑
The Execution of Savonarola, Stefano Ussi, 19th century, Galleria Palatina in Palazzo Pitti, Florence

一个特殊的日子，所有市民会按习俗向修士们赠送各类礼物，萨沃纳罗拉事先安排一位朋友向修道院赠送一条烹调过的有毒的七鳃鳗。在早餐时，所有修士都聚集在餐厅，萨沃纳罗拉告诉大家他得到神启。为了证明这点，他让大家把之前收到的鱼都拿进来，无论是烹调过的还是没烹调的。他随后跪倒在地，祈求上帝保护并帮助他这个"上帝的仆人"，以便让大家增加对他的信任，接着，他要求把他的山羊牵来。【161】所有的鱼被分发下去后，萨沃纳罗拉故意选择了那条大家认为是最好的但实则有毒的七鳃鳗，并给他的山羊吃了一片，山羊立刻中毒死去。当所有修士看到这一幕，他们不由地赞扬上帝的伟大。

133

第13章

卢克雷齐娅的第二次婚姻和切萨雷的权力之战

>> 1498年8月—1499年12月

【162】胡安·博尔贾之死对企图建立新王朝的亚历山大六世是一个沉重的打击,他原本希望由胡安来继承那不勒斯王国。同时,这也标志着教皇现在开始把稳固家族权力的任务转交给切萨雷。从1497年夏天开始,切萨雷的地位逐渐变得显赫起来,他不仅自己追逐权力,同时也对他的父亲施加影响。1497年8月,他作为教皇特使为费代里戈加冕那不勒斯国王,但那以后他不断要求摆脱教会职责,以便在世俗事务上大施拳脚,谋求在意大利建立一个新公国。尽管切萨雷是在1498年8月辞去了枢机主教之职和脱离教士身份后,但他的世俗计划早在前一年年中就已成形了。亚历山大的目标依然锁定在那不勒斯,因此他准备让卢克雷齐娅和切萨雷与阿拉贡王室联姻,但这些想法并未都实现。卢克雷齐娅与乔瓦尼·斯福尔扎的婚姻最终在1497年12月被判无效,因而她与那不勒斯王室的联姻已无障碍,并且也在交涉中。但切萨雷与费代里戈之女卡洛塔的婚姻一开始就被阿拉贡王室拒绝了,再无下文。

正因如此,切萨雷开始转而寻求法国人的支持,而时势的变化也使得教皇对法国态度的180度大转弯成为可能。1498年1月,西班牙与法国在佩皮里昂(Perpignan)进行了会谈,达成了结成同盟并最终将那不

第13章 卢克雷齐娅的第二次婚姻和切萨雷的权力之战

勒斯肢解的协议。【163】这也意味着亚历山大可以在与法国合作的同时，又不完全疏远西班牙的费迪南。1498年4月，查理八世的去世对教皇更是利好。毕竟新法王路易十二试图在婚姻问题上求助教皇，因此愿意赐予切萨雷贵族头衔，帮他寻求一段有利的婚姻，并对他在意大利的事业提供支持。同时，路易对米兰公国提出的要求以及取代洛多维科·斯福尔扎的意愿对于亚历山大和意大利其他势力而言也并非那么难以接受。科隆纳家族和奥西尼家族的联合威胁更加坚定了教皇1498年年初后利用法国援助的意愿。

阿拉贡的阿方索
Alfonso of Aragon at age 7, Pinturicchio, 1488

1498年8月，年仅17岁的比谢列公爵、那不勒斯国王阿方索二世之子阿拉贡的阿方索大人来到罗马与宗座陛下的女儿卢克雷齐娅·博尔贾完婚。卢克雷齐娅曾和乔瓦尼·斯福尔扎有过一段婚姻。比谢列公爵在教皇派出的少量使者的陪同下入城，并骑行至卢克雷齐娅居住的泽诺枢机主教的宅邸。在那儿他受到热情欢迎。几天后，两人的婚约被私下确定并圆房。婚礼在梵蒂冈宫举行，虽然此事人人皆知，但庆祝活动显得比较低调。在礼拜堂中，宗座陛下要求他右手边与他平齐的座位应该给阿方索。但阿方索希望晚祷和弥撒时他还是站着，之后他便一直在这个位置上。

第二年的11月1日凌晨2点，卢克雷齐娅产下一名男婴。据说，天还没亮教皇就下令把这个消息通告给所有枢机主教、使节和他们的好友们。诸位得知此事后，每人都给了送信人大约两达克特的小费以表内心的欣喜。【164】这个孩子于11月11日星期一（圣玛蒂诺日，Feast of San Martino）

博尔贾宫廷:布尔夏德日记选(插图本)

卢克雷齐娅·博尔贾(据信)
Portrait of a Woman, Bartolomeo Veneto, 1520s, Städelsches Kunstinstitut, Frankfurt am Main

第 13 章 卢克雷齐娅的第二次婚姻和切萨雷的权力之战

在圣彼得大教堂的西克斯图斯礼拜堂（Sixtus's chapel）接受了卡拉法枢机主教的洗礼，他的受洗名为罗德里戈。这天一早，圣彼得大教堂里的泽诺枢机主教礼拜堂就被装饰一新：两张花毯被挂在前后墙上，并延伸至前排座位，盖住了地板；祭台上则没有装饰品，上面只盖着一块布，不过我发现这块布又脏又破。所有当时身在罗马的 16 位枢机主教集合在礼拜堂内，他们排成两排，一排与主教和神父一起站在入口的左手边，另一排与执事站在右手边。主位离泽诺枢机主教的祭台最近，这是为了向他表示尊敬，毕竟卢克雷齐娅的孩子是在他家出生的。整个府邸也被盛装打扮了一番：两扇大门被漆上金色，庭院、下层楼梯和大厅都被带刺绣的布料装饰着；第一间房内摆着蓝色天鹅绒帷幕和一张深红色沙发，地毯铺满地板和楼梯，一直延伸到神职人员和大使聚集的大厅。卢克雷齐娅此时正在第一间房逐一欢迎 40 多位罗马贵妇，她们都是来登门祝贺的。

许多使节出席了这次洗礼仪式，包括帝国大使菲利贝托·布亨达莫，英格兰大使伍斯特主教西尔韦斯特罗·吉利，还有那不勒斯、萨伏依、威尼斯、佛罗伦萨、锡耶纳的使节。当人员来齐后，枢机主教们领着大家前往西克斯图斯礼拜堂。这里同样经过装饰，走廊铺上了织有银色锦缎的地毯，西克斯图斯教皇的雕像和棺椁上也悬挂着特制而又绚丽的帷幕。卡拉法枢机主教走过走廊，来到祭台后面放好教皇的法衣——一件白麻布披巾、长袍、胸饰和一顶装饰过的法冠。其他枢机主教则像先前在泽诺枢机主教礼拜堂的排列顺序一样各就各位，只是现在他们坐在高长凳上，低长凳是圣保罗大教堂的唱诗班的座位。

【165】在教皇的特许下（毕竟这名婴儿还不是一位新入教者），小罗德里戈被抱进圣彼得大教堂，并在西克斯图斯礼拜堂门口稍候即将开始的洗礼仪式。① 教皇的持盾护卫在最前面领着队伍，紧随其后的是一身红袍的教宗私人侍从们，这就像在圣体节（Corpus Christi）中一样，再往后是手持管

---

① 新入教者指的是准备接受洗礼和基督教信仰的人，很明显这对于一位不谙世事的婴儿是不可能实现的。所以，对于受洗的婴儿，会有一些成人新入教者不需要经历的预备性仪式。如果这些仪式也被省略，那就必须获得特许。这正是罗德里戈·博尔贾在圣彼得大教堂的西克斯图斯礼拜堂完成受洗仪式时的情形。

乐器和其他乐器的乐师，然后是两位特别的男仆：右边那位手持一口金碗，一个陶罐，一个金盐瓶，一个马斯卡廷葡萄酒瓶和一块毛巾；左边那位手握一支大白蜡烛，差不多3磅重，镀金且装饰精美。后面是胡安·切韦隆大人，他是加泰罗尼亚人，曾经担任过教皇外国雇佣军的将领，他右臂托着小罗德里戈。罗德里戈身着金色锦缎织成的带有遍布貂纹镶边的洗礼装。走在胡安身边的是罗马总督和菲利贝托·布亨达莫，还有10名教皇的神父，两个一排，与其他使节跟在他们后面。最后是大批前来参观的民众。

一俟到达西克斯图斯礼拜堂大门口，切韦隆就把孩子转交到弗朗切斯科·博尔贾，即新上任的科森扎大主教和泰阿诺主教（Bishop of Teano）手中。弗朗切斯科把孩子放在自己的右臂上，用胡安系在他脖子上的那块漂亮的金色丝质头巾包裹着他。卡拉法枢机主教也来到门口，对小孩进行问答仪式，随后把他领进礼拜堂，站在祭台和西克斯图斯四世棺椁之间。【166】在一张用挂毯覆盖的台子的中央，有一个巨大的带有黄金装饰的银质洗礼盆，这个洗礼盆曾是教皇西克斯图斯的财产，专门供婴儿受洗时使用。总督把那块丝质头巾叠好，放在台子的上面，然后从弗朗切斯科手中接过小孩。卡拉法枢机主教随即开始用洗礼盆中的水为他洗礼。教皇秘书卡帕乔的波多卡特罗枢机主教与审查官费拉里枢机主教作为教父把手放在孩子头上，并按习俗与卡拉法枢机主教一起擦洗孩子的身体。结束之后，那块丝质头巾被系在保罗·奥尔西尼的脖子上，他从总督手里接过小孩，放在其右臂上，返回泽诺枢机主教家，并把他交还给他的母亲。尽管在之前来的路上和仪式中孩子都很安静，但一到保罗·奥尔西尼手中，还没走到礼拜堂大门就开始大哭起来。当小孩被抱出大教堂后，人群一阵骚动，音乐响彻天空，人们甚至都无法听清自己的说话声。当队伍返回到卢克雷齐娅的住处后，枢机主教们就离开大教堂回家了。我注意到，之前前往圣彼得大教堂的神职人员队伍被一大群罗马城内的男女老少跟随着，当到达礼拜堂后，他们占据了达官贵人下方的空地。正是因为到场的平民太多，枢机主教们只得坐在第三排，也是最高的长凳上，他们只能把脚放在石板上。

【167】11月18日星期一，教皇之子、前瓦伦西亚枢机主教、瓦伦蒂诺

第 13 章　卢克雷齐娅的第二次婚姻和切萨雷的权力之战

切萨雷·博尔贾
Portrait of Gentleman aka Cesare Borgia, Altobello Melone, 1500—1524,
Accademia Carrara, Bergamo

公爵①阿拉贡的切萨雷·博尔贾从卡瓦勒吉里（Cavalleggieri）门秘密进入罗马，和他同行的是一位教宗私人侍从以及已故的图勒主教乔瓦尼·玛拉迪的弟弟。他直接进入梵蒂冈宫并与宗座陛下一直待到星期四，当天一早他又不动声色地带领一支教皇部队前往伊莫拉。他攻占了这个城镇及其要塞，活捉并抢掠了已故的吉罗拉莫·里亚里奥伯爵的子嗣们，他们曾经是这座城镇的统治者。拉斐尔·里亚里奥枢机主教是他们的叔叔，当日午饭后，里亚里奥枢机主教与他的随从们一同出去打猎，但当他们临近朱比莱奥城堡时，他派遣他的管家科尔多利诺带着他的大部分随从回到罗马，他本人则只和少数几个随从一起逃往蒙特罗通多（Monterotondo）。

当天晚上，教皇的乐师弗利的托马西诺和他的一位同伴一起被捕，并被关押进圣天使堡。托马西诺随身携带着若干有毒的信件来到罗马，他把这些信件卷起来塞进芦苇杆里，假意说这是弗利市民希望与宗座陛下寻求和解的请愿信。假如教皇接受了这些信件，不出几天甚至几个小时，他肯定会中毒而死。为了见到宗座陛下，参与这场阴谋的还有另一位托马西诺，即乔弗雷·博尔贾的一位歌手，教皇宫看门人的管家。幸好阴谋被教皇提前得知。在他的命令下，他们都遭到逮捕并被问讯，他们交代了整个计划。当托马西诺被问及他是否觉得自己犯下如此大罪还能免于一死时，他回答他唯一的希望就是如果教皇死了，伊莫拉和弗利可以摆脱切萨雷·博尔贾的掌控，当地政府能够得到重建以恢复和平，就像在已故的吉罗拉莫公爵治下时那样。【168】他大义凛然地声称即便他要为之死10次，他也会视死如归。

数天之后，里亚里奥枢机主教离开蒙泰罗通多，与少量随从一起从小道来到萨尔扎纳，因为他极度担心被人出卖。在萨尔扎纳他决定暂时停留以静观局势之变。同时，圣天使堡中的犯人正被牢牢看管着。直到12月11日星期三夜里，切萨雷最终踏平伊莫拉要塞的消息才传到宗座陛下的耳中。

---

① 当切萨雷1498年8月辞去枢机主教之职和脱离教士身份后，路易十二就赐予他瓦伦蒂诺公爵这一新爵位。

第14章

罗马的大赦年公告

>> 1499 年圣诞节

【169】对教会和教皇而言，1500 年意义非凡，因为这一年是指定的大赦年或圣年。设立这一特殊年份的想法要追溯至 1300 年。正是为了响应奔赴罗马的广大朝圣者的请求，卜尼法斯八世才在仓促中做出了这样的决定。起初，对于基督教采用旧时犹太教中的观念，即将大赦年作为重现在以色列的那段特殊荣耀的日子，并没有太多细致的想法。卜尼法斯只是认为，每 100 年就该选出一个特定的年份，以圣诞节为始和终。这期间前往罗马的朝圣者们，只要满足一定的条件，譬如真心悔罪，参拜圣彼得大教堂和圣保罗大教堂，便可得到赦免。

除了上面的细节，卜尼法斯并没有太多构想。不过，那一年，罗马的朝圣者们简直挤破了头。接下来的两个世纪，教皇们不得不对大赦年的想法进行大幅度修改和完善。大赦年之间的间隔大大缩短了。到亚历山大六世时期，大赦年每隔 25 年便举行一次。因为 1450 年、1475 年都欢庆了大赦年，下一届大赦年自然被安排在 1500 年。朝圣者们参拜的教堂数量也增加到了四个，包括圣约翰拉特兰大教堂和圣母大殿。精确的日程安排也一并出台。大赦的条件以及可以得到的恩宠也被明确写在耶稣升天日颁布的教皇诏书中。大赦年的庆祝活动必须从平安夜的圣礼开始。同时,这一节日已不止一次成为教皇们敛财的便利手段。1475 年保罗二世的大赦年就因此饱受诟病。

【170】可以说,1500 年亚历山大六世很大程度上是循着陈规旧律来庆祝大赦年,但也不是没有吐故纳新之举。亚历山大六世第一次在圣彼得大教堂设置了圣门,这道门供朝圣者们在大赦年使用,并由教皇本尊亲自开启与关闭,以昭告大赦年的开始与结束。尽管在民间早已流行着这样的说法,即圣门应该每百年开启并关闭一次,但在 1500 年以前,既没有这样的一道门,也没有人真的这样做。

虽然大赦年的持续时间之前就已超过 12 个月的时间限制,但亚历山大六世走得更远,他取消了大赦年在地理上的限定。这样,朝圣者们只需要参拜获得授权的当地教堂,便可享有天主所承诺的大赦。对许多人来说,历届大赦年不过是物质主义的,不过是为罗马的丑闻再添"新彩"。1500 年同样如此。尽管教皇的本意是筹集一笔资金用于招募征讨土耳其的十字军,但大赦年捐献的大部分都被挪用了。为了满足切萨雷的军事需求,他们直接进入了博尔贾家族的金库。在前往圣城的虔诚基督徒中,许多人都对他们所见到的大量不义之财和腐败表达了厌恶之情。

圣诞节的前一周,教皇召集圣彼得的告解神父,就即将到来的大赦年的持续时间,同他们进行商讨。当时大赦年已近在眼前,教皇希望听到神父们的建议,包括在接下来的日子里既能抚慰虔诚基督徒的良心又能增进其精神健康的合宜举措,以及在罗马城内人们需要完成的特别事项。教皇指示神父们研精竭虑,之后向他本人汇报。

经过一番讨论,宗座陛下于 12 月 18 日星期三的下午亲临圣彼得大教堂。在维罗尼卡礼拜堂(Chapel of Veronica),教皇考察了教规所称的金门或圣门(Golden or Holy Door),也就是按照惯例由教皇每百年打开一次的门。关于这道圣门的传说,我耳熟能详并深信不疑。宗座陛下非常赞赏一种设想,即圣门应该在大赦年开始的头一个小时内打开,并对此做出了部署。【171】

第 14 章 罗马的大赦年公告

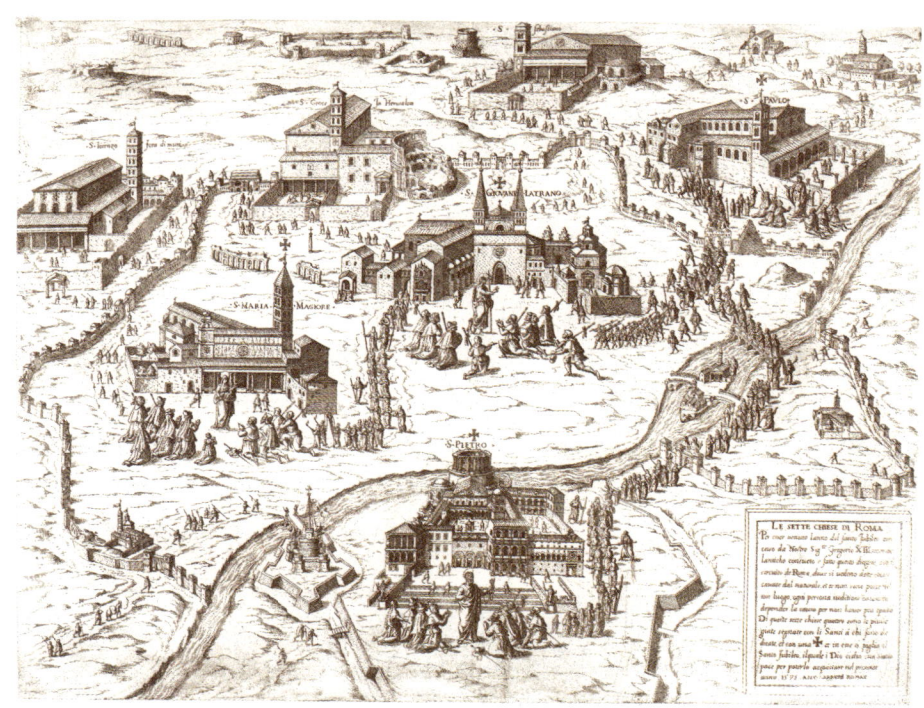

罗马的七座教堂
The Seven Churches of Rome, Attributed to Giovanni Ambrogio Brambilla, 1575,
Metropolitan Museum of Art, New York

教皇命令，应用大理石坯料制做圣门的门框，并且要有从教堂里面可以看到其轮廓那么高。同时，礼拜堂前面和边上的墙因为阻挡了圣门要被完全移除，这样人们就可以轻易地穿过它了。教皇吩咐审查官摩德纳主教排出一份包含以下要点的日程表：为平安夜当晚大赦年的开启制定诏书；选出 30 名罗马公民和 15 名城外居民每日值班或隔日轮班，负责为参拜圣彼得、圣保罗、圣约翰拉特兰、圣母大殿的朝圣者发放免罪符；本周日颁布诏书，吹响大赦年开启的嘹亮号角。同时，教皇授权给圣彼得大教堂的 11 名告解神父，由他们为有罪之人和炼狱中的灵魂量定捐献数额。这样，在任何情况下，他们都可以释放并赦免施赠者，包括通常需要教皇和罗马教廷特殊处理的案件，唯一的例外是针对教皇或罗马教廷的谋反罪,不管这些罪行是伪造教皇的信件、恳请书和委任状,或是背信弃义地向土耳其人运送军火或其他违禁物品,以及对主教或其他高级神职人员行凶施暴。

因为在整个大赦年圣门昼夜敞开,故教皇立下规矩,由四名僧侣轮流巡视圣彼得大教堂,两人值守白班,两人值守夜班,以保护教堂并阻止在教堂内进行任何不法行为。对于另外的三座大教堂,教皇亦作了同样的安排。教皇还要求清理圣彼得大教堂两边的门廊以为所用,不允许患病之人或其他人员在其中卧躺或闲逛。【172】用于盛载自愿捐献物的大木桶摆放在圣彼得大教堂内的圣安德烈亚·格雷戈里奥(Chapel of Santi Andrea e Gregorio)礼拜堂附近。为了保护木桶,人们配置了三把不同的锁头和钥匙,一把由审查官保管,另一把由告解神父们推举一人保管,最后一把则由其他官员保管。

梵蒂冈圣彼得大教堂及广场

教皇嘱咐罗马的建筑师托马索·马塔拉佐师傅，圣门的门墙要凿出四至五英尺深，但不可打通。这样，等到平安夜的晚祷开始时，宗座陛下只需用手敲击，它便能瞬间倾倒，为众人开辟一条畅通的走道。

完成一切部署后，教皇返回了他的梵蒂冈宫。托马索·马塔拉佐师傅和其他的工匠开始着手建造圣门。从教皇指定的门墙高度来看，大理石块是搭建圣门的时兴之选，不过却比教皇要求的宽了许多，因为这个位置以前从没有设过门。教堂里面一侧只有墙，祭台放置在圣门门墙的正前方，人们或许会以为这道门是通向祭台的特殊通道。对于这样的想法，我并不想泼冷水，这样的信念只会让人们更加虔诚。

12月20日星期五，枢机主教们进行了一次秘密的枢机主教会议。除其他诸事外，教皇要求大赦年的诏书必须由两名教宗私人侍从公布，地点在梵蒂冈宫门外的圣彼得广场上，在梵蒂冈宫门和奥迪恩扎（Audienza）之间。其中一名私人侍从逐段宣读诏书，另一私人侍从家则负责用意大利语进行解释。罗马城的总督、财政院的总司库以及其他部门首脑必须悉数到场，骑乘马匹或骡子，列于教宗私人侍从身后。这次会晤还进一步确定，诏书宣读必须以庄重的小号奏乐开场和收场。所有这些均安排在本周日的主教弥撒和晚餐之后。与此同时，教会专使还须巡行于罗马城内的主要街道和广场，由小号手开道，用意大利语向众人宣读诏书。【173】另一项决议是，平安夜晚祷，枢机主教和所有教廷神职人员必须身着正统法衣、手持火烛，在教皇到达圣彼得大教堂前列队进入。除了遴选出的另外三座大教堂的教士，罗马城内所有的教士也必须遵循此法，在晚祷时按照等级站在圣彼得大教堂的门廊之下，以恭候教皇临驾圣门。根据相关安排，一旦宗座陛下在圣门前准备就绪，枢机主教达·科斯塔将出发骑行至圣约翰拉特兰大教堂，枢机主教奥尔西尼前往圣母大殿，拉古萨大主教乔瓦尼·萨基前往圣保罗大教堂。他们将披上法衣，分别在这四座大教堂主持圣门开启仪式。每道圣门预计都会在一次或两次敲击后打开。

12月22日星期日，佛罗伦萨大主教里纳尔多·奥尔西尼在西斯廷礼拜堂主持了弥撒礼。宗座陛下亦有出席。由于本该布道的圣玛利亚的蒙特·卡梅尔修会的修士代表出城去了，又无人填补他的空缺，所以这场弥撒礼没有布道，人们对此万分高兴。弥撒结束后，在教皇离开礼拜堂返回其房间之前，选定的两名教宗私人侍从按预定计划在圣彼得大教堂外宣卖了诏书。晚餐后，伴随着小号奏乐，一名选定的市镇官员在罗马城的传统公共场所对诏书进行了宣读。他还向众人宣布，圣殓布将在圣诞节当天的主教弥撒后展出。

次日早餐前，教皇召见我和我的同僚贝尔纳迪诺·古特利，询问我们在大赦年开启时应该做什么，特别是在圣彼得大教堂圣门开启仪式时。我告诉宗座陛下，我认为工匠们应该设计好门墙的倾塌过程，这样晚祷时分教皇在场的情况下，才能比较容易地把它拆除。【174】不过，考虑到拆除门墙的过程耗时费力，且会搞得尘土飞扬，教皇和枢机主教们可能不便于在附近等候。所以我建议，宗座陛下只需前往圣彼得大教堂做平安夜晚祷时，用锤子象征性地敲击一下圣门，剩下的就交给工匠们，由他们完成门墙的拆除工作。在此同时，教皇可以在教堂内主持晚祷，并在晚祷结束后经中门出教堂。尔后，以教皇为首，枢机主教和其他人员随行，再重新过一遍圣门。我的建议是，只要能敲穿就行了，晚祷期间可以在门上辟出足够大的空间。建筑师傅和他的工匠，以及其他人员必须以项上人头担保，在宗座陛下未通过圣门之前，不准任何人进出此门。拆除门墙时，工匠们可以从里外同时敲打。除工匠外，罗马总督和宫门守卫长也要对此处严加防范，禁止任何人通行。另外，我还提议，平安夜当晚，所有教堂、礼拜堂、修道院、女修道院，以及朱庇特神殿的大钟，必须在午夜敲响，并一直持续到宗座陛下通过圣门。最后，我从《诗篇》（*Psalter*）中搜集了一些诗节，编排成吟唱的祈祷文，还谱写了一篇合适的祷词，供教皇在开启圣门前使用。

听完我的回答和建议，宗座陛下表示，平安夜当晚他希望经由圣门进入圣彼得大教堂做晚祷，他并不想改变之前的安排，所以不介意在圣门前方等候。教皇很喜欢我提出的敲响大钟的主意，要求把相关命令下达到每一个教堂和宗教团体。对于我编排的祈祷文，教皇总体上很满意，只对一些细枝末节做了修改。正在我们交谈之际，礼拜堂的唱诗班出现了。宗座陛下想听一下为圣门开启仪式谱写的新赞美诗。【175】唱诗班演唱完毕，教皇对新赞

第 14 章 罗马的大赦年公告

圣门

美诗给予了充分肯定，然后就晚祷和圣门开启仪式上的安非签发了指令。

接下来，平安夜当晚，在宗座陛下到达圣彼得大教堂主持晚祷前，工匠们已经非常巧妙地从里面把圣门门墙凿空了，这样一来，圣门所处位置的墙壁就变得十分脆弱。在帕帕加洛厅，我的同僚向每一位枢机主教发放了约3磅重的白色蜡烛，普通神职人员则只发放了比较轻的蜡烛。大概1点钟的时候，宗座陛下来到了帕帕加洛厅。在那里，他换好了正统法衣，戴上了头冠或者说三重冕，动身前往圣彼得大教堂。教皇乘坐以华盖遮蔽的御座，左手手持轻盈的普通蜡烛，右手则依照传统习惯为人们祈福。当他们抵达圣彼得大教堂门廊和等待开启的圣门前面时，我们的唱诗班便像事先安排的那样，在祷告开始前吟唱祷文。然后，宗座陛下走下御座去打开圣门。托马索·马塔拉佐师傅从圣门上方为教皇递过来一把普通工匠使用的锤子。教皇朝着门墙中央敲打了大概三下，门墙轰然倒地。教皇随即返回御座。工匠们按照计划拆除剩下的门墙。这项工作花费了半个小时。在此期间，我们的唱诗班反复吟唱着祷文和赞美诗。

在宗座陛下到达圣门的同时，枢机主教达·科斯塔、奥尔西尼和拉古萨大主教则遵照命令骑行前往各自负责的大教堂去打开圣门。我给了拉古萨大主教一份吟唱的祈祷文和祷词，并告诉他在圣保罗大教堂开启圣门仪式时应该如何运用。不过，那里的修道院长和僧侣们似乎没人知道圣门的位置。【176】后来我才知道，他们至少在教堂的墙壁上打开了3个门，早先因为坏天气而非其他原因被封堵起来的拱门也被他们打开了。我的看法是，他们在这些事情上浪费了太多的精力，毕竟唯有信仰才能拯救世人！ 僧侣们对这个仪式一无所知，我认为这实在是荒谬至极。

与此同时，圣彼得大教堂的圣门逐步被打通。众人得到警告，不准在教皇之前进出此门。尽管有此警告，一名在教堂内施工的工匠还是在接托坠石的时候不经意地快速跨越了圣门，我训斥了此人，他在整个开启仪式都没敢再进圣门，其他人也都没有从圣门进出。最后，待门墙清理得差不多了，圣门的空间足够宽裕时，宗座陛下从御座下来，走向圣门。在圣门门槛处，教皇双膝跪地，摘下三重冕，口中吟诵着《米泽里厄里》（ *the Miserere* ），手里端着点亮的蜡烛。尔后,我搀着教皇的左臂,扶着他站了起来,并通过圣门进入圣彼得大教堂。在行进中,我在左边搀扶着他,并不时引路,我的同僚贝尔纳迪诺则在右边扶着他。当走到教堂中央时,宗座陛下停下来休息了一会儿。① 教皇身后是手持十字架的副执事、枢机主教和一大群神职人员,还有教皇的御座。为了向主祭台行进,教皇在途中不止一次坐在上面稍事休息。从教皇踏入圣门的那一刻,唱诗班便开始演唱《赞美颂》,一直持续到最后。【177】根据安排,在迈进圣门之前,宗座陛下要先给《赞美颂》起头,然后唱诗班再跟着吟唱。但是,因为人潮拥挤、通道狭隘,教皇和其他人都忘记了这一程序。到达主祭台后,所有人都吹灭了蜡烛。教皇祈祷后,便坐在御座上,接受枢机主教的行礼。宗座陛下遵照往常的习惯经圣彼得大教堂的中门返回梵蒂冈。

---

① 亚历山大一向以精力充沛、身体强健而著称。他的所作所为往往因与年龄不符而使世人感到惊讶。在任期间,亚历山大经历过好几次突然昏厥,有人认为这是身患梅毒的表现,不过一直没有找到足够的证据。此时,亚历山大已年近七十,体力日渐衰退,在大赦年仪式上需要休息也就不足为奇了。

第15章

切萨雷在弗利的胜利以及谋杀比谢列公爵

>> 1500年1月—8月

【178】1499年的最后几个星期，在法国的支持下，切萨雷领导的战役直接把罗马涅北部的小领地置于博尔贾家族的控制之下。这些战役主要是针对卡泰丽娜·斯福尔扎。作为吉罗拉莫·里亚里奥伯爵的遗孀、枢机主教阿斯卡尼奥以及洛多维科公爵的侄女，卡泰丽娜·斯福尔扎统辖着伊莫拉和弗利，是亚历山大六世最强劲的对手之一。圣诞前夕，切萨雷攻陷了伊莫拉城和其中的堡垒。他的目标眼看就要达成，却在弗利遭遇了困境。弗利的民众愿意归顺博尔贾家族，但那位伯爵夫人和她的卫戍部队仍在城堡中负隅顽抗。由于这座城堡是弗利的中枢，也是军事指挥和胜利的关键所在，切萨雷非常担心卡泰丽娜的抵抗会使自己的努力付之一炬。卡泰丽娜的抵抗从圣诞节一直持续到新年，这使得教皇和切萨雷在将进攻坚持到底前担心了好几个星期。

第 15 章 切萨雷在弗利的胜利以及谋杀比谢列公爵

1月14日星期二的晚上，罗马城散布着这样的流言，说是切萨雷·博尔贾攻陷了弗利的要塞，俘虏了吉罗拉莫·里亚里奥伯爵去世后接任统治的伯爵夫人卡泰丽娜·斯福尔扎，城堡中的其他人全部被斩于剑下。并且，人们声称，枢机主教小乔瓦尼·博尔贾带着四名随从，已经从博洛尼亚或者切萨雷的总部出发，骑着驿马快速赶回罗马。就在前一天，他病倒在乌尔比诺，医师们怀疑他可能得了热病。【179】蒂沃利主教安杰洛·莱奥尼尼把这个消息报告给宗座陛下。后来另外一名信使也证实了这个消

教皇亚历山大六世（《复活》壁画局部）
Detail from a Fresco of the Resurrection, Pinturicchio, 1492—1495, Palazzi Pontifici, Vatican

息。不过，他们都指出，枢机主教的热病并不严重。然而，在他的身上长出脓包、热病减轻后，一听到弗利被攻陷的消息，乔瓦尼便十分鲁莽地骑马奔赴弗利向切萨雷表示祝贺。乔瓦尼很快就到达了福松布罗内（Fossombrone），在那里，他的热病出现了可怕的反复，第二天晚上，也就是1月16日星期四，乔瓦尼猝然离世。1月27日，乔瓦尼的遗体被送达罗马，安葬在人民圣母教堂，没有悼念仪式，也没有葬礼。

2月26日星期三，教皇下令所有的枢机主教派遣家族成员出城，中午在波波洛城门口迎接切萨雷·博尔贾；他们自己则要和大使，以及其他一些显贵、官员一道为切萨雷接风洗尘。枢机主教奥尔西尼上周五已经见过切萨雷，并把他护送到了奇维塔卡斯泰拉纳（Civita Castellana）。枢机主教法尔内塞亦在周六护送过切萨雷。今天一早，枢机主教洛佩斯和我的同僚便骑马陪同

博尔贾宫廷：布尔夏德日记选（插图本）

弗利伯爵夫人卡泰丽娜·斯福尔扎
Portrait of Caterina Sforza, Lorenzo di Credi, 1481—1483, Pinacoteca Civica di Forlì

第 15 章　切萨雷在弗利的胜利以及谋杀比谢列公爵

切萨雷在莫勒桥外走了大约三到四英里。待 11 点的钟声一响，枢机主教帕拉维奇尼就从梵蒂冈宫出发，骑马去枢机主教奥尔西尼家中与他会合，两人直赴人民圣母教堂迎接切萨雷。下午三四点的时候，切萨雷才终于从城门通过。得知切萨雷接近城门，枢机主教们早已骑上骡马，按照传统方式在城门外等候，他们对切萨雷行脱帽礼以示欢迎，切萨雷也摘掉了自己的帽子，礼貌地向他们致谢。

接着，切萨雷由枢机主教帕拉维奇尼和奥尔西尼一左一右地护送着骑行前往梵蒂冈。他们沿拉塔大道到人民圣母教堂，再经密涅瓦和马西莫宫，穿越鲜花广场，最后抵达梵蒂冈。【180】切萨雷的前方有约一百匹驮马，这些驮马配有崭新的黑马饰，秩序井然；其后还有五十多匹这样的驮马，有些随意地排成一条线。我无法给前来的家族成员排序，因为这个游行队伍中包含上千名步兵，既有瑞士人又有加斯科涅人。他们排成五列，举着各自不同的但都饰有切萨雷纹章的军旗，根本不在乎我们的安排。当教皇的雇佣步兵团（Landsknechts）举着自己纪念圣安德烈和其他圣人的旗帜靠近时，与他们相遇的瑞士人要求他们放下旗帜。他们断然拒绝跟随教皇雇佣步兵团的旗帜行进，于是双方起了不小的争执，但很快就被切萨雷摆平。后来，瑞士人和加斯科涅人被准许举着各自的旗帜走在队伍前面，教皇雇佣步兵团则举着自家的旗帜紧随其后，再后面是约 50 名显贵。切萨雷周围是他的一百名侍从，这些侍从个个披着黑天鹅绒斗篷，脚蹬黑色皮靴，手中端持新长戟。切萨雷自己同样身着过膝的黑天鹅绒外套，衣领简单而古板。游行队伍中还夹杂着一些佩戴切萨雷纹章的小号手。切萨雷的两名传令官中有一位戴着法国国王的纹章。不过，这些小号手和其他乐师一路沉默，并没有演奏任何曲子。

比谢列公爵和乔弗雷·博尔贾跟在游行队伍后面，接着才是被两名枢机主教夹在中间的切萨雷·博尔贾。切萨雷身后紧跟着两两并肩骑行的主教和使节。纳瓦尔国王的两位大使一度因为次序问题而与那不勒斯、英格兰使节发生争执并最终落败，故而没有再参加庆典。威尼斯、佛罗伦萨、萨伏依以及其他城邦的使节都悉数到场。再往后是掌管重骑兵的维泰洛佐·维泰利，他乱插乱走，毫无章法，以致神职人员无法站在自己的位置上，因此其中大部分人就退场了。【181】陪同切萨雷的是阿尔勒大主教和其他主教。我的同僚希望大主教被排在教皇宫的神职人员中间，在使节的前面。我并不认同这样的安排，于是骑马回到切萨雷前面我自己的位置上，任由贝尔纳迪诺按照自己的心意处理。我没有过问他最后的决定，不过在我看来，大主教应该排在教皇宫的神职人员的后面，其他神职人员的最前面。

为了迎接切萨雷，教皇和枢机主教乔瓦尼·博尔贾、圣乔治、洛佩斯、切萨里尼和法尔内塞一起来到位于梵蒂冈宫门凉廊上的房间。切萨雷一抵达帕拉蒙蒂厅，教皇便上楼进入帕帕加洛厅，坐在他的御座之上。帕帕加洛厅一共布置有五块锦垫，一块铺在教皇的御座上，一块在教皇的脚下，另外三块则铺在教皇前面的地板上。接着，帕帕加洛厅的大门打开了。切萨雷在枢机主教帕拉维奇尼和奥尔西尼的左右陪同下走了进来。切萨雷跪在宗座陛下面前，用西班牙语简洁地表达了他对教皇的感谢，感谢教皇赐予他的无限荣耀。教皇亦用西班牙语进行了回复。因为使用的是西班牙语，所以我并没听懂教皇说了什么。后来，切萨雷亲吻了教皇的双足和右手，教皇则将他扶起，亲吻了他的脸颊。这一仪式后，显贵们也迫不及待地亲吻了宗座陛下的双足。

这一刻，圣天使堡也被布置得富丽堂皇。俯瞰圣天使桥的低圆塔上插着两面旗帜，有小号手演奏的高圆塔上则插着四五面旗帜，旗帜上均饰有教皇的纹章。在城堡围墙上，在面对桥的角塔与角塔之间，站着三名从头到脚全副武装、手持长戟的士兵。圆塔的围墙上也有15名士兵。小号手们演奏的地方士兵人数则更多。【182】主塔城齿间站着更多的士兵，正对圣天使桥和梵蒂冈宫的高墙上也是一样。二百或更多震天动地的炮鸣声首先从城堡花园的塔楼中冲出，接着是正对圣天使桥的圆塔，圆塔处的炮鸣回响声甚至震碎了一些窗户和护窗板，再接着是正对圣灵教堂（San Spirito）的塔楼，之后沿着整个城垛，最后是城堡最高层的塔楼。我在圣天使堡还从未见过这样的盛况或狂欢景象。

宗座陛下想加封切萨雷为神圣罗马教廷军队的统帅和旗手，于是在5月29日下令授予切萨雷金玫瑰。教皇为此事召见了我和我的同僚，吩咐我们为此次典礼做好充足的准备。5月29日一早，枢机主教们便在帕帕加洛厅集合，

第15章 切萨雷在弗利的胜利以及谋杀比谢列公爵

达·芬奇绘制的据信是切萨雷·博尔贾的红粉色素描
Biblioteca Reale di Torino

然后在宗座陛下的小客厅萨隆蒂诺·迪·奥迪恩扎（Salotinno di Audienza）接受他的私下召见。在征询枢机主教们的建议后，教皇宣布向切萨雷·博尔贾——瓦伦蒂诺公爵、他最亲爱的儿子——授予玫瑰，并加封其为神圣罗马教廷军队的统帅和旗手。随后举行了授职仪式。

在博尔贾家族看来，到1500年卢克雷齐娅与比谢列公爵的婚姻已失去政治价值。阿方索公爵在罗马的贵族家庭中有许多劲敌，其中就包括奥尔西尼家族。与此同时，比谢列公爵越来越走向切萨雷的对立面，切萨雷的每一个举动都受到他的猜疑。由此可见，不止一人有理由袭击阿方索。1500年7月针对阿方索的刺杀行动很可能是奥尔西尼家族而非切萨雷策划的。不过，毫无疑问，阿方索怀疑他的大舅子。待他的身体一有好转，他便在梵蒂冈花园对切萨雷行凶，其结果是，切萨雷开始明目张胆地展开对阿方索的谋杀计划。对此，布尔夏德的叙述比较谨慎，而其他的一些作家则要直白得多：1500年8月18日，切萨雷冲进阿方索的住所，全然不顾看护阿方索的卢克雷齐娅和桑奇娅的苦苦哀求，任由米凯洛托勒死了这个可怜的男人。【183】这一事件在罗马掀起了不小的波澜，但意味深长的是教皇没有采取任何行动。相比其父，切萨雷的优势显现无疑。他的罪行使其更容易地找到了强化他与法国之间关系的途径。

7月15日星期三晚上约6点的时候，比谢列公爵、卢克雷齐娅的丈夫阿拉贡的阿方索在圣彼得大教堂第一入口处的最高台阶上遭到了袭击。他的头部、右臂和腿伤得很重，而刺客则从台阶上跳下逃走，随后与等待他的四十名骑行者会合，沿着波尔图萨门（Porta Portusa）出城去了。伤势严重的公爵被抬进博尔贾塔（Torre Borgia）的一个房间，为防止他因伤而亡，公爵受到了精心照顾。但是，8月18日星期二晚上11点，公爵还是被人勒死在病榻之上。当晚的晚些时候，公爵的遗体被抬进了圣彼得大教堂，安放在那里的圣玛利亚·德拉·费布尔礼拜堂（Chapel of Santa Maria della Febbre）。科森扎大主教、教皇的司库弗朗切斯科·博尔贾和他的家族成员一路护送着葬礼队伍。负责照顾公爵的医师，连同看护公爵的驼背人，在被抓捕后送进圣天使堡。经过彻底盘问，他们很快就被无罪释放。这场谋杀的幕后指使者，其实大家心知肚明。

8月31日星期一，阿拉贡的遗孀、教皇的女儿卢克雷齐娅携6名随从奔赴内皮（Nepi）。在经历了丧夫的哀伤和悲痛之后，她需要在内皮获得安慰和休憩。

第16章

与法国和西班牙结盟 反对那不勒斯和科隆纳

>> 1501年6月—8月

【184】在比谢列公爵遭暗杀的同一年,随着日益见长的能力和见识,切萨雷的野心也日益膨胀,并与教皇谨慎的策略时有相悖。眼见与那不勒斯家族原本就尴尬的关系趋于紧张,这为博尔贾家族转而迎合法国和西班牙意图瓜分费代里戈国王领土的计划(早在1500年末此计划便已秘密达成)创造了可能。冬季的数月中,切萨雷一举征服了罗马涅地区。而他的军费开支则由在1500年9月新任命的12位枢机主教提供,这些钱是他们贿买他们职位所花的代价。法诺和里米尼以及乔瓦尼·斯福尔扎所遗弃的佩萨罗轻易就被切萨雷收入囊中。法恩扎在其年轻统治者阿斯托雷·曼弗雷迪领导下抵御住了数月的进攻,只是在经历了漫长冬季的围困后最终于1501年3月投降。

5月,切萨雷被赐予了法诺和佩萨罗这两个宗座代牧区,并被冠以罗马涅公爵的头衔。他随即入侵托斯卡纳,并置佛罗伦萨于威胁之下。但此举威胁到了法国的利益,在法王路易十二的郑重警告下,切萨雷被迫撤退,转而寻求加入进攻并瓜分那不勒斯王国的联盟。在这一计划中,科隆纳家族是费代里戈国王为数不多的支持者之一,他们同为博尔贾家族重点打压的对象。科隆纳家族对自身所面临的危险有着清楚的认识。

为了尽力保护祖传的领地不被教皇和切萨雷分割，1501年夏，他们计划将其领土奉献给枢机主教团，以换取其保护。相比博尔贾家族，枢机主教团对科隆纳家族的敌意和偏见较少。

【185】6月6日星期日这天，法国国王与西班牙国王就瓜分那不勒斯王国一事达成了一致意见的消息在罗马传开。根据协议，西班牙国王将控制卡拉布里亚和阿普利亚（Apulia）公爵领，以及佛罗伦萨和锡耶纳等城市。在得知法国国王与西班牙国王之间的这一协定后，科隆纳家族对法国大军南下入侵那不勒斯之后的事态发展表示担忧，因此决定将领地交托给神圣的枢机主教团，置于其保护之下。枢机主教们将此事告知了教皇，教皇对此举全然反对，并要求科隆纳家族亲手将统治权移交给他本人。为达此目的，教皇威胁说，如果科隆纳家族没有按他的要求做就将惩罚他们。科隆纳家族的首领最终将其领土的统治权移交给了教皇和枢机主教团。6月10日清晨，宗座陛下派遣切塞纳主教彼得罗前往科隆纳家族解决此事。

8天之后，罗马境内发布了一份公告，声明所有人都需服从教皇所委任的26名管事的安排，否则将被处以100达克特罚金。这些管事主要为法国远征那不勒斯的军队提供饮食。在管事的指挥下，城墙外建立起了一片露营地。凡是拥有二轮运货马车、马匹以及骡子的人需要向城市总督上报，以便征用来向法国军队发放食物。由于要遭到重罚，没有人敢向法国人购买任何东西。制定如此严苛的条例是由于当时法国军队因惯于顺手牵羊而声名狼藉。接下来的周六，即6月19日，罗马城内又发布了另一份公告，声明法国国王的随军杂役，如若并非当下正式供职于法王、教皇、切萨雷或其他罗马的大人物处，将被勒令在公告发行的同一天离开罗马城并不得返回。【186】如果有人在期限之外还被发现逗留在城内，则将被送往总督的监狱，并被处以各种惩罚，有可能最终被发配到船上服役，终其一生。

第 16 章　与法国和西班牙结盟反对那不勒斯和科隆纳

法国国王路易十二
Louis XII of France Kneeling in Prayer, Jean Bourdichon, 1498, The J. Paul Getty Museum

在同一天，法军的总参谋长伊夫·德·阿莱格里阁下，在没有任何正式接待的情况下进入城内。莫勒桥外的阿夸·特拉维尔萨（Aqua Traversa）的一块地方被划为法国王家远征军的露营地，所需物资均已预备妥当，路障和掩体已被修建起来。约150桶酒已送达，还有诸如面包、肉类、蛋、奶酪、水果等必需品。此外，还特意派来了16名娼妓以满足士兵的需求。商人被安排在营地里进行买卖，各行手工艺人也被安排到此工作。城市总督指定居住在莫勒桥附近的佛罗伦萨商人接待军队中的一些上层军官，声明根据家庭财产的多少，每人需接待2名或更多的骑士。想要逃避此项义务的商人须向城市总督缴纳200达克特，他们当然很乐意这样做；但当法国士兵进城时，他们却强迫那些已经缴了钱的市民与其余人一起提供住宿。

6月22日星期二，科森扎大主教弗朗切斯科·博尔贾①从罗马动身前往视察科隆纳的领土，并以教皇的名义接管罗卡迪帕帕（Rocca di Pape）和其他城堡及土地。他随行带了特派员和教皇的军队，并将接管的领地和要塞移交给他们。整个行动十分顺利，并未遭遇抗议或反对。

第二天下午3点左右，法军的总司令伯纳德·斯图尔特·德·奥比尼阁下，经由维里达里亚门进入罗马城。【187】按惯例他受到了教皇的家族成员和枢机主教的欢迎，并在扎马拉*主教、库伯萨诺主教和比泰托主教的陪同下直接进入梵蒂冈。宗座陛下在枢机主教帕拉维奇尼、圣乔治、洛佩斯、费拉里以及顾问们的陪同下，在帕帕加洛厅接见了总司令。德·奥比尼阁下亲吻了教皇的脚尖，他所带领的10~12名随行人员依次效仿。教皇和他进行了简短的交谈，随后便与之告别。司令与拉古萨大主教和扎马拉主教及其余人等一起骑马离开，前往他将要下榻的副秘书长的官邸。在接受宗座陛下接见时，在场的还有特里科拉主教，法国和英国的大使，萨伏依、威尼斯和佛罗伦萨的使节。各国使节没有位次尊卑之分，但萨伏依和威尼斯的公使却为等级排序产生了争执，我拒绝牵涉其中。同时，约20名执杖者和科隆纳的

---

① 弗朗切斯科·博尔贾为教皇的财务总管，于1500年9月被封为枢机主教。
* 此处原文是"Zamara"，但在原书"人物索引"（第245页）中则为"Zamora"（萨莫拉），疑此处有误，应为萨莫拉。——译者注

第 16 章　与法国和西班牙结盟反对那不勒斯和科隆纳

封臣进入殿中对教皇表示效忠。这些得到宗座陛下允许进入帕拉蒙蒂厅的密使，如今在帕帕加洛厅受到了宗座陛下的接见，并且每人获得了一个大金达克特作为奖赏。

6月26日星期六下午，作为圣塞韦里诺大主教的兄弟的法军将军兼卡亚佐伯爵乔瓦尼·弗朗切斯科·圣塞韦里诺大人，经由波波洛城门进城，并受到了枢机主教家族成员的欢迎。按常理，教皇和所有枢机主教都应该派出家族成员迎接，但他骑马行进的速度太快，以致许多人尚未及时赶到他就已经过去了。英国、威尼斯和佛罗伦萨的使节前来恭迎。乔瓦尼骑马走在英国大使和威尼斯使节之间，佛罗伦萨使节起先骑马跟在威尼斯使节身侧，随后在我的指引下回到两名教长之间。【188】即便不太乐意，他还是遵从了我的指挥，同时他小声抱怨说若不是顾全大局他绝不会服从我的安排。我无视了他的抱怨，因为没什么可争执的。乔瓦尼被护送到了副秘书长的官邸，在那里他将与德·奥比尼阁下一起被接待。随后教皇的家族成员前来以教皇的名义对他表示正式欢迎，并对没能在波波洛城门迎接表示歉意。

在一则以法军总司令德·奥比尼阁下名义发布的公告中，声明所有法国士兵应全天在阿夸·特拉维尔萨的营帐中待命，违令者将遭到严惩。接下来的星期一，所有在阿夸·特拉维尔萨集结的军队听从教皇的命令穿过维里达里亚门进入博尔戈，在那里他们与其余的法军会合。待集合完毕，他们以良好的秩序列队穿过圣天使桥，一路南下前往那不勒斯。教皇站在圣天使堡花园公寓的露台上满怀欣喜地注视着行进的军队，共计约有12000名步兵和20000名骑兵，并配备有36辆两轮马车与数门火炮。

6月29日星期二清晨，宗座陛下在离开寓所前与德·奥比尼阁下及其随行人员进行了一次长时间会晤。教皇离开后，总司令前往他第一次受到接见的帕帕加洛厅，接受所有枢机主教的吻礼祝福。同一天他从罗马出发加入已经开赴那不勒斯的远征军。我从一位密友处得知，在教皇与司令最后的秘密会晤中，教皇宣布剥夺费代里戈国王对那不勒斯的统治权，法国国王取而代之被授予了那不勒斯的王权，卡拉布里亚公国则被西班牙国王收入囊中。

【189】7月3日星期六，切萨雷带领军队离开罗马，在派遣他们加入德·奥

比尼阁下带领的远征军后,切萨雷当天晚上赶回了罗马。

7月26日深夜,教皇收到了切萨雷攻下卡普阿(Capua)城的消息。这次胜利成为前十天里我们听到的所有战况的一个高潮:法国占领了阿韦尔萨(Aversa)、诺拉(Nola)等地;西班牙占领了卡拉布里亚。攻下卡普阿是由于城内的一名叫作法布里齐奥的市民叛变,将切萨雷的军队放进了城中。【190】然而,切萨雷的军队随后杀害了法布里齐奥,以及约3000名士兵,200名骑士和市民、神父、修士和修女;对待妇孺他们也没有丝毫怜悯,他们肆意糟蹋俘获的少女或把她们当作战利品;共计约有6000人惨遭杀害。

7月27日星期二早晨,宗座陛下带领50名骑兵和100名步兵离开罗马,前往塞尔莫内塔视察科隆纳的领地。枢机主教塞拉和洛多维科·博尔贾[①],各带领12名随从跟在教皇身边。宗座陛下在甘多尔福城堡用了午膳,然后走下城堡到了湖边。之后的一天他都在湖上乘船观光,所到之处士兵们纷纷欢呼"博尔贾!博尔贾!"并鸣枪致敬。星期四,教皇骑行至罗卡迪帕帕,并于当天晚上冒着大雨回到了甘多尔福城堡。次日,天气依然恶劣,教皇前往杰纳扎诺(Genazzano),并于周六顶着风雨回到塞尔莫内塔。在教皇计划此次出行之前,他已将罗马的事务悉数交给女儿卢克雷齐娅夫人[②]处理。因此,在他离开期间,她掌管着教宗各部门并有权拆开送给宗座陛下的任何信件。如遇到棘手情况,她可以召集并寻求枢机主教达·科斯塔以及其他枢机主教的帮助。在某件事上(我并不确定),据说卢克雷齐娅派人去请达·科斯塔枢机主教,并将教皇的任命和有争议的问题给他过目。【191】枢机主教对此十分感谢。在了解到这件事并不重要时,他告诉卢克雷齐娅,在枢机主教会议上,当教皇给出大概的建议时,在场的副秘书长或是其他枢机主教通常会负责写下建议并记录每个人的意见和选票。他最后指出,他们之间的对话也需要安排人现场记录,于是卢克雷齐娅回答说,她可以很好地记录下

[①] 彼得罗·洛多维科·博尔贾是小乔瓦尼·博尔贾的弟弟。乔瓦尼死后,他于1503年3月继承了他兄长的所有头衔,包括枢机主教之位。

[②] 1500年末,卢克雷齐娅本在内皮服丧,但她在圣诞节之前被父亲召回罗马并日渐身居要位,特别是在切萨雷出征未归的情况下。

卢克雷齐娅·博尔贾代理教宗处置教廷事务
Lucretia Borgia Reigns in the Vatican in the Absence of Pope Alexander VI,
Frank Cadogan Cowper, c. 1910, Tate Gallery, Britain

来。对此，枢机主教打趣道："那么你的笔呢？"她这才发觉这只不过是一个玩笑而已，并报以微笑。谈话就此结束。我并没有被询问关于这个问题的看法。

8月4日星期三，德·奥比尼阁下与费代里戈国王达成协议，带领军队进入那不勒斯城。根据协议，法军指挥官将接管那不勒斯的所有堡垒，而费代里戈国王可迁往伊斯基亚（Ischia）逗留六个月。在此期间，如若争取到武装支持，他便可以继续抵抗。同时，他还被准许将个人财物运出那不勒斯，包括大炮、武器、食物在内，无论是运往伊斯基亚还是别处都悉听尊便。如若六个月之内费代里戈国王没有获得任何有利帮助，他将依协议把伊斯基亚和萨莱诺移交给德·奥比尼阁下和法国，并可不受任何阻挠地离开前往任何国家。①

次日即8月5日，教皇从弗拉斯卡蒂（Frascati）返回罗马。他与枢机主教塞拉、洛多维科·博尔贾和弗朗切斯科·博尔贾在这片原属科隆纳的领地上度过了此次出行的最后时光。

---

① 费代里戈并未能在伊斯基亚待满6个月，他在9月6日便离开去了法国。路易十二封他为安茹的领主，并享有一笔丰厚的津贴。他在那里安享晚年直至1504年去世。

第17章

卢克雷齐娅与阿方索·德·埃斯特的婚礼以及圣诞庆典

>> 1501年9月—1502年1月

【192】直至1501年底,亚历山大六世无论在意大利还是在与外部势力的关系方面,其政治地位都是安全和稳固的,并且他还设想通过他的家族来巩固他的权力。法国和西班牙的国王都从之前的那不勒斯王国获得了教皇的"封地",但同时还未为战利品而争吵,因此再次使得教皇认为在他们之间进行选择是十分必要的。意大利北部地区受法国直接影响最大。路易十二已经控制了米兰,停虏了洛多维科·斯福尔扎和枢机主教阿斯卡尼奥。但是在意大利中部,切萨雷·博尔贾巩固了其早先取得的成果,并计划在托斯卡纳通过针对佛罗伦萨的行动以增强他的势力。为了实现他的政治目的,他说服他的父亲展开谈判,意图寻求与意大利最古老、最显赫的费拉拉的德·埃斯特家族结成联盟。为此,他让卢克雷齐娅与费拉拉公爵的儿子阿方索结为夫妻,从而保证双方关系的稳固。因为博尔贾家族的名声,埃尔科莱公爵最初对此并不热心,但最终还是同意联盟。它有效地加强了切萨雷在意大利北部的势力。与那一时期许多的正式婚姻一样,联姻的契约最初是由代理人在其中一方并未到场的情况下签署的。这样的仪式具有法律约束力。就像普通仪式一样,一旦婚戒交换,就被视为正式结为夫妻。但是未在之前仪式上出席的丈

夫或妻子可以再次举行庆典仪式,这也是可能的。亚历山大希望以为卢克雷齐娅在罗马举行一个完整的婚礼仪式,因此他安排在费拉拉的早期仪式上不交换婚戒,而是到他女儿在场的时候才进行。

费拉拉公爵埃尔莱科一世
Ercole I d'Este, Dosso Dossi, c. 1512, Galleria Estense, Modena

【193】9月4日,在星期六晚祷之时,费拉拉公爵的长子阿方索大人和前比谢列公爵夫人、乔瓦尼·斯福尔扎的前妻卢克言齐娅·博尔贾夫人结婚的消息传来。圣天使堡响起了持续不断的礼炮声,一直持续到夜晚来临。第二天晚饭后,卢克雷齐娅骑着马从她的居所来到人民圣母教堂。她穿着锦缎金袍,后面披着薄纱,并有三百个骑士紧紧跟随。四位主教在她的前面,她带着她的侍从和仆人,独自骑马。当队伍返回时,仍然以相同的次序行进。当天晚上,从晚餐时间到晚上9点,卡皮托林山上的大钟敲响,一堆堆篝火在圣天使堡被点燃,照亮了整个城市。所有的建筑也被照得熠熠生辉。人们变得异常兴奋起来,引发了一丝担忧。

第二天,9月6日星期一,两个小丑走过所有的主要街道和城市广场,高呼万岁。"伟大的费拉拉公爵夫人万岁,亚历山大教皇万岁!万岁,万岁!"其中一个男子在马背上,被卢克雷齐娅赐予了仅在昨天穿过一次的崭新如一的黄金锦缎礼服和婚纱。这些衣服的价值在 300 达克特左右①。另一个人跟在后面步行。他似乎也同样从教皇女儿那里接受了一件衣服。

在接下来一周的后半段,教皇在星期五举行了一个秘密的枢机主教会议,经过所有在场的枢机主教的同意,教皇免除了费拉拉公爵向财政院支付的 4000 达克特②的年贡,同时取消了公爵以及直至第三代继任者须支付的年贡,而只是象征性地每年收取一小笔,即 100 达克特③。【194】在投票时,枢机主教卡拉法说他为了公爵对此表示同意,而枢机主教达·科斯塔则为了卢克雷齐娅夫人表示赞同。

在 10 月 30 日星期日的晚上,切萨雷·博尔贾在他的教皇宫府邸举行了晚宴,找了五十个妓女或交际花为人们助兴。她们在饭后与仆人和那里的其他人跳舞。妓女们起初穿戴整齐,之后便赤身裸体。晚餐后,上面放着点燃蜡烛的烛台被摆在地上,烛台间撒满了栗子。妓女们光着身子,一边用手和膝盖爬行,一边在烛台中拾栗子。教皇、切萨雷和妹妹卢克雷齐娅都在场观看。最后,将会给那些与妓女做爱最成功的男人发放奖品,奖品是丝制紧身上衣、鞋子、帽子和其他服饰等。这场表演在雷阿勒厅举行。那些参加者提到,实际上奖品是发给了那些做得次数最多的人。

另一件事件发生在 11 月,一个乡下人从维里达里亚城门进入罗马。当他们带着两匹驮着木材的母马到达圣彼得广场时,带着武器的宫殿侍卫将缰绳和马鞍去除,卸掉木材,想要让这两匹母马立即进入宫门内的庭院。四只公马随即被解开缰绳,卸掉马具,从教皇宫的马厩中放出,它们立即奔向母马。在母马面前,公马之间进行了激烈而嘈杂地争斗,它们踢打着、撕咬着,全力爬上母马。母马则被公马的马蹄伤得很重。教皇和卢克雷齐娅,在宫门之上的窗口看到了整个过程,大笑着,显得十分满意。

在 12 月 27 日离开住所之前,教皇召集枢机主教,表示他想要送一把荣誉之剑给费拉拉公爵的小儿子和卢克雷齐娅的丈夫阿方索·德·埃斯特。

---

① 约合 3000 英镑。
② 约合 40000 英镑。
③ 约合 1000 英镑。

费拉拉公爵阿方索一世
Alfonso I d'Este, Battista Dossi, c. 1534, Galleria Estense, Modena

第 17 章 卢克雷齐娅与阿方索·德·埃斯特的婚礼以及圣诞庆典

【195】然后,他穿上衣服,在那些主教面前表示,婚礼仪式应在罗马再次举行。皮科洛米尼枢机主教则坚持认为,婚姻是一种圣礼,因此仪式不能重复举行。① 午饭后,举行了一些传统的竞速比赛。犹太人参加了从副秘书长钟到圣彼得广场的比赛,一些老年人则参加了从博尔戈金字塔到圣彼得广场的比赛。然而在第一场犹太人比赛中获胜的人未获得奖励,因为有人说赛道不够规范或比赛不公平,但在第二天再次进行比赛时,这个人再次获胜,这次他获得了奖励。

第二天,12 月 29 日,在鲜花广场和圣彼得广场之间举行了一场野猪赛跑比赛。野猪们装备整齐后,人们骑在上面,用棍棒打它们,并用鼻环控制住野猪的头,通过方向的引导,防止它们进入旁边的小巷。同时也有为妓女举行的赛跑比赛。她们也从博尔戈金字塔跑到圣彼得广场。第二天的比赛是赛马,从鲜花广场到圣彼得广场。先后进行了由巴巴里马、西班牙马和普通骑兵马三种马匹参加的比赛。在这些比赛中存在着大量的暴力和不公平现象。曼图亚侯爵的马在巴巴里马参加的比赛中获得第一名,但并没有获得奖励,原因是没有人骑着马,因为这匹马早早地就把骑手甩掉了。因此,切萨雷的马得了奖。【196】切萨雷的另一个骑手也赢得了西班牙马参加的比赛,但却显得最不公平。因为他并没有和其他人一起从鲜花广场出发,而是当其他人正在逼近时,从毗邻副秘书长官邸的一处屋子里冲出后加入比赛,因此才领先其他人,并最终获奖。在小母马比赛中,切萨雷的一个马夫和他的马再次从圣天使桥穿出,阻碍了当时在赛道上领先的骑手,并将骑手碰倒在地。尽管如此,这位骑手骑的小母马还在继续向前奔跑,在部分得益于风的作用下,其前额触到了终点线上挂着作为获胜标志的衣物②,并最终被判定为比赛的冠军。

就在这个时刻,在圣彼得大教堂台阶上面的平台上,响起了各式各样

---

① 法律上的婚约当时已在费拉拉完成。不过重复举行仪式在法律上也是被允许的,因为这并不影响原始婚约。当然,从神学上而言,婚礼是不能重复举行的。正是这一点让皮科洛米尼担心。

② 与意大利的其他地方一样,在罗马传统的竞速比赛中,华丽丝质衣物的布片是比赛获胜的标志和奖品。这些布片被系在终点处的长矛上,为了表示赢得比赛,骑手必须是第一个碰到这些布片的人。在这种规定下,如果一个没有骑手的马也能够在比赛结束时第一个碰到奖品,那它也可以被判获胜。

卢克雷齐娅·博尔贾
Detail from St Catherine's Disputation, Pinturicchio, 1492—1494, Borgia Apartment, Apostolic Palace, Vatican City, Rome, Italy

的乐器声，喇叭声和吹奏声混杂着，甚是热闹。卢克雷齐娅夫人从靠近教堂附近的住所中走出来，身着金色锦缎长袍，装束风格颇具西班牙风味，在她的身后是一群小女孩。在卢克雷齐娅的左右两边是她丈夫的弟弟费迪南多·德·埃斯特和西吉斯蒙多·德·埃斯特大人。他们一行人走向教皇宫，同时后面跟着五十位衣着华丽的罗马美女以及卢克雷齐娅自己的侍女。他们一起登上高于皇宫门的保利纳厅（Sala Paolina）。教皇和13位枢机主教以及切萨雷·博尔贾正等在那里欢迎他们。不过，这时洛多维科·博尔贾枢机主教快速离开了，其他人则留在原地。在仪式中，阿德里亚主教做了布道和演讲。不过，宗座陛下一再催促他尽快完成。当主教演讲完后，一张桌子或长凳被摆放在教皇前方合适的位置上。【197】费迪南多大人代表他的哥哥，将卢克雷齐娅夫人带到宗座陛下面前，并以他哥哥的名义，送给她一枚金戒指和一颗宝石。这是我的同僚后来告诉我的，因为他比我更近距离地看到了当时的情况。阿方索大人的另一个弟弟枢机主教德·埃斯特这时将另外四枚贵重的戒指（分别由钻石，红宝石，绿宝石和绿松石制成），连同放在桌子上的一个小盒子一同呈上。小盒子已在主教的命令下被打开。接下来又奉上一顶帽子或者头部装饰物，镶嵌着14颗金刚石，以及很多红宝石和约150颗珍珠或雏菊；四个同样装饰有珠宝的项圈；八个设计各异的手镯；用更大珠宝做的头饰或坠饰；以及更多的设计不同的手镯（其中四个非常贵重）；四个大珍珠长项链；四个非常漂亮的用金刚石和

第 17 章　卢克雷齐娅与阿方索·德·埃斯特的婚礼以及圣诞庆典

珠宝制成的十字架，其中一个的形状像圣安德烈十字架，其他三个像基督十字架；最后还有一顶和第一顶帽子一样的帽子。所有物品价值约 8000 达克特①，并被作为礼物由德·埃斯特枢机主教送给新娘。他不无炫耀和彬彬有礼地请新娘不要嫌弃，并说当她成为费拉拉公爵夫人后，公爵还会很慷慨地送给她其他礼物。教皇之后回到相邻的保利纳厅，后面跟着卢克雷齐娅及其侍女和许多其他仍在皇宫的人。他们一直待到第二天凌晨 5 点。② 枢机主教和其他人则如愿地离开了教皇的派对。

当上述仪式举行时，一场演出紧接着各种竞赛在圣彼得广场上演。那里，一个木制的城堡和舞台被搭建起来，切萨雷大人的军队表演了攻占城堡的模拟战。第二个晚上，在教皇的寝宫内，上演了不少喜剧和芭蕾舞表演，当然也少不了唱歌。

【198】1 月 2 日星期日，圣彼得广场被用树干和木块封起来。从教皇宫看守室附近的角落到新喷泉，并穿过商店，都被封锁起来。在那个地方，上演了一场斗牛表演，总共有八头公牛和一头水牛在斗牛表演中死掉。但在这之后，当夜幕降临时，一头水牛和四头公牛仍然活着，它们被保留下来以供第二天娱乐之用。到时它们会以罗马特有的方式被屠宰，就如一场欢乐的盛宴。

在接下来的星期三，教皇在西斯廷礼拜堂参加晚祷。第二天 1 月 6 日，是主显节。枢机主教西波主持了大弥撒，但根据教皇的命令，因为卢克雷齐娅夫人的离开，将不进行布道。如我所知，在前一天晚上，宗座陛下给了作为其哥哥阿方索大人代表的费迪南多和西吉斯蒙多大人十万金达克特③，这些作为卢克雷齐娅夫人的嫁妆。教皇还收到了来自法国的消息，称法王路易十二以上述相同金额作为交换条件的情况下，重新给了阿斯卡尼奥枢机主教以自由。

在当天大约 1 点钟，卢克雷齐娅夫人离开了梵蒂冈宫，踏上了去费拉拉

---

① 约合 80000 英镑。
② 当天晚上的庆典远比布尔夏德描述的更奢华和多彩。在教皇宫教皇自己的寝宫内，教皇非常享受由卢克雷齐娅侍女表演的舞蹈，其中既有芭蕾，又有喜剧。
③ 约合 1000000 英镑。

的旅程。她一路沿着圣天使门之路，穿过那些通往波波洛城门的街道骑行离开罗马。但是由于下雪的缘故，她并未盛装打扮。在整个队伍里，盔甲卫士在卢克雷齐娅夫人的前方，他们之后跟着枢机主教弗朗切斯科·博尔贾。他最近被宗座陛下任命为教皇特使，一直要陪同卢克雷齐娅穿行整个罗马教廷的领地。在弗朗切斯科的左右，分别骑行的是费迪南多和西吉斯蒙多。后面才是卢克雷齐娅夫人、德·埃斯特枢机主教和切萨雷·博尔贾大人。此外，教皇也通过我的同僚，同时也是礼仪官做了指示，即每位枢机主教需要带两匹马或骡子加入送行队伍；其余超过二十位主教，同样需要带一匹马或骡子去护送卢克雷齐娅夫人到费拉拉。【199】而以此方式"借到"的动物都没有再被返还。

此外，据说宗座陛下已将费拉拉大斋节的开始日期推迟至大斋节的第一个星期日，因此当卢克雷齐娅夫人到达费拉拉后，人们可以合法地吃肉和庆祝节日了。

第18章

教皇出访皮翁比诺

>> 1502年1月—3月

【200】除了和费拉拉公爵结成新联盟，亚历山大六世还在继续强化和稳固其王朝统治，并培养切萨雷的野心。为此，他继续打击那些残留在教皇国内的贵族大家族。虽然科隆纳家族之前通过自愿向教廷的枢机主教和教皇投降的方式试图保住自己的财产，但是亚历山大之后还是以科隆纳家族在那不勒斯反对法国为借口宣布其为教廷的反叛者。1501年9月，教皇没收了他们的领地，也包括在萨韦利和加埃塔尼（Gaetani）的领地。在这两块领地上，建立了两块新的博尔贾家族的领地：为其幼子——朱莉娅·法尔内塞生的孩子乔瓦尼——建立的内皮公国，为卢克雷齐娅的儿子罗德里戈建立的塞尔莫内塔公国。

同时切萨雷的计划是希望在托斯卡纳拓展其权势。为了给他在佛罗伦萨和比萨扩张势力提供跳板，切萨雷加强了对1501年9月夺取的皮翁比诺的建设。新的防御工事在列奥纳多·达·芬奇的指挥下被建起，当时达·芬奇正好是切萨雷的工程顾问。为了视察这些工程，同时也为了更准确地了解他儿子的计划，教皇在1501年初秘密访问了皮翁比诺，为了保密，他弃用了自己平时所用的船员。

1月24日星期一举行了一次秘密的枢机主教会议,在会议上,枢机主教达·科斯塔和枢机主教德拉·罗韦雷的代理人(他对博洛尼亚教会享有永久管理权)以罗韦雷的名义一起辞职。宗座陛下在接受了辞职后,就将琴托(Cento)和皮耶韦-迪琴托(Pieve di Cento)这两座处于费拉拉公爵领地内的城堡从博洛尼亚主教辖区内分割出来,教皇将这两座城堡作为卢克雷齐娅夫人的嫁妆送给了费拉拉公爵。【201】之后,教皇指派法王财政大臣的儿子、枢机主教米兰的乔瓦尼·斯特凡诺·法拉利接管博洛尼亚主教区。在此次会议上,卢卡的主教费利诺·圣得罗也提出辞去彭纳(Penna)和阿德里亚教会的管理权,他的职位由枢机主教德·埃斯特的专职神父尼古拉·皮科洛米尼主教担任。同一天晚上,枢机主教弗朗切斯科·博尔贾在完成了护送卢克雷齐娅夫人至教皇领地边界的任务后返回到罗马,当时她正要前往费拉拉公爵那里。

第二天,也就是圣保罗皈依庆典日,教皇在上午沿着帕普利大道离开罗马,骑行前往弗拉斯卡蒂。陪伴他的是博尔贾家族的枢机主教弗朗斯西科·博尔贾、德·埃斯特、洛多维科·博尔贾,以及一些仆人和府兵。在弗拉斯卡

枢机主教德拉·罗韦雷纪念章
Giuliano della Rovere Medaglia, 1471

蒂，他们逮捕了 4 名居民，以酷刑威胁他们说出科隆纳家族的枪炮藏在哪里，由于害怕酷刑，这些俘虏说出了埋藏这些武器的地点。在挖出这些武器，并且安排将其运回到罗马后，教皇独自返回了罗马。

在同一星期星期五的晚上，威尼斯的乔瓦尼·洛伦齐大人的兄长被指控为以希腊文写信反对教皇和切萨雷·博尔贾先生，并且为威尼斯人将这些信件翻译成为拉丁文等罪名而遭到了逮捕。所有乔瓦尼大人的财产，包括他的书和书信，也同时遭到籍没。这一行为很快被通报给威尼斯执政团，威尼斯执政团命令其在罗马教廷的大使通报教皇，让其尽快释放乔瓦尼大人的兄长。在接下来的星期一，1 月 31 日，大使将信件递交给教皇，提出根据来自威尼斯的指示，此人应被释放；但是教皇回答说，他认为这件事情不应该引起威尼斯执政团进一步的关注。尽管他很想满足威尼斯执政团的要求，但是他遗憾地通知威尼斯执政团，教皇不会满足其请求。【202】在教皇返回罗马的前夜，这位被逮捕的兄长被定罪，他被绞死后，尸体扔进了台伯河。

在 2 月 10 日星期二早上，教皇在科森扎的枢机主教、洛多维科·博尔贾枢机主教以及切萨雷·博尔贾大人的陪伴下，骑行通过台伯河。当后两位陪同人员一起出去打猎时，教皇和枢机主教弗朗切斯科·博尔贾骑行到了罗卡迪帕帕，他们在星期五同时回到了罗马。在接下来的一周，教皇在星期二离开了罗马，去访问奇维塔韦基亚（Civitavecchia）和科尔内托，并且通过海路去皮翁比诺。教皇为此准备了六条三列桨帆船随其出行。所有平时使用的船员都没有随行，而驾驶船的是那些被以最牵强借口关进罗马监狱的犯人；另外一些则是通过暴力或诡计手段从酒馆与广场上拉来的；船工、渔民和木匠也都被强制征用。所有这些人，包括渔民在内都被送往三列桨帆船，并且通过暴力将他们强留在船上工作。随教皇出行的是六位枢机主教——帕拉维奇尼枢机主教、奥尔西尼枢机主教、圣塞韦里诺枢机主教、德·埃斯特枢机主教、洛多维科·博尔贾枢机主教、弗朗切斯科·博尔贾枢机主教，以及切萨雷·博尔贾大人。此外还有七位教长和教皇的家眷，共计大约 150 人。在出发之前，教皇命令费拉里枢机主教在每个星期天以宗座陛下的名义举行弥撒和布道，就好像他在罗马那样。事实情况也正如教皇所愿。

教皇出行的第一晚在帕罗度过，而切萨雷、洛多维科枢机主教和德·埃斯特枢机主教则在塞维泰利（Cervetri）过夜，其他教职人员则在帕利多罗（Palidoro）休整。第二天午饭过后，教皇前往塞维泰利，并且在那里过夜，教皇进入了城堡，而其他人则进入城镇中其他的住宅。第二天午饭后，他们所有人一同前往科尔内托，在那里教皇在主教宫同其他人一起娱乐。他们在科尔内托一直待到了星期日下午，这也是大斋节的第二个星期日，人们在宫殿大厅举行了盛大的弥撒仪式，教皇也参与其中。

【203】同一天，宗座陛下命令贝纳迪诺大人带着教皇的家眷尽快前往皮翁比诺，并给他们提供充足的路费。贝纳迪诺与大约120名骑士一起出发前往皮翁比诺，他们大约在星期四，即2月24日的晚祷时间抵达皮翁比诺。弗朗切斯科·博尔贾枢机主教及其30名随从比他稍早抵达。

教皇亚历山大六世将帕福斯主教
亚科波·佩萨罗引见给圣彼得
Jacopo Pesaro, Bishop of Paphos, being presented by Pope Alexander VI to Saint Peter, Tiziano Vecellio, 1506—1511, Koninklijk Museum voor Schone Kunsten, Antwerp

第 18 章 教皇出访皮翁比诺

与此同时，教皇同另外 5 名枢机主教在星期日的晚祷过后启程，他们大约在第二天晚上抵达了目的地。在接下来一周的星期五，所有的 6 名枢机主教以及切萨雷，协同教皇来到了厄尔巴岛，他们在那里度过了一天，并在第二天晚些时候回到了皮翁比诺。3 月 1 日星期二，教皇在派他的近百名护卫返回科尔内托后，教皇及其剩下的护从和枢机主教们的家眷一起上了大帆船，而切萨雷和他的侍从则在第二艘船上。他们希望乘船外出游玩，但是一场狂风扰乱了他们的兴致，使他们无法继续安全地向前航行。即使如此，他们还是不愿意返回皮翁比诺。因此他们一直在船上待到 3 月 4 日星期五。在破晓前，他们又调转船头前往埃尔科莱港。在埃尔科莱港，有一艘精致的英国小船停泊在那里。宗座陛下可以在海峡里看到这艘小船，但是他并没有意愿参观它，因此一晚上都是待在大帆船上。

尽管风高浪急，但是第二天前往科尔托内的船只还是试图让教皇能够观看到城镇。在午饭时间，切萨雷显得很忧虑，并且担心自己的安全问题，因此他爬上了一艘小船，进而上岸。他命令侍从前往科尔托内寻找马匹，当这些齐备之后，他骑行进入了城镇。【204】教皇所乘坐的船无法进入港口。由于狂风巨浪的作用，人们感到不舒服，同时也无法站稳，所以每一个人在甲板上都对自己的境况感到担忧。不过，在混乱中，只有宗座陛下一个人保持镇定。他沉稳地坐在船尾的座位上，坚定地注视着一切，显得无所畏惧；当海浪剧烈地拍打船身时，他只是一遍遍重复基督的名字，并且不停地在胸前画着十字架。他同时要求船员们准备晚餐，但船员们却恳求道，在狂风巨浪下没办法生火。最后，当海面变得稍微平静时，人们做了一些鱼给教皇吃了。晚上，教皇和所有陪同人员均平安抵达了埃尔科莱港。那天夜里他派人去科尔内托叫马车前来，马车则在第二天，即 3 月 6 日，大斋节的最后一个星期日，抵达了那里。在埃尔科莱堂区神父的主持下，宗座陛下和枢机主教在礼拜堂里听了弥撒。在返程的路上，他们大约在星期一的晚上 8 点抵达了科尔托内，并且第二天又在那里逗留了一天。他们在星期三离开了此地，第二天晚上夜宿奇维塔韦基亚，星期四晚上在帕罗休息，星期五则抵达了罗马。

宗座陛下通过维达利亚城门外的花园小径来到了梵蒂冈，正因为如此，他没有受到民众的迎接。通过可靠的关系，我了解到在皮翁比诺，教皇让一些漂亮的妇女和少女在其寓所门前的广场上跳舞，之后她们在城堡中待至深夜。和教皇一样，许多教皇的陪同人员，也是无论走到哪里，都一直沉醉在物质的享受中。①

---

① 布尔夏德再次在记述中有所保留；而通过其他人的描述，让我们了解到在这次远行中，教皇和枢机主教们为了在市镇和村庄中纵欲和追求享受，制造出了什么样的丑闻。

第19章

枢机主教摩德纳的费拉里之死及其葬礼

>> 1502 年 7 月

【205】亚历山大六世敛财和任人唯亲的名声在不断传播，同时盛传的还有他会向任何能为博尔贾家族利用的富人和官员下毒的可疑传闻。即使是在罗马城外，当一位名人病倒了，甚至死去时，下毒的流言很快便会四起。在文艺复兴时期的政治中，下毒是一门艺术，并且在这个毒药不能被严格检测出来的年代中，对任何神秘疾病或死亡的解释就是由所谓的中毒而导致的。

因此，在这种状况下，亚历山大六世获得了一个不公正的恶名。很多自然的疾病和死亡也被认为是他的阴谋，尤其是传言他不断地毒死富有的枢机主教，以便占有他们的财产；然而在他在位期间，只有费拉里、奥尔西尼和米希尔枢机主教可能死于中毒。这些枢机主教都是在亚历山大任职的最后一年去世，当时也正是切萨雷急需用钱的时候。毫无疑问，博尔贾家族每次都获得了不菲的财富，但即便如此，费拉里的死也不能被完全认为是教皇的诡计。作为审查官的费拉里枢机主教，以贪婪和悭吝而著称，在为教皇服务的同时也为自己积累起了大量财富。在他死后，教皇攫取了他的大部分财富，而将另外一些留给了费拉里的秘书平佐内，此人随后被以遵照博尔贾家族教皇的指示而毒死了他的主人的罪名在尤利乌斯二世时期遭到指控。【206】这样的罪名充满了争议,因为尤利乌斯二世利用一切可能的证据诋毁亚历山大六世和博尔贾家族。在对费拉里枢机主教致命病症的记录中,布尔夏德只是将这个过程描述为发烧,这在当时的罗马非常常见,但同时也很让人害怕。

7月20日星期三早上5点,摩德纳和卡普阿的枢机主教乔瓦尼·巴蒂斯塔·费拉里大人在教皇宫中去世,地点靠近圣彼得大教堂和主教自己的寓所附近。他在7月3日星期天得病,直到他去世为止,他都拒绝接受任何治疗,顽固地拒绝放血和注射疗法,也不服用任何糖浆、药丸或其他补药。相反,在他生病的第四天和第五天,他反常地吃了一顿晚餐,包括一块面包和最好

博尔贾家族饮酒
A Glass of Wine with Caesar Borgia, John Collier, 1893, Ipswich Museum and Art Gallery

博尔贾家族的毒药
The Poison of The Borgias, Federico Faruffini

的科西嘉葡萄酒；他先是用长柄勺吃了面包，之后喝的葡萄酒。他在7月10号星期天做了忏悔，第二天领了圣餐。在同一天，他的第一次高烧退去，但是随后的第二次高烧使得他的情况变得更加糟糕，直到星期六7月16日都没有得到缓解，而这时第一次高烧又再次降临。很多医术精湛的医生都守着他，但是无论他们说什么，都没人能够劝说主教吃药。直到7月17日星期天，主教才勉强同意服用只有规定剂量的1/8的药物，但在此时，这个剂量的药物对他不仅没有好处，反而加重了病情。他拒绝立遗嘱、选墓地和安排后事。在他死亡的那天早上，他开始发狂，抱怨某人在支付一次请愿书的过程中欺骗了他10个达克特①。两个在场的隐修士目睹了这一切，他们唤醒了枢机主教，指着十字架说道："最尊贵的大人，关注钱款不是您的任务；您现在要向着安全飞去，你应该要关心将自己从错误和欺诈中解救出来。"枢机主教亲吻了十字架，用右手触碰嘴唇以示献身。不久之后他便献出了自己的灵魂。愿他安息！

【207】同一天早上，教皇召开了一次秘密的枢机主教会议。会上，由于费拉里枢机主教之死而空缺的卡普阿教会被赏赐给德·德·埃斯特枢机主教，同时通过优先晋升的方式，任命弗朗切斯科·费拉里大人为摩德纳主教。作为费拉里枢机主教兄弟的弗朗切斯科是一位世俗的土地贵族，他一听说自己兄弟生病后，就在7月18日星期一抵达了罗马。他早先非常关注对他兄弟在罗马教产的掌控，这些教产是根据其他人的建议，在他兄弟成为枢机主

---

① 约合100英镑。

第19章　枢机主教摩德纳的费拉里之死及其葬礼

教前用他自己的钱购买的。① 但是现在他放弃了对故去兄弟财产的占有权。在枢机主教会议结束后，主教当选人立刻穿上了神职人员的衣服，但却让我们觉得看起来很奇怪。作为第一个应该祝贺他的人，我递给他我的手，他握住我的手，如果不是我不想让他亲到而收得快的话，他就会亲到了。

　　教皇安排我的同僚负责仪式，并且希望枢机主教葬礼的一切事宜都能顺利进行。停放费拉里枢机主教遗体的床被我安置在他寓所的前厅。他穿着崭新的紫色塔夫绸的主教法衣，遗体大约在1点钟被停放在床上，一直到6点钟，床的两侧各燃有6根细蜡烛。整个送葬过程中既没有任何枢机主教，也没有他们的家族成员，甚至没有隐修士。圣彼得大教堂的教士等在教堂的走廊下，而教堂的圣俸人员则将遗体从枢机主教的卧室内抬到坟墓处。走在他们前面的是30位持烛人。当遗体被停放在圣彼得大教堂中间时，人们按照传统方式在大教堂的中间进行祈祷。在那之后，遗体被抬到圣玛利亚·德拉·费布尔礼拜堂安葬。【208】在仪式中，我拿着一根蜡烛，以便与其他人的蜡烛一起，看清遗体最终被从棺材放到墓穴前的葬礼仪式。就在这个过程中，一位枢机主教的家人冲上前去企图拿走主教生前非法占有的原属于自己的两件物品：一个是这位仆人花了两卡林②从守财奴那里购买的一个戒指，另一个则是一副不值什么钱的旧手套，是他从教皇的圣器收藏室借来的。因此，主教在没有戴戒指或者手套的情况下就被安葬了。费拉里主教的棺材也有点窄，因此木匠们不得不跪在他身上才把他放进去。他下葬的地方紧邻墙或柱的外侧，位于圣玛利亚·德拉·费布尔礼拜堂祭台和加里斯都三世的坟墓之间。

　　在下葬后的许多天内，坟墓上没有任何标记，也没有像其他枢机主教那样摆放着蜡烛。最后，还是之前被付给50卡林抬遗体的一位圣彼得教堂的圣俸人员，在坟墓上摆放了一些蜡烛。但是有时坟墓并没有得到很好的守护，因此在这期间，枢机主教的仇家们在坟墓上刻了两个绞刑架。第一个绞

---

① 俗人领有一个教会在文艺复兴时期的天主教会中十分常见。这一所有权意味着这位世俗保护人可以自己提名神职人员管理教会，同时保持对教会的掌控。但在弗朗切斯科·费拉里大人的事例中显得特殊的地方是，教皇直接任命他为卡普阿教会的主教，而费拉里之前从未在卡普阿教会中担任过任何低级神职职务。
② 约合13先令。

刑架上还刻着一根绳子，下面还有一些字："上帝希望从你们手中获得祈祷，但是你们却回馈给他以账目。如果你不交出祈祷，那么你将会受到永久的惩罚。"① 因为枢机主教对待穷人们非常残酷，以及对每个人都很严苛，所以他遭到了人们的轻蔑和亵渎。与此同时，他更加关心圣俸和职位，并且通过出售这些东西来取悦教皇。因此，各类人都在写讽刺诗来辱骂主教。其中一个故事家喻户晓，据说是一位法国人在拉古萨主教的仆人房间中首先听到的。

【209】故事说，费拉里枢机主教来到天堂门前，敲门请求进入上帝之国。当圣彼得问是谁在敲门时，他回答道："是摩德纳的费拉里枢机主教。"于是，圣彼得告诉他，除非先付1000达克特，否则他不能进来。对此，主教反驳说他没有钱。于是，圣彼得说道："500达克特也可以"。但主教又回答道："我既没有1000达克特，也没有500达克特，我在尘世上过着穷人的生活，我所有的财富都被拿走了。教皇拿走了我所有的圣俸，我的钱、金银、贵重物品以及一切。我现在光着身子来到上帝面前，祈求他的怜悯。"圣彼得继续降低价格，从500达克特一直到减到1达克特。但是，当枢机主教继续固执地宣布他身无分文时，圣徒最后宣布："如果你连1达克特都没有，那就去魔鬼那里吧，在那里永远和他一起做穷光蛋吧。"由于圣彼得将他打入地狱，主教便开始继续敲门。当守门人问是谁在敲门，他回答说是摩德纳的枢机主教。之后守门人继续和他在进入地狱的价格上讨价还价。但当主教表示不愿意付出任何代价后，他最终被地狱守门人拒绝在外，并被放逐到一个地方，遭受永久孤独的折磨。

让我感到悲伤的是，费拉里枢机主教曾如此残忍地对待穷人，并且如此不在意自己的名声。但他平时对我很慷慨和亲切，因此我祈求万能的上帝能够宽恕他的灵魂。据说他留下了一笔财产，有30000双值达克特，价值10000达克特的其他硬币②，以及价值10000达克特的金银器物，还有很多服饰和其他贵重物品。对我而言，这就是个天文数字。

---

① 这首讽刺诗用了一个双关语，即账目（supplicationes）和惩罚（supplicium）。
② 分别约合600000英镑和100000英镑。

第20章

博尔贾家族的胜利

>> 1502年7月—1503年2月

【210】1502年春,切萨雷公然准备一场新的军事行动,建立他对靠近罗马涅南部地区的控制。他计划以辜负了教皇使命之名驱逐卡梅里诺的宗座代牧朱利奥·瓦拉诺。这样的计划令佛罗伦萨感到十分警觉和惊慌,他们不仅害怕切萨雷逐步控制意大利中部,而且还有切萨雷手下那些各怀目的的将领们,他们非常希望在博尔贾家族的政策中获得自身利益。佛罗伦萨刚从法国国王那里获得了对其安全保障的新承诺,因此,当切萨雷手下的两位将领——维泰洛佐和巴廖尼——私自在6月进攻佛罗伦萨共和国的边界时,路易十二强迫切萨雷召回了自己的属下。然而,博尔贾公爵并没有进一步惩罚维泰洛佐或巴廖尼,他仅仅注意到了这些将领对他的权威带来的威胁和不祥的征兆,并且确保这一事件并没有损害他和法国国王之间的紧密关系。切萨雷和领导他军队的佣兵队长之间的日益增长的猜忌,预示了这一年中后事的发展。当这些将领密谋推翻公爵时,切萨雷于圣诞节在塞尼加利亚发起了一场引人注目的最后反击。

与此同时,切萨雷在6月开始向卡梅里诺进军,但是在进军的路上他出人意料地改变了进军路线,转向北部,背信弃义地攻取了乌尔比诺。从战略上讲,乌尔比诺位于切萨雷攻占的罗马涅地区和南部的卡梅里诺地区之间，这威胁着博尔贾家族的安全。因此，切萨雷的行为非常合理，但同时也很自私，因为圭多巴尔多表面上还是教皇的盟友和朋友，他因逃亡曼图亚才免遭俘获。尽管博尔贾家族的行为对佛罗伦萨的威胁越来越大，但当时作为佛罗伦萨在切萨雷处新使节的马基雅维利，被这位博尔贾家族领袖的活力和意志所深深打动。【211】在乌尔比诺被稳固地置于统治之下后，切萨雷在7月继续实施原计划，进攻卡梅里诺。

切萨雷·博尔贾与马基雅维利
Cesare Borgia and Niccolò Macchiavelli, Federico Faruffini

7月23日星期六下午3点，切萨雷兵不血刃拿下卡梅里诺的消息传到教皇耳中。为了庆祝这个事件，在圣天使堡鸣响了礼炮。晚上，篝火也被点燃了，礼花被燃放，并且在圣彼得广场上举行了盛大的宴会。在之后星期天的晚上，卡皮托林山上的大钟响起，更大的烟火被点燃，一个比前一天晚上还要盛大的宴会和胜利仪式被举行。在切萨雷大人和卡梅里诺的统治者商谈一定期限的和平协定前不久，切萨雷得知停战期间他没有什么可害怕的，便迅速地拿下了这座城市。他俘获了卡梅里诺的统治者及其所有合法或非法出生的孩子，将他们变为阶下囚。

8月3日星期三，在枢机主教洛多维科·博尔贾以及一些其他人的陪伴下，切萨雷·博尔贾大人离开了罗马。当时，他扮作一个耶路撒冷的圣约翰骑士，戴着一个十字架。他们骑着运送邮件的马匹，前往费拉拉，在那里待到8月24日。之后，在他的妹婿阿方索·德·埃斯特大人，以及其他三位贵族的陪伴下离开了那里。随后的一天，他们在博尔戈·圣唐尼诺镇吃了饭，享受了一顿有鸡和乳鸽的丰盛晚宴。他们的这种行为震撼并侮辱了当地的居民。① 随后他们骑行前往米兰，同法国国王会合，因为他们相信在法王身边云集了乌尔比诺公爵②、乔瓦尼·斯福尔扎大人、曼图亚侯爵和所有意大利的领袖。

乌尔比诺公爵圭多巴尔多·达·蒙泰费尔特罗
Portrait of Guidobaldo da Montefeltro, Raffaello,
c. 1506, Uffizi Gallery, Florence

【212】随后，在 10 月的最后几天，一个针对切萨雷的由其军队将领和受到他攻击的人所发起的密谋形成了。卡洛·奥尔西尼和保罗·奥尔西尼，以及那些受枢机主教奥尔西尼领导的家族中的其他成员，还有卡斯泰洛城的维泰洛佐、佩鲁贾的乔瓦尼·保罗·巴廖尼、奥利韦罗托·达·费尔莫和锡耶纳的统治者潘多尔福·彼得鲁奇，在切萨雷在伊拉莫的时候③，都加入了这个联盟。他们聚在一起，组建了一支有 500 匹马和 2000 名步兵的军队。他们首先把乌尔比诺城，以及连同公爵领中的所有城镇、土地和要塞一起重新归还给了乌尔比诺公爵圭多巴尔多大人——他在 6 月被切萨雷赶出了这里。他们随后包围了伊莫拉，使得切萨雷从心底开始恐惧，

---

① 当地人似乎被那些以十字军面貌赶路人的放纵和无法无天的行为所震惊，因为切萨雷对作为一个十字军的应有行为一点儿也不在乎。当切萨雷出巡罗马或意大利时，为何会以十字军作为伪装，除了认为切萨雷会以此表现其戏剧感，以及尽力保持其行动的神秘感外，这一点并不好理解。在那些重要时刻，最尽责的人看起来知道切萨雷在哪里。但是他的伪装还是在杂乱且具有都市社会风情的罗马城中非常有用。
② 在被驱逐出自己统治的城市后，圭多巴尔多一度在寻求法国国王的帮助，之后他加入到佣兵队长反抗切萨雷的密谋中。
③ 切萨雷将伊莫拉作为他下次行动前再次集结军队的指挥所，他在那里等待法国的援军，谋划着怎样对付他的将领们。这些人很明显正在密谋反对他。

并同样使教皇感到害怕。教皇迅速向法国国王求援,同时派出使节,企图以和平的方式化解他、切萨雷与反对联盟之间的矛盾。所有挣扎在米兰公国的法国军队开往伊莫拉。同月,教皇主张的和谈也已展开,并以教皇的结论达成协议。不过,通过这种方式,教皇和他的儿子最终应该可以向奥尔西尼家族复仇,从而彻底摧毁他们。

奥尔西尼家族的崩溃实在是过于迅速。置所有人的不要相信教皇的忠告(据说还有来自孩子的)于不顾,奥尔西尼枢机主教过于轻率。他没有在11月同博尔贾家族签订协定后巩固自己及其家族的力量。他拒绝听取任何人的建议,经常谈话时带着微笑,就像从来没与教皇有过任何不同意见一样。【213】他幻想着能够从和谈中获益,并且利用和谈为己所用。宗座陛下非常乐于鼓励他这种幻想。这样他就更能完全欺骗奥尔西尼三教。他甚至宣布,没有奥尔西尼家族的支持,他甚至无法安坐在罗马城和教皇国内,而切萨雷也无法维持其统治。教皇同时提出,他愿意辞去职务来支持奥尔西尼枢机主教,而奥尔西尼枢机主教则庄严地盟誓说他们会继续保护切萨雷。教皇通过各种形式激起了枢机主教的各种希望,但自己却欺骗了他所有事情,并通过他来欺骗所有人。唯一的结果就是清除和摧毁所有这些人。与此同时,在签署了和平协定之后,奥尔西尼枢机主教就返回了罗马,并且从11月开始就待在那里。

在接下来的那个月,12月9日晚上7点,教皇得到了消息,乌尔比诺及其所有附属财产再次被切萨雷·博尔贾大人夺得。博尔贾与圭多巴尔多大人达成了一个令人满意的协定,借此,圭多巴尔多也可以带着财物安全地离开乌尔比诺。为了纪念这件事情,一次盛大的宴会在圣天使堡举行,同时礼炮齐鸣以示庆祝。

两周之后,塞尼加利亚以下列方式向切萨雷投降。乔万娜·达·蒙泰费尔特罗夫人,这位曾经塞尼加利亚的统治者,她相信除了逃跑,无法脱离切萨雷的统治。因此,她载着她的财富和两个驳船,以及年轻的儿子一起前往威尼斯。临走之际,她将城堡的钥匙放在一个银色的小盒中交给切萨雷。当切萨雷临近时,城堡的守卫指挥官安德烈亚·多里亚大人也向切萨雷投降了。

第 20 章　博尔贾家族的胜利

切萨雷·博尔贾
Profile portrait of Cesare Borgia in the Palazzo Venezia in Rome
Unknown Artist, c. 1500—1510

维泰洛佐·维泰利
Vitellozzo Vitelli, Luca Signorelli

第 20 章 博尔贾家族的胜利

1月2日，雨整整下了一天，到了晚上雨势更急。但是到了第二天，太阳直到中午都高悬空中，随后天气再次变得阴沉起来，尽管此时还没有下雨。【214】在前一晚上大约10点左右，教皇通知奥尔西尼枢机主教，塞尼加利亚的城堡被切萨雷攻陷了。第二天，主教骑行前往梵蒂冈恭贺宗座陛下，陪同他的正巧是罗马城的总督。在到达教皇宫后，主教下马，他的马都被牵到教皇的马厩之中。他自己走进帕帕加洛厅，但发现自己被全副武装的士兵包围了。在巨大的恐惧中，主教被押往位于诺纳塔监狱的卡里诺拉主教的寓所。在那里他遇到了教廷教廷高级书记奥尔西尼、亚科波·迪·圣克罗切和阿尔维亚诺修道院院长贝尔纳迪诺，他们都是以同样的方式被逮捕的。教皇秘书兼教堂圣器收藏室总管阿德里亚诺·卡斯泰利大人在前一天晚上读了教皇同切萨雷的通信，正是他们下令逮捕这些人的。

在早上的晚些时候，这位秘书被派往佛罗伦萨大主教里纳尔多·奥尔西尼处，逮捕了他并将其拘禁在梵蒂冈自己的寓所中。奥尔西尼枢机主教一被逮捕，总督和他的卫队就立刻前往位于乔达诺山（Monte Giordano）的奥尔西尼宅邸，将其围了起来。当在城中发生这些事情时，切萨雷在塞尼加利亚以大胆的计策逮捕了维泰洛佐·维泰利、保罗·奥尔西尼和其他将领。切萨雷假意邀请他们参加一个会议，当他们全部进入房间后，切萨雷躲到了另一个房间。米凯洛托和很多士兵立刻包围了他们，叫喊着他们成了囚犯。维泰洛佐掏出了一把匕首，并且成功击伤了一名企图扑倒他的士兵，但是最终他和其他人还是被制服了。

几个小时之后，维泰洛佐被绞死，保罗·奥尔西尼和其他人则被严密拘禁。保罗的儿子法比奥·奥尔西尼（Fabio Orsini）看到他父亲和其他人被捕后，小心而迅速地逃走了。

【215】1月4日星期三，亚科波·迪·圣克罗切大人向教皇承诺，无论任何时候、任何地点，只要教皇要求，他就会向他报到，并且将自己的财产置于教皇的管辖之下。一些公民们也为其提供了超过2000达克特的保释金，他在当天就被释放了，并在晚祷后回到了自己的家中。晚上，在教皇的指示下，总督来到佛罗伦萨大主教的家，在晚餐后用奥尔西尼枢机主教和佛罗伦

萨大主教的牲畜把所有枢机主教和大主教的物品运送到梵蒂冈教皇的住处，士兵们掠夺了很多财物。当天的天气很好，但是第二天1月5日早上，乌云遮蔽了太阳，之后天气变得越来越阴沉，终于在晚祷之后的一个小时开始下雨。当天夜里和第二天1月6日星期五的大部分时间都在下雨。1月6日早上，亚科波大人和教皇的儿子乔弗雷·博尔贾大人在士兵的陪同下前往蒙特罗通多，以宗座陛下的名义接管那一地区的财产，以及奥尔西尼家族的所有领地。教皇主持的晚祷依旧按时在西斯廷礼拜堂进行，但是教皇并没出席，而是由圣乔治枢机主教代替教皇。在仪式结束时，所有的枢机主教会见了教皇，希望教皇照顾好奥尔西尼枢机主教。宗座陛下则向他们回答道，维泰洛佐、奥尔西尼家族、乔瓦尼·保罗·巴廖尼、潘多尔福·彼得鲁奇等人企图谋害切萨雷·博尔贾大人，而现在自己正找他们复仇。因此枢机主教们无话可说。在同一天，佩鲁贾被置于教皇的控制之下，不过其统治者却逃跑了。

午饭过后，总督来到切塞纳主教的家，尽管他身体非常虚弱，但还是遭到了逮捕，并被送到圣天使堡。之后总督骑行前往梵蒂冈，来到教廷的另一个教廷高级书记维泰博的安德烈亚·德·斯皮里蒂大人的房中，逮捕了他，并将其送到城堡。意识到自己被逮捕后，斯皮里蒂将他书房和金库的钥匙扔进了他房前的运河中，但是我并不知道原因。【216】在接下来的星期六，总督将切塞纳主教和斯皮里蒂的所有财产都送到梵蒂冈宫以及其他地方。据说在斯皮里蒂的房中找到的财产非常少。

1月18日星期三，在塞尼加利亚遭到逮捕和严密看管的保罗·奥尔西尼等人，被切萨雷下令绞死在锡耶纳的皮耶韦城（Città di Pieve）。接下来的星期一整个罗马都传遍了切萨雷已经拿下丘西（Chiusi）、皮恩扎（Pienza）市，以及萨尔泰阿诺（Sarteano）、皮耶韦城和圣奎瑞卡（Santa Quirica）等城镇的谣言。在圣奎瑞卡，据说只发现了两个老头和九个老妇。切萨雷的士兵们通过她们的胳膊将老妇们吊起，在她们脚下点起火，企图通过这种折磨迫使她们交代自己的财产藏在哪里，但这些老妇们或是真的不知，又或是不愿告诉他们财产在哪儿，最后都死于这种折磨之下。切萨雷的士兵们洗劫了整个房子，他们拆掉了房顶和房梁，打破门和金柜，劈开酒桶将酒倒在地上，最后将所有东西付之一炬。在这些士兵所到之处，他们强奸了所有他们发现的女人，甚至在阿夸彭登泰、蒙特菲亚斯科内（Montefiascone）和维泰博等较大的地方也是如此。

在1月31日星期二，锡耶纳的统治者潘多尔福·彼得鲁奇逃到了卢卡的谣言传遍了整个罗马。谣言还称切萨雷正在返回罗马的路上。在接下来2月初的一些天，安东尼奥·德·皮斯托里奥和他的同僚被拒绝接见奥尔西尼枢机主教，他们已习惯于每天将主教母亲送来的食饮带给主教。据说发生这种变化的原因是由于教皇想要从枢机主教那里获得由其亲戚留给他的2000达克特，以及主教从维尔吉利奥·奥尔西尼及其子嗣那里以相似价格购买的一颗珍珠。明白了事情原委之后，枢机主教的母亲给了教皇2000达克特来帮助她的儿子；拥有那颗珍珠的枢机主教的情人打扮成男人，晋见了教皇，并交出了珍珠。【217】当这些事情正在进行时，宗座陛下命令另两个人要像以往一样给枢机主教送食饮。据说在此期间，主教喝了教皇命令特别准备的东西。

2月13日星期一，报告称乔瓦尼·乔达诺·奥尔西尼已经向教皇投降，交出了领地，因此宗座陛下和切萨雷可以任意处置他。同时谣言称，锡耶纳的彼得鲁奇和佩鲁贾的巴廖尼也在佛罗伦萨共和国被捕。在接下来的星期四，教皇从圣天使堡派出一个炮队加入到切萨雷对布拉恰诺要塞的进攻中。一些奥尔西尼的支持者们聚集在那里，准备和切萨雷做最后的抗争。在2月20日星期一召开的一次秘密枢机主教会议上，宗座陛下向枢机主教们宣布，奥尔西尼家族正在密谋潜入罗马，企图夺取教皇的御座以及他们的家。教皇进而警告主教们，要加强戒备，照顾好自己的家。教皇还抱怨了切萨雷，尽管他是教廷军队的统帅，但却违背教皇的命令，没有给布拉恰诺和其他奥尔西尼的据点施压并夺取它们；相反，他却听取了法国国王的意见。① 宗座陛下重申，他的目的就是夺取布拉恰诺和其他奥尔西尼家族的防御要塞。教皇还

---

① 亚历山大和切萨雷在行事策略和秉性方面的差异已经出现有一段时间了，但却在此时极度激怒了教皇。教皇的首要目的是彻底制服奥尔西尼家族，所以对切萨雷利用他的权势进行外交活动的企图很恼火，因为相比彻底制服奥尔西尼家族，切萨雷更愿意修改他的计划，获得法国的好感。

说到，奥尔西尼枢机主教提出用 2500 达克特换取自由，而他的回复是，让主教保持良好的精神和保重身体。教皇告诉主教，只要他身体一恢复健康，其他的所有事情都将得到解决。【218】所有可以为主教恢复健康提供最好照料的医生都被派来了。

两天后，也就是 2 月 22 日星期三，奥尔西尼主教在圣天使堡中去世。① 但愿他的灵魂得到安息！阿门！教皇命令我的同僚贝尔纳迪诺·古特利操办主教的葬礼，由于我不愿意知道更多的细节，我并没有参与这个仪式或以其他形式加入其中。

---

① 在他最后的日子里，奥尔西尼枢机主教是真的病了，但也被教皇将要对他做的事情所吓到。亚历山大很可能已经囚禁了他。人们在这时都很怀疑他的死，但布尔夏德对主教的死的评价清楚地暗示了他自己在此事上的态度。

第21章

亚历山大六世的染病与去世

>> 1503年8月

【219】1503年4月,针对奥尔西尼家族的行动终于尘埃落定,博尔贾家族几乎占据了其全部领地。但也正是在这个时候,以及接下来数月间,教皇政策的目的和方向变得有点不甚明晰。亚历山大与切萨雷的意见存在着冲突,一部分是源于两人脾性相去甚远且教皇恼怒儿子的独立、主动和大胆行动,另一部分则是由于法国和西班牙为争夺那不勒斯的战争所导致。1502年在意大利南部的战斗奏响之际宣告法国和西班牙昔日的同盟已然瓦解。直至1503年春,似乎法国会将孔萨尔沃和他的军队从半岛驱除。但两个月内,费迪南从西班牙派来了压倒性的增援,形势发生了戏剧性转变,法国在那不勒斯的优势荡然无存。在这一跌宕起伏的过程中,甚至当西班牙在那不勒斯获胜时,切萨雷一直坚定地支持法王路易十二。因为他断定他的未来在于巩固自己的王国——罗马涅,而法国作为邻居则会牢固地占据意大利北部,他们是最好的盟友而非敌人。尽管亚历山大教皇曾听从切萨雷寻求与法国结盟,但他仍是一个传统的西班牙人,忠于西班牙,因此他逐渐转向支持费迪南。虽然亚历山大继续为筹集切萨雷军事征服所需的金钱殚精竭虑,或卖官鬻爵、出卖正义,或毒害枢机主教米希尔侵夺其财产,但更重要的是他在1503年5月增

补枢机主教时，晋升了五名西班牙人成为新的枢机主教（当时一共只有九位）。

这就是1503年夏的政治形势。博尔贾家族在等待形势的变化以便做更深远的谋划。【220】不过，亚历山大的染病与去世骤然打破了这种状态，同时也引发各种猜测。因为教皇和切萨雷在新近任命的枢机主教阿德里亚诺·卡斯泰利家享用晚餐后都病倒了，枢机主教自己也不舒服了一些天，因此他们中毒的谣言四起。据说在这起事件中，博尔贾家族误伤了自己，而这些毒药本来是晚餐时博尔贾家族为他人准备的。布尔夏德的日记中并未记载亚历山大绝症发作前的状况，或许是有意省略。由于几乎所有在罗马的枢机都缺席了教皇的葬礼，对被谋害的恐惧似乎在蔓延。但是，实际发生之事也易合理解释。整个夏天罗马都处在非常不健康的环境中。教皇也已经70多岁。他的侄子枢机主教乔瓦尼·博尔贾在其病倒前几天因发烧猝死。从参加枢机主教阿德里亚诺的宴会到教皇发病前的一个星期，教皇并未感到不适。布尔夏德对最后病情的详细记载符合令城市感到熟悉又恐惧的热病之症状。此外，各方对亚历山大去世的反应无可厚非，整个罗马在欢心鹊舞的同时观望后来之势，毕竟病入膏肓的切萨雷仍实权在握。此情形表明，教皇的死亡将会带来混乱，直到出现掌控形势之人。

8月12日星期六早晨，教皇感到不适，下午3点开始发烧。三天后从他身上抽取了14盎司血液。与此同时，第三次发烧开始了。8月17日早些时候他吃了一些药，但随后病情加剧。在第二天早晨6点，教皇向卡里诺拉主教彼得罗·甘博阿忏悔，他主持了由宗座陛下参加的弥撒，主教完成圣餐仪式后将圣饼给了坐在床上的教皇并结束了弥撒。出席仪式的还有五位枢机主教：塞拉、弗朗切斯科·博尔贾、乔瓦尼·卡斯特拉尔、卡萨诺瓦和宗座陛下告诉他自己生病了的君士坦丁堡的洛里斯[①]。【221】晚祷时分，卡里诺拉主教为教皇实施了临终涂油礼。审查官、主教们和待命的随

[①] 乔瓦尼·卡斯特拉尔、亚科波·卡萨诺瓦和弗朗切斯科·洛里斯是1503年5月底教皇任命的九位枢机主教中五位西班牙籍枢机主教中的三个。卡斯特拉尔和洛里斯是教皇的亲戚。

员一起见证了他的死亡。

这时染病的切萨雷指示米凯洛托带领大批随从关闭了所有通往教皇房间的门。其中一人掏出匕首威胁枢机主教卡萨诺瓦，称如若他不交出教皇宝库的钥匙就割断他的喉咙并将其扔出窗外。受到惊吓的枢机主教交出钥匙，而其他人则一起进到教皇卧室隔壁的房间，抢占所有可见的银器及装有 100000 达克特的两个金柜。下午 4 点钟，人们打开房门宣布教皇死亡。与此同时，男仆们将衣橱、房间所留的值钱之物哄抢一空，仅遗留下教皇的椅子、一些垫子和墙上的挂毯。无论在整个教皇生病期间，还是在他死后，切萨雷从未来看过他的父亲，而宗座陛下也不曾稍稍提及切萨雷和卢克雷齐娅。①

西班牙国王"天主教徒"费迪南
Ferdinand the Catholic, Michael Sittow,
Kunsthistorisches Museum

我的同僚在下午早些时间来到梵蒂冈宫，在身份经过验证后被传召和允许进入宫殿。他发现教皇已经死亡，在遗体被圣器收藏室总管兼教皇男仆巴尔达萨雷·尼科莱清洗前，他竭尽所能做了自己能做的事。教皇被换上日常穿的长袍，并披上了一件生前从未穿过的无裙裾的白色法衣。【222】随后他被安置在他死去寓所的前厅，放在一张床上，上面盖着丝质深红布料和精美挂毯碎片。4 点过后不久，我的同僚派人叫我。当我到达时，我意识到罗马城中还没有一个枢机主教被告知详情。当我快到宫殿时，突然有消息传了出来，但却没有什么效果，因为没有一个枢机主教现身，同时他

---

① 亚历山大和切萨雷之间的分歧愈发激烈，而卢克雷齐娅总是支持其兄长。

玫瑰的盛宴（教皇给皇帝加冕）
The Feast of the Rosary (Rosenkranzfest)
Albrecht Dürer, 1506, National Gallery, Prague, Czech

们此刻也没有在别处碰面。因此，我提醒卡拉法枢机主教需采取措施以防暴乱，因此5点后他指示秘书告知所有枢机主教于次日清晨在神庙遗址圣母堂集合。于是，会议的准备工作在圣母堂的圣器收藏室展开，4张长台被放置成一个正方形。

我检视教皇的遗体后给他穿上一件红色锦缎的法衣，一件短式丝质衬衣，十字褡和便鞋。由于他的鞋子没有十字装饰，我用一双他工作时经常穿的便鞋代替了它。它是一双带有金色十字装饰的深红色天鹅绒鞋子，我将鞋面上的两条带子系在教皇的脚上。教皇的戒指不见了,我也无法找到代替物戴在这位死去之人的手指上。完成这些准备事宜后,我们抬着遗体穿过宗座厅和小点的萨隆蒂纳(Salotinna)厅两个房间,来到帕帕加洛厅。我们用一个五英尺长饰有深红布料和小块精美花毯的桌面压盖棺木。在遗体所放处,还有四块软垫,其中三个是织锦缎,一块是破旧的深红色天鹅绒,我将它们合适地安放在教皇的肩膀和头部下面,最后用一件旧花毯覆盖遗体。在帕帕加洛厅,尽管之前有告解神父被召集起来为死者吟诵祷文,但这天夜里却只有遗体独自在此,仅见两支烛火在跳动。我在八个宫廷侍卫的陪同下于晚上 8 点钟回到城中。我以副秘书长之职命令沉浸在失职之痛的信使乔瓦尼·卡罗利与其同僚告知罗马的所有教士、世俗僧人和修士,他们须在次日清晨 5 点于教皇宫前集合参加从西斯廷礼拜堂至圣彼得教堂的葬礼游行。【223】同时为参加教皇葬礼的人准备了两百支蜡烛。

第二天,我将棺木送到帕帕加洛厅并安置妥当。四名告解神父被召集起来为死者吟诵祷文。他们坐在木质窗前,手放在教皇的床上。床被穷人扶着,他们在旁边站着并看着遗体。① 我在棺木里放了一张折叠的褥垫,然后又用一面全新亮紫色锦缎棺罩覆盖其上,其中织有两种带有教皇纹章的崭新图样。这时,我们把教皇的遗体放在上面,同时又在教皇身下垫了三个软垫,并用一张旧花毯盖在身上。教皇被安放在西斯廷礼拜堂,到处都是四面八方赶来的修士、圣彼得教堂的教士和背负十字架的诵经员。人们抬着教皇从西斯廷径直走向圣彼得大教堂的中央。人们列队走出宫殿,穿过枢机主教们骑行进入的庭院,接下来由正门进入广场,越过对面的喷泉和商店,然后登上台阶进入大教堂。十字架抬在最前面,后面跟着圣奥诺弗里奥会(Sant' Onofrio)和圣米尼米(San Minimi)会修士、方济各会修士,奥古斯丁会修士(Augustinians)和加尔默罗会(Carmelites)修士。队伍剩下的部分仅有 3 个多明我会修士、圣彼得教堂的教士、佩戴圣带和穿着法衣的城市教士管家和其他一些神父。一共点燃了 140 支蜡烛,大部分由

---

① 让隶属于圣彼得大教堂的穷人参加葬礼,并得到一小笔报酬是一个常见的传统。

圣玛利亚·德拉·费布尔礼拜堂
Church of Santa Maria della Febbre, Rome, Pieter Jansz. Saenredam, 1629, National Gallery of Art

圣彼得教堂的教士和领圣俸者手持。走在棺材前面的教皇的男仆和随从也手持一些蜡烛。普通人与领圣俸的教士杂乱地走在棺木周围，棺木则由之前在西斯廷礼拜堂里站在棺木旁边的穷人抬着，而另有六个圣彼得教堂的教士一起手扶棺木。

【224】当队伍在圣彼得大教堂里停下后，棺木被置于教堂的里端。教士们无法从"求你不要审问"开始仪式，因此他们从"拯救我，主啊"开始。但当他们唱诵时，一些宫廷守卫夺走了蜡烛。当士兵使用武器时，教士们为了保护他们自己，只能停止唱诵，并逃进了圣器储藏室。无人顾及教皇的棺身。在其他三人的帮助下，我扶住了棺木，将其移到主祭台和教皇座位中间，这样教皇的头部可以靠近祭台。我们在唱诗班用的圣坛后面合上了棺木。然而，塞萨主教担心平民是否可能爬上棺身，从而引发丑闻或之前被教皇冤枉的人回来复仇，因此，他又让人将棺木挪到西斯廷礼拜堂台阶中间的入口处。教皇的脚距离铁门很近，其他人可以通过门前护栏触摸

到它。在铁门牢牢关闭的情况下,教皇的遗体在那里停放一天。①

与此同时,16 位枢机主教在清晨 5 点左右聚集在神庙遗址圣母堂。他们委任拉古萨大主教乔瓦尼·萨基大人为罗马的总督,并委派了 200 名士兵护卫左右。他们还委任萨莱诺大主教(Archbishop of Salerno)维拉枢机主教为教廷财务总管,并派护卫守卫罗马城的每一扇大门。②

【225】在他们的见证下,枢机主教们让印章署的秘书毁掉了亚历山大的印章,并命令其中一位执事——枢机主教卡萨诺瓦——负责移交渔夫戒指*。两位枢机主教帕拉维奇尼和弗朗切斯科·博尔贾被委派秘密制作一份教皇财产清单。会议最终于上午 11 点结束。用餐后,枢机主教们在教士的帮助下清点了属于教皇的贵重品和动产。清单上有一个头冠、两个珍贵的三重冕、教皇做弥撒所戴的所有戒指、装满八箱的用于庆典的祭器。在所有的东西里,还有在连着教皇卧室的房间壁龛中藏着的连米凯洛托也一无所知的金器,以及一个厚布包裹的柏木箱子,里面装满珍稀宝石、戒指,价值达 25000 达克特。他们还发现了不少文件,枢机主教们的誓词,那不勒斯国王的授职诏书与其他大量训令。

与此同时,如我前述,教皇的遗体在主祭台的围栏中停留了很长时间。在那期间,旁边的四支蜡烛泪干成灰,教皇的外观逐渐变黑变臭。当天下午 4 点钟过后,我又看了一眼尸首,教皇的脸呈现桑葚色或黑布色,布满了蓝黑斑点;鼻子肿胀起来,膨胀的嘴巴中充满两倍大的舌头,嘴唇仿佛可吞噬万物;那是人们见过或听过最为恐怖的面容。下午 5 点钟后,教皇的遗体被运至圣玛利亚·德拉·费布尔礼拜堂。棺木被安放在祭台角落的

---

① 教皇死后罗马立即陷入混乱。从布尔夏德对进入圣彼得大教堂的葬礼游行的描述可知当局政权已然崩塌。从当时人对教皇的广泛敌意中,布尔夏德担心人们将会对亚历山大的尸体做出什么举动,这点很好理解。但是,为什么宫廷守卫会攻击教士,除了意在抢夺财产外,我们知之甚少。

② 教皇死后,枢机主教团重掌大权。这一时期教廷财务总管拥有持久至上的权力。城市原总督府的权力自动终止,总督必须重新得到认可或委任一名新总督。总管也需重选,因为正好担任此职的拉斐尔·里亚里奥没有出现在罗马。

* 从 13 世纪开始,教皇的戒指便刻有圣伯多禄在船上撒网捕鱼的图案与教皇的拉丁名号,这个戒指一般称作渔夫戒指,它也用作印鉴和信物。每任教皇去世后,渔夫戒指要在众枢机主教面前由教廷财务总管敲碎。——译者注

博尔贾家族的两位教皇（加里斯都三世和亚历山大六世）之墓
Tomba dei papi Borgia, Callisto III e Alessandro VI, Roma, S. Maria in Monserrato

墙边。六个劳力或搬运工,还有两个熟练的木匠接下了这个任务,并开着侮辱教皇或其尸体的玩笑。【226】木匠打造的棺材窄而短小,只能将法冠放在教皇的身边。他们用一张旧毯子卷起尸身,并在自己拳头的击打下将教皇推进棺材。至此,教皇的身旁不再有蜡烛或光,也不再有教士或其他任何人驻留。

第22章

尾声

【227】博尔贾家族对教权的称霸在亚历山大六世突然去世后土崩瓦解，这一事实清楚揭示了博尔贾家族的崛起在多大程度上是依赖于教皇特权和教皇个人对罗马的关键性掌控。不过单单这一点，并不足以解释之后所有的事情。教皇的离世已在博尔贾家族计划的意料之中，这些计划的重心在于保持切萨雷的地位和权力：巩固其领地罗马涅，保住教廷军队统帅之位，操纵西班牙籍枢机主教们推选一个受其控制的新教皇，等等。在亚历山大最后的几个月时光中，博尔贾家族甚至讨论过让切萨雷继任下任教皇，直接保证博尔贾王朝在教皇政府中权力的延续。但是，切萨雷自己在其父亲去世期间染上重病从根本上改变了这一形势。他后来承认这是不曾预料之事。尽管切萨雷逐渐完全恢复健康，但在关键时刻无法掌控事情的发展仍然导致了他和博尔贾家族权力的终结。他富有，有一支受过训练的军队，也是罗马最具权势的人，然而在亚历山大死后他因病情太重而无法立刻控制罗马，只能口授命令。因此，作为一个整体的枢机主教们可以恢复其统治，而博尔贾家族的敌人则在罗马甚至切萨雷的所有领地占据优势。流放的奥尔西尼和科隆纳家族的幸存者涌进罗马，拉帮追捕和杀害博尔贾的支持者。同

时一些贵族也被市民们重新迎回自己先前统治的城市，包括瓦拉诺返回卡梅里诺，圭多巴尔多返回乌尔比诺，乔瓦尼·斯福尔扎返回佩萨罗等。只有罗马涅的北部地区仍效忠切萨雷。被放逐的枢机主教们德拉·罗韦雷和阿斯卡尼奥一路无阻地回到教皇选举会议。法国和西班牙的部队在罗马城外虎视眈眈，随时准备干涉。

【228】如此情形下，切萨雷为了保住教廷军队统帅之职，发誓忠于枢机主教团，并同意在教皇选举会议选举出新教皇前离开罗马并逗留在罗马城之外。他是在病榻上，并在枢机主教团的"保护"下狼狈地离开了罗马，

瓦诺莎·卡塔内（据信）
Portrait of a Woman (possibly Vannozza Cattanei), Innocenzo Francucci da Imola, 16th century, Galleria Borghese, Rome

转向法国军队寻求庇护。教皇选举会议里有很多矛盾，却一致认同绝不能再推选另一位西班牙籍教皇。会议暂时达成妥协，推举皮科洛米尼为新教皇，即庇护三世。不过，当年9月时，他已是将死之人，因此，新教皇仅仅在位不足一月。在庇护三世在位期间，切萨雷被允许返回罗马城，但在民众潮涌般的谴责声中变成了住在圣天使堡中的"囚犯"，不得不同意帮助德拉·罗韦雷在11月1日当选为新教皇，即尤利乌斯二世。新教皇目标明确，不仅厚颜贿赂登上教皇之位，而且还用心险恶地一心要打垮博尔贾家族的势力，与此同时打算巩固由之前切萨雷建立起的教皇权威。因此，尤利乌斯二世对切萨雷虚与委蛇，承诺如果切萨雷和西班牙枢机们支持他当选，便可保住教廷军队统帅的头衔，并可得到授权出城平息教皇国的叛乱。但在一个合适的时机，在切萨雷尚未集结任何军队之前，教皇便逮捕了切萨雷，将其押送回

教皇庇护三世的加冕礼
The Coronation of Pope Pius III, Piccolomini, 1509, Duomo, Siena

罗马，一直监禁至1504年早期。慑于切萨雷在意大利半岛持续增长的在西班牙人中的威望和影响力，尤利乌斯二世被迫与切萨雷达成部分和解，将切萨雷释放，让他去找那不勒斯的孔萨尔沃。但这并不意味着博尔贾家族时来运转，恢复了权势。西班牙国王费迪南，思忖如果让切萨雷在意大利获得自由活动的权利，将是件太过危险的事情，因此将切萨雷带回西班牙监禁。切萨雷在那儿密谋夺回权力。虽然他与王室有着联系，但他却被西班牙和法国的君主所漠视。他在1505年逃出监狱，这曾引起不少风波，但是他所能做的就是逃到他内弟纳瓦尔国王那里。并在1507年死于当地的一场小战斗中。

切萨雷死后，有人击掌，有人叹息。他的形象镌刻在马基雅维利写作的《君主论》中，作者描述其是统一意大利之理想的文艺复兴君主。【229】卢克雷齐娅在1501末与阿方索·德·埃斯特结婚后便远离了罗马的舞台。1505年她在费拉拉成为公爵夫人，开始新的生活，直至1519年去世。在此期间，她获得了与早年作为亚历山大之女时截然不同的声誉，此时的她亲切、聪明，富有公益精神。在费拉拉充斥的丑闻与悲剧（包括卢克雷齐娅引发的别人的爱慕）和1508年诗人斯特罗奇神秘被杀引发的关于博尔贾家族恶名的谣言，并没有太多让卢克雷齐娅和德·埃斯特兄弟们卷入其中。卢克雷齐娅作为公

第 22 章 尾声

教皇尤利乌斯二世
Pope Julius II, Raffaello, 1511—1512, National Gallery, London

博尔贾离开梵蒂冈
Cesare Borgia leaving the Vatican,
Giuseppe Lorenzo Gatteri, 1877

爵夫人所做的一切赢得了人们的真心尊敬，而非鄙视。她与阿方索组建的家庭构成了德·埃斯特王朝的一个组成部分。她去世时在费拉拉和教廷都获得了极大的尊重。

博尔贾家族的其他成员很快淡出了公众视线，大部分人没有遭到尤利乌斯二世的报复。年轻的第二任比谢列公爵罗德里戈·博尔贾由那不勒斯亲戚抚养，还未成年就于1512年去世。乔弗雷在妻子桑奇娅死后于1506年再婚，并建立了斯奎拉切亲王王朝，这一支籍籍无名地生活至18世纪才消亡。瓦诺莎在最后一任丈夫卡洛·迪·卡纳莱死后

卢克雷齐娅将她的儿子埃尔莱科（二世）介绍给费拉拉的保护神
Lucrezia presenting her son and heir Ercole to protector of Ferrara San Maurelio, Giannantonio da Foligno, 1512, Sarah Bradford: *Lucrezia Borgia*, Penguin, 2005

第22章 尾声

切萨雷·博尔贾与马基雅维利
Borgia e Machiavelli / Cesare Borgia che ascolta Machiavelli, Federico Faruffini, 1864, Musei Civici di Pavia

仍居留罗马,她不断地将财产献于宗教和慈善事业,是一位富有和受人尊敬的知名夫人,最终卒于1518年。胡安大人,第二任甘迪亚公爵,孕育出了最出人意料的后裔。他的孙子弗朗切斯科·博尔贾,为了成为一名耶稣会士,放弃了一个16世纪的西班牙大公的权力和头衔,成为耶稣会第三任总会长直至去世,最后被罗马教会册封为"圣徒"。随着时光的流逝,博尔贾家族已与欧洲许多贵族家族融合,而亚历山大的梦想也已销声殒逝。但在文艺复兴的教皇中,他的家族的名字比任何一个其他家族更能代表那些最腐败、最物质和最自私的东西。

附录 1

记述瓦伦蒂诺公爵残杀其敌人的方式[①]

>> 马基雅维利 | 著 　徐卫翔 | 译

"记述瓦伦蒂诺公爵在塞尼加利亚残杀维泰洛佐、奥利韦罗托·达·费尔莫、帕戈罗大人以及格拉维纳公爵奥尔西尼的方式"（Il modo che tenne il duca Valentino per ammazzar Vitellozzo, Oliverotto da Fermo, il signor Pagolo e il duca di Gravina Orsini in senigaglla），创作于1514—1517年之间。

1501年5月教皇亚历山大六世册封他的私生子切萨雷·博尔贾为罗马涅公爵（此前他曾被法国国王授予瓦伦蒂诺公爵称号），他迅速占领了罗马涅的许多城市。1502年6月博尔贾占领了乌尔比诺公国，而阿雷佐等基亚纳谷地城镇在博尔贾手下的怂恿下反抗佛罗伦萨的控制，这对佛罗伦萨的安全形势构成了严重威胁。但博尔贾势力的迅速坐大，引起了法国的警惕和他手下那些雇佣军头领的不安。正是在这个时候，马基雅维利受命出使博尔贾，从1502年10月到1503年1月他一直都待在公爵身边，密切关注他的行动。同时，博尔贾手下的头领们也付诸行动，联合一些受到威胁的领主，在马焦内集会密谋反对博尔贾。这篇文献就是记叙博尔贾是如何挫败他们的。

[①] 译文采自徐卫翔译《马基雅维利全集：政务与外交著作》政治论文部分，个别概念的译法有调整。

附录1　记述瓦伦蒂诺公爵残杀其敌人的方式

瓦伦蒂诺公爵自伦巴第返回，他是去那里向法兰西的路易（十二）国王澄清佛罗伦萨人加到他头上的有关阿雷佐以及基亚纳谷地其他地方反叛之传言的。他来到了伊莫拉，打算在此地让他的人马驻扎，并且准备对付博洛尼亚僭主乔瓦尼·本蒂沃利奥大人，因为他想把那座城市置于他的掌控之下，并使之成为他的罗马涅公国的首府。这件事被维泰利家族和奥尔西尼家族以及他们的追随者们知悉，他们觉得公爵变得太强大了，担心一旦博洛尼亚被拿下，他就会试图扑灭他们，成为全意大利唯一的军队。于是，他们就在佩鲁贾地方的马焦内碰头，到场者有：枢机主教[①]、帕戈罗[②]以及格拉维纳公爵奥尔西尼[③]、维泰洛佐·维泰利、奥利韦罗托·达·费尔莫、佩鲁贾的僭主詹帕戈罗·巴廖尼[④]，以及锡耶纳的僭主潘多尔福·彼得鲁奇派来的安东尼奥·达·韦纳弗罗大人。他们在那里讨论了瓦伦蒂诺公爵的强大及其野心，有必要遏制他的贪欲，否则他们就会和别人一样失败。他们决定不能抛下本蒂沃利奥，而且还要赢得佛罗伦萨人，这两处都要派出他们的人，承诺帮助前者，而对后者则是加以安抚，联合起来对付共同的敌人。

很快全意大利都知道了这次碰面，而在公爵治下心有不甘的人们——其中就有乌尔比诺人——就生出了改变事务的希望。后来，当他们心里悬而不决之际，有些人提出一个计划，想要去攻占公爵所控制的圣利奥岩堡。那些人抓住了这样一个机会：堡主正在加固岩堡，往里运送木料。密谋者们候准时机，等那些木梁堆在桥上，挡住里边的守兵之际在这当口，他们全副武装冲上桥，攻入了岩堡。攻克岩堡的信息传遍各处，举国都起来反叛，并迎回了（被瓦伦蒂诺赶走的）老公爵[⑤]。让他们抱有希望的倒不是攻克岩堡，而是马焦内之会，由于这次会面，他们认为自己有了帮手。

与会者们得知乌尔比诺反叛，觉得机不可失，就召集人马，攻打还在公

[①] 詹巴蒂斯塔·奥尔西尼（Giambattista Orsini），马焦内城堡是他的领地。
[②] 保罗·奥尔西尼（Paolo Orsini）。
[③] 弗朗切斯科·奥尔西尼（Francesco Orsini）。
[④] 詹保罗·巴廖尼（Giampaolo Baglioni）。
[⑤] 圭多巴尔多·达·蒙泰费尔特罗（Guidobaldo da Montefeltro），乌尔比诺公爵，他在1502年、1503年两次被瓦伦蒂诺公爵切萨雷·博尔贾驱逐。

爵手中的地方。他们重新派人赴佛罗伦萨，敦促该共和国与他们一道对付共同的敌人，宣称此举胜局已定，这样的机会不会再有第二次。但佛罗伦萨人由于各种原因仇恨维泰利家族和奥尔西尼家族，不仅不支持他们，反而派出他们的国务秘书尼科洛·马基雅维利，向公爵提供庇护，并帮助他对付他的这些新敌人。公爵当时正在伊莫拉，惊恐万分，因为事出突然、全在他意料之外，他发现自己的士兵成为敌人，战事临近而他手上却没有军队。但佛罗伦萨人的帮助让他精神大振，便决定利用不多的士兵以及正在进行的和谈拖延战争，同时寻求援助。求援的方式包括两种：一边遣使向法兰西国王借兵，一边招募重骑兵以及任何能够驾马的人；各处他都付了钱。

尽管如此，他的敌人们却占了先机，他们来到福松布罗内，与公爵的一些士兵相遇。这些士兵被维泰利和奥尔西尼的人击败。这一消息让公爵完全回过头来考虑，是否可以通过和谈来平息反叛。他可是个最能伪装的人，少不了做出姿态，让他们相信他们动用武力来对付的这个人，他所取得的一切东西都是愿意还给他们的；他只要一个君主的头衔就够了，他愿意将这君主国的土地归还他们。在他的劝说之下，他们派出了帕戈罗大人与他和谈休兵。但公爵却没有停止备战，他全力招募骑兵和步兵；为了让他的备战不被泄露，他将他的人马派往罗马涅各处。

这时来了 500 名法兰西长矛兵。虽然他已经足以与敌人公开作战，但他还是认为继续欺骗他们更安全、更有用，所以没有停止与他们和谈。他在这件事上全力以赴，与他们达成了和约：确认了与他们之前所定的条款，付给他们 4000 达克特，承诺不再侵犯本蒂沃利奥家族，并与乔瓦尼大人[①]结亲。此外，只要他们不愿意，就不强迫他们亲自来觐见。另一方面，他们则承诺将乌尔比诺公国以及他们所占领的所有其他地方还给他，并效力于他的一切征伐；没有他的许可，不与任何人开战或者为任何人所雇佣。

达成这一和约后，乌尔比诺公爵圭多巴尔多再一次流亡，重返威尼斯。他先摧毁了国内的所有要塞，因为他信任人民，不愿意这些他认为不足以防

---

① 乔瓦尼·本蒂沃利奥。

御的要塞被敌人所占领,又被用来压迫他的盟友们。瓦伦蒂诺公爵订立了这一和约并将他的人马以及法兰西的重骑兵分布在罗马涅各处后,于 11 月底离开伊莫拉前往切塞纳,在那里逗留了很多天,与维泰利以及奥尔西尼——他们带着自己的人马留在了乌尔比诺公国——派来的人商谈,商讨接下来该发动什么战役。他们没有就任何事情达成结果,于是又派来奥利韦罗托·达·费尔莫向他提出,如果他愿意在托斯卡纳采取行动,他们可以支持;如若不然,他们可以去围攻塞尼加利亚。对此,公爵回答说,他不愿意在托斯卡纳作战,因为佛罗伦萨人是他的盟友;但对于攻打塞尼加利亚,他倒是非常乐意。

后来,过了没几天,传来消息说,那个地方已被他们拿下,但那里的岩堡还没有投降,因为那堡主只愿意把它交给公爵本人,而不是别人;于是,他们敦促他尽快前来。公爵觉得这是个好机会,不会引起怀疑,因为是他们叫他去的,而不是他自己前往的。为了让他们安心,他还遣散了所有的法国士兵,让他们返回伦巴第,除了他的连襟坎达莱斯领主① 的 100 名长矛兵。他于 12 月中旬离开切塞纳前往法诺,在那里他用尽了狡猾和聪明,劝说维泰利家族和奥尔西尼家族的人在塞尼加利亚等他,说互相不信任就不能取得和约,就算订立了也不能持久;又说他这个人看重盟友们的兵力和建议。尽管维泰洛佐很不情愿,因为他兄弟的死给了他一个教训,即人不能冒犯了一个君主然后又信任他,② 但禁不住保罗·奥尔西尼——他被公爵的礼物和承诺贿赂了——的劝说,也同意去等候公爵。

于是,公爵在从法诺出发的头天晚上——那是 1502 年 12 月 30 日——把他的计划告诉了他的 8 位心腹,其中有唐米凯莱③、埃尔纳的领主(此人后来成了枢机主教)④。他命令他们,一旦维泰洛佐、帕戈罗·奥尔西尼、格拉维纳公爵以及奥利韦罗托到来,他们就每两个人走到那些人当中,分别

---

① 坎达莱斯伯爵,让·德·富瓦(Jean de Foix),他娶了瓦伦蒂诺公爵妻子的妹妹。
② 维泰洛佐的兄弟保罗·维泰利(Paolo Vitelli)在对比萨的战争中任佛罗伦萨的雇佣军将领,1499 年 10 月因有背叛嫌疑被佛罗伦萨处决。
③ 唐米圭尔·德·科雷拉(don Miguel de Corella),加泰罗尼亚军人,瓦伦蒂诺公爵的手下。
④ 弗朗切斯科·德·洛里斯(Francisco de Loris),他在 1503 年 5 月成为枢机主教。

由谁盯住什么人，与那些人交谈，一直到他们进入塞尼加利亚城，不能让他们逃跑，直到他们抵达营地并被抓捕。他又命令所有的士兵，大约有 2000 多名骑兵和 1 万步兵，在拂晓时抵达离法诺 5 英里路外的梅陶罗河边，等他本人到来。

于是，在 12 月的最后一天，他带着士兵来到了梅陶罗河，他先派出了大约 500 名骑兵，然后是所有的步兵，最后抵达的是他本人和剩下的所有重骑兵。

法诺和塞尼加利亚是马尔凯地区的两座城，在亚德里亚海滨，两城相距 15 英里，如果从法诺向塞尼加利亚出发，右手边就是山，山脚离海边很近，空间狭窄，最宽处亦不过 2 英里。塞尼加利亚城离山脚只要一箭稍多的路，在海那边，距离不到 1 英里。这边有一条小河，河水冲刷着法诺的城墙。通往塞尼加利亚的大路，有一大段在山脚下；抵达塞尼加利亚城外的小河时，它沿着河岸向左转；过了一箭之遥，就到了一座桥，该桥横跨小河，差不多接到进入塞尼加利亚城的大门，不是直线而是斜插过去的。城门前有一片房子和一个广场，广场的一边就挨着河岸。

维泰利和奥尔西尼他们决定等候公爵并亲自向他致敬，为了给他的士兵腾出地方，就把自己的士兵撤到一些离塞尼加利亚 6 英里远的营地；只在塞尼加利亚留下奥利韦罗托和他的人马，1000 名步兵和 150 名骑兵，驻扎在前面提到的城门口。

事情安排妥当后，瓦伦蒂诺公爵就前往塞尼加利亚。当第一波骑兵到达桥头时，他们没有过桥，而是停了下来，一半人往河边，一半人往田野，中间留下一条路，让步兵通行，后者没有停留，直接穿过了这片土地。维泰洛佐、帕戈罗以及格拉维纳公爵骑着小骡①前来拜见公爵，只有很少的骑兵跟随。维泰洛佐未携带武器，着一袭绿衬大氅，神情沮丧，好像预感到自己马上就要死了；考虑到他的勇敢德能（virtù）和过去的机运（fortuna），这一点未免令人称奇。还有，据说当他要离开手下来塞尼加利亚会面时，其举动犹

---

① 骑骡子表示谦恭。

如与他们最后分别；还把他的家族以及家业托付给他手下的头领们。他又告诫侄儿们，要记住的不是他们家族的家业，而是父亲和叔父们的勇敢德能。于是，这三个人来到公爵面前，毕恭毕敬地向他行礼，他也对他们和颜相待；接下来，事先安排好站到他们中间的那些人也向他们打招呼。但是，公爵看到奥利韦罗托不在——此人与他的人马留在了塞尼加利亚，正在河边营地前的广场上督促他们操练——便向唐米凯莱使了个眼色（唐米凯莱是受命对付奥利韦罗托的）让他提防奥利韦罗托逃脱。于是，唐米凯莱策马向前，找到奥利韦罗托，对他说这会儿不是把他的士兵聚集在营房外广场上的合适时间，因为公爵的士兵要用这块广场；并劝他下令让士兵回营房，再与他一同去见公爵。奥利韦罗托听从了吩咐，去见公爵，公爵见到他，大声招呼他。他向公爵行了礼，与其他人走到了一起。进入塞尼加利亚城，他们在公爵的营地下了马，与他一同进入一间密室，公爵随即就把他们囚禁了。然后，他立刻骑上马，命令手下去劫掠奥利韦罗托和奥尔西尼的士兵。奥利韦罗托的士兵因为离得近，很快就被解除了武装。奥尔西尼和维泰利的士兵，因为离得远，又预感到他们的主人要落难，有足够的时间集合；他们心里念着维泰利家族的勇敢德能和纪律，就团结一心，对抗乡民和敌人们的意愿，保全了自己的性命。但公爵的士兵并不满足于劫掠奥利韦罗托的人马，又开始洗劫塞尼加利亚城；若不是公爵处死了不少人来制止他们的暴行，他们兴许会把该城抢劫一空。

夜幕降临时，骚乱平息了，公爵觉得应该处死维泰洛佐和奥利韦罗托了。他派人把他们集中带到一处，将他们勒死。这时，他们当中没有谁说的话配得上他们过去的生活：维泰洛佐祈求教皇赦免他的一切罪过；而奥利韦罗托则哭泣着把一切针对公爵的坏事，统统都推到维泰洛佐身上。帕戈罗以及格拉维纳公爵奥尔西尼被暂时留下性命，直到公爵得知教皇在罗马抓获了奥尔西尼枢机主教、佛罗伦萨大主教①，以及亚科波·达·圣克罗切大人。这一消息传来，在1月18日，他们也被以同样的方式勒死在皮耶韦城堡。

---

① 里纳尔多·奥尔西尼（Rinaldo Orsini）。

附录 2

博尔贾家族及其新近的史学家[①]

>> 阿克顿 | 著　林国荣 | 译

  文艺复兴是唯一一个对悠闲之人和深思之人有着同等魅力的历史时期,而且同当今时代的文明也有着显而易见的密切关系,这一点是无可争议的。尽管紧随文艺复兴而来的是一系列的争斗,不过这并不能削弱人们对文艺复兴的兴趣。无论宗教上和政治上有着何等不同的见解,也都不能影响到人们对这个时代的情感,人们对异教、犹太教、古代基督教的了解,现代文学的塑造以及艺术上的完善可以说都归功于这个时代。确实,意大利在众多的本土暴君之下走向衰落,但意大利人仍然满怀骄傲地记取这段民族独立和智识霸权的时期。意大利的爱国学者们依然不间断地发掘出成批成批的新材料;最近的几部作品则揭示出他们是如何塑造 15 世纪的方方面面的。泽勒的《意大利与文艺复兴》(Zeller, *Italic et Renaissance*)和罗伊蒙特的《罗马城的历史》(Reumont, *Geschichte der Stadt Rom*)则更是标志了一种超越了罗斯科(Roscoe)和西斯蒙第(Sismondi)

[①] "The Borgias and Their Latest Historian", The North British Review, January 1871;译自 Lord Acton, *Historical Essays and Studies*, by John Emerich Edward Dalberg-Acton, edited by John Neville Figgis and Reginald Vere Laurence, London: Macmillan, 1907, pp. 66-85。略译了原文的少量注释。

的进步。这两部作品都写得相当精良，作者对于那些辉煌时代的精神也都极为熟悉。布克哈特的《意大利文艺复兴时期的文化》则成为文学史上最为敏锐且精美的文明史论章；不过，此书的优点乃在于作者运用常见作品时所表现出的创造性，布克哈特实际上并没有展开新的考察。这个领域的最后一位旅客就是格雷戈罗维乌斯（Gregorovius）。

格雷戈罗维乌斯的《中世纪罗马史》（*History of Mediæval Rome*）实际上到了第七卷便已经完成任务了，因为这一卷已经写到了 16 世纪开初的时候。多出的一卷则囊括了利奥十世时期并以 1527 年罗马城遭到围攻和洗劫作为结束。随着叙述的深入，这部作品本身也逐渐拓展开来，而且也更为精细了，甚至有时候，就相当于一部教皇史。但其具体行文则有些失衡，比如说，庇护二世乃是 15 世纪最具才干也最为有趣的教皇，但是作者对他着墨甚少，当然，这有可能是因为在这部作品问世几年之前，已经有一部庇护二世的大部头传记问世了。但是有关亚历山大六世的笔法可谓精致，而且占据了相当大的篇幅。这些章节也堪称格雷戈罗维乌斯的华彩作品。驻罗马教廷的佛罗伦萨、威尼斯以及费拉拉的使节们写就的一系列报告，使得格雷戈罗维乌斯避免了沦为琐碎记事人的命运。实际上，自雷纳尔杜斯（Raynaldus）之后，几乎所有作家为了获取梵蒂冈秘史，都不得不倚靠这类琐碎作品。格雷戈罗维乌斯则可以接触到极为丰富的未出版材料，他在运用这些材料之时，也极少有秉持庸常的论战目的，他对亚历山大的评判完全不同于同时代人对这位教皇的判断，而他所作的评判是不能轻易地就作为历史悖论而予以搁置的，确切地说，他的评判是需要加以考察的。亚历山大最晚近的传记作家将他描述成这样一个人：他日常的平庸乃折射出一个无神时代的罪恶，他的动机所在就是追求享乐并提升自己的家族，他本人既无政治才干也没有正经的规划，而他的禀性则过于轻浮且消极，因此内心是难以升腾起野心的。

对于这样一个其才干和成功都令那个时代的欧洲景仰的人，这样的贬抑似乎有点过了，不过，这倒不是因为作者对于亚历山大六世的堕落抱持着无关痛痒的义愤，而是因为作者习惯于避开这个主题的宗教部分。仅仅考察世俗和庸常之事，是这位历史学家的方法，因此，他也就没有看出亚历山大六世乃是拥有一个伟大的历史位置的,而这恰恰就是因为亚历山大六世总是将属灵权威和尘世权威混为一体,常常动用一边的资源来达成另一边的目的。作为一名意大利君王,他充分动用自己在教会的权能,此举在接下来的一代人时间里产生了重大影响,对之后的一切时代来说,也是如此。为了令教宗特权在政治市场上变成颇富价值的商品,他可以说是极富精力的,这一点恰恰可以说是直接导致了北欧的反叛。路德攻击的那套体制正是亚历山大六世予以完成并传递给后任的体制。当阿德里安将教会的腐败归咎于教宗大位上近来横行的篡权和不道德行为之时,阿德里安予以拒斥的正是亚历山大六世的成就和范例。当尤利乌斯二世致力于将教会从亚历山大六世的一系列法令的重压之下解放出来的时候,同样也宣布,通过买卖圣职而得到的教宗大位乃是非法的。

他的教皇任期当中,贯穿着一个挥之不去的重大事实,那就是他的选举并不正当,这一点几乎到了臭名昭著的程度。选举交易中倒也并不存在虚伪的元素;全欧洲都知道他支付或者承诺给支持者的确切额度,甚至对追随者他也有支付或者承诺。他的教宗大位从未稳定过。他的教宗权能一直都处于威胁当中。大公会议随时都有可能召开,这样的阴影令他的生活陷入黑暗当中,也摧毁了他的权威。于此,他便不得不自行创造权力,尽管这权力在理论上属于教宗这一职位。他必须不断地活动并劳作,否则就无法维持自己的位置。

一开始,人们用普遍且过火的奉承之声来欢迎他,这倒显得不同寻常。人们说他是超人,说他一身正气,超群绝伦,说他登临大位之时,基督本人的光芒也影射而出。说他有着神一般的容颜,说黄金时代再次降临了;说在他登上大位之时,如同公正女神阿斯特瑞亚(Astraea)降临尘世。人们真的相信他将成为一个满身荣耀的教皇。那不勒斯的费兰特和阿拉贡的斐迪南从一开始就同他保持敌对态势;但是许多国家一直都维系着这样的幻象,直到拒绝了他贿赂的那些枢机主教将他的恶行公之于众。此情此景,朱利亚诺·德拉·罗韦雷,也就是后来的教皇尤利乌斯二世力主召集大公会议,对他展开审判。

法国宫廷对此提议表示赞同，当时正值教皇任命自己的一个亲戚接掌鲁昂大主教区，而教区全体相关神职人员选举了乔治·德·安布瓦兹为鲁昂大主教。当时，法国大臣们吹嘘说，他们的国王拥有百试不爽的手段来压服亚历山大，那就是召集大公会议。此时，查理八世正在寻求那不勒斯王冠，他提起威胁说，假如这一圣职任命遭到拒绝，他就罢黜教皇，他不会采取武力，而是要凭借教会法典上的证据，以此来证明亚历山大六世乃是异端和篡位者。当亚历山大选择了站在阿拉贡家族一边的时候，法国入侵意大利，他的前景看来是无望的。他预期将会遭到罢黜。锡耶纳的枢机主教奉命前往法国寻求调解，连一个听众都没有找到，于是写信警告自己的主子，危险快要来临了。法国方面有意在费拉拉召集一次大公会议，对教皇实施审判，而且法国人相信对自身罪恶的意识会让亚历山大六世顺服。法军不费吹灰之力便占领了罗马。亚历山大遂自闭于圣天使堡，身边只有一小撮忠实的教士；大多数枢机主教都敦促查理八世罢黜亚历山大。罢黜文告也已经起草完毕；法军的炮口也指向了教皇藏身的要塞；此时，竟有部分墙垒突然坍塌。看起来亚历山大是没的救了，查理恰恰选择这个时刻表现出缓和态度并同亚历山大讲和。改革派的枢机主教于是退出罗马，对此次行动的失败义愤不已。不过，教皇很快便打破了强加于他的条约，布里索内（Briçonnet）据此认为查理八世一旦从那不勒斯返回，就会对亚历山大采取极端措施。亚历山大遂逃离罗马。他日后谈起此事时曾说，查理之所以没有下狠手，乃是因为手下朝臣们的虔诚所致；但是布里索内和科米纳（Comines）的说法都证明了，法国营帐之中乃是倾向于采取更为激进的做法的，只不过查理本人没有胆量这么做而已。查理离开罗马，危险随之解除之后，亚历山大便对查理发布革除教门令。在查理死前不久，索邦方面奉劝查理召集一次大公会议，并据此完成教皇一直抵制的改革。

路易十二继任查理成为法国国王，此时，改革计划得以复兴。枢机主教安布瓦兹开始同斐迪南和马克西米利安展开协商，着眼于一次新的选举。1501 年的夏天，锡耶纳枢机主教皮科洛米尼后来继任亚历山大成为教皇，此时，他主动提议亚历山大召集大公会议，以促成改革，皮科洛米尼此举乃是担心意大利之外的枢机主教抛开教皇发动改革，毕竟，这样的话就会对教宗权能造成损害。亚历山大一度接纳了这一提议，而后又放弃了，因为有人提醒他，皮科洛米尼正是庇护二世的侄子，"一位不可信赖者"（un conciliorista），因此，他在这件事情上的提议是颇值得怀疑的。第二年，罗马内部有消息说，法国已经决心罢黜亚历山大了。至今仍然可以见到一枚著名的纪念章，上面印有路易十二的肖像，饰有百合花和"我将要摧毁巴比伦和罗马的名字"（Perdam Babylonis nomen）的字样。人们将这枚纪念章定位于路易同尤利乌斯二世生死斗争的那段时间。实际上，这枚纪念章乃属于亚历山大六世时期。康斯塔比利（Constabili）曾谈及这枚纪念章，1502年8月11日，他在给费拉拉公爵的一封信中描述了这枚纪念章在罗马造成的震荡。

康斯坦茨和巴塞尔大公会议的渴望、切实改革的希望，仍然没有得到满足，数届教皇任期当中，罗马教廷的境况都使得改革愿望遭到悬置。实际上，亚历山大时期的教廷境况同此前相比，也不能说更糟糕，法国方面的改革热忱也不能完全归因于超然的良知动机。亚历山大的选举是有漏洞的，这样的漏洞当然是极具诱惑力的工具，世人是难以对之视而不见的。利用亚历山大的恐惧要比直接罢黜亚历山大更有利可图。况且，无论是德意志还是西班牙，都不会愿意接受一个由法国国王制造的教皇。

斐迪南一再给亚历山大制造一种印象：他确实是瞧不起亚历山大的。科尔多瓦的孔萨尔沃前往罗马，言明了欧洲的义愤和担忧。西班牙国王和葡萄牙国王派遣联合使团，前往抗议教皇选举丑闻。亚历山大接见了这个使团，还有五名枢机主教在场。使团提起了彻底改革的必要性和迫切性；他们要求在拉特兰召集一次大公会议，并告诉教皇，整个意大利都可以证明他的选举是无效的。亚历山大遂即宣布了革除教门令作为回应，同时声称，不要指望切萨雷·博尔贾会听从他们。随后亚历山大做出了让步。他承诺贝内文托公国不会从罗马教区分离出去。此前，他已经将这个公国转给了自己的儿子，也就是甘迪亚公爵，后者随即就遭到了谋杀；西班牙使节拒绝了这一让步，并宣称，这种做法是不能令人接受的。

痛失爱子，似乎唤醒了教皇的良知，他谈到了逊位并寻求另一种生活方式的问题。他说他会让切萨雷去瓦伦西亚教区生活，他会将教廷交付主教团。1497年6月17日，组建了一个六人委员会，这个委员会在接下来的一个月起草了改革规划，这一点是格雷戈罗维乌斯没有注意到的。改革规划很快便撂荒了；两个月之后，这个委员会成了教皇顾问人员，以应对萨沃纳罗拉。

有那么一段短暂的间歇期，改革承诺仍然维系着，枢机主教博尔贾就是在这段时间携教皇使节之权能被派往翁布里亚。1497年夏天，他致信亚历山大六世，这封信也是我们能够找到的最为雄辩的证言，可以证明教会领地所处的那种博尔贾家族意欲剪灭的社会状态，同时也证明了是怎样的情势决定了这个家族所采取的无情政策。严格来说，这是一项和平使命。教皇使节未带兵甲便进入翁布里亚，他想尝试一下说服的力量，并度量一下教宗在这个教区的道德权威。毕竟，在这个教区，国家观念已然在封建纷争中归于窒息，每个人的安全都取决于每个人激发恐惧的能力。到达纳尔尼当天，博尔贾写下了第一封信件，他在信中宣称，没有军队，他将一事无成，因为他要对付的是一群魔鬼，圣水无力使之慑服。教皇使节的存在几乎没有催生什么涟漪，阿尔维亚诺甚至当着博尔贾的面攻取了一座属于教皇的城镇并展开了洗劫，后来也正是此人在威尼斯兵败阿尼亚代洛的时候，将威尼斯掌控在自己手中。博尔贾派人召请阿尔维亚诺并命令他不要生事。阿尔维亚诺回应说，他很乐意为教皇效劳，压服那些不听话的邻居，不过，就眼前这座城镇而言，他宁愿将其摧毁，也不会拱手让人。人们很快便发现，教皇使节并没有军队随行；于是事态便朝着糟糕的方向演进。这片土地上可谓无法无天。托蒂的居民发现没有政府会保护他们，绝望之下纷纷弃城而去。匪帮独掌天下，此情此景，匪帮之间的争斗就成了这些匪帮的唯一约束力量。在佩鲁贾，教皇使节将一个谋杀犯处死，这就算是不小的功绩了。谋杀四处横行，但是法律上的惩处在这个地方尚是闻所未闻之事。此时令整个佩鲁贾极为震惊，整个城市也随之改变。博尔贾对此一功绩相当自豪。他向教皇保证，依凭极为严正的措施，就能够令这片土地回归秩序和安宁。

此时的亚历山大不得不去统治一群没有服从习惯的臣民，除了土耳其之外，欧洲各国均没有展示友好态势，满心敌意的枢机主教们环伺在侧。教宗称号是有污点的，这污点令亚历山大陷入各方的抵制和蔑视当中，这样的景象可谓极端危险。就常理而言，凭借此等糟糕手段获取的权力，加之并没有像样的防卫措施，当然是会迅速垮台的；一个负载着腐败之名的教宗想必也会早早地归于败落。不过，亚历山大拥有非同寻常的机谋，对不道德手段毫无顾忌，由此创造出通过合法手段不可能据有的资源，也就是靠着这一切，亚历山大才得以弥补道德权威和实际力量方面的完全匮乏。可以说，这完全是一条不归之路，开弓没有回头箭，他不得不依凭篡位者的艺术行进下去，亲自践行他的同时代人，诸如路易十一、那不勒斯的费兰特以及阿拉贡的斐迪南之辈，为了压服已然解体并散乱不堪的封建社会而尊奉的那项格训——有时候，暴力和欺诈乃是唯一的建国之道。亚历山大信靠两件事情，其一是依托自己的属灵权能来交换钱财、军队和政治支持，其二就是为自己的家族创设公国。这类手法他的前任都是运用过的，只不过不像他这般，投入此等的精力并从中收获此等好处。他将此类手段运用到极致，这对他而言，自然是拥有无可侧目的诱惑力，而且就他的处境而言，也是必须的。

在理论上，教皇权能是能够满足他对这一权力的实际要求的。一批逢迎者告诉他说，他领有上帝在尘世之上的一切权能，在精神事物上，他是至高无上的，在尘世事务上他亦是如此，没有法律或者典章可以约束他，因为他本人就是活着的法律，也是尘世王公的正当裁夺者。亚历山大充分运用了这一教义，并坚决将之付诸实践。他宣称，他的权威是无限制的，包罗一切的人和事在内。他也正是依托这一教义，将非洲和美洲给予西班牙，将未经准许便企图染指这些地区的人提前革出教门。一项中世纪理论的扩张性解释则为亚历山大对此等全权的运用提供了支撑，而这一扩张性解释乃是为了迎合已然扩张了的教会视野。依据这一理论，教皇有责任向万民传布福音，并强制万族尊奉自然法。但是异教徒听不进去福音，也不会尊奉自然法，除非令他们臣服于基督徒。接下来那一代人当中曾有一位一等一的作家指出，征服可以在数天之内便斩获大批的改宗者，纯粹靠传教，恐怕三百年也成就不了这样的功业。民事权利和民事权威若是阻碍信仰的传播，将被视为非法。此等大范围的授权,令西班牙政府从中获益匪浅,但是西班牙政府并没有以宗教眼光来看大教皇的此种大权,因为他们很快便偕同葡萄牙更改了当初教皇在这个星球上划定的分界线。

在运用革除教门令这一手段之时,亚历山大六世也并非肆无忌惮。其间的风险是巨大的,武器用多了,利器就会变为钝器。枢机主教朱利安就曾经有效地压制了他对法国国王发起的一系列谴责。索邦也曾宣称,来自于他的威胁尽管不管不顾就行了,不必有良知上的不安。没有实力支撑的惩罚令,什么都不是。不过在意大利,属灵武器还是有俗世武器来支撑的,在那里,属灵武器还是能唤起世人的敬畏的,即便存在不公,威尼斯人还是相当惧怕。教皇大人也不遑多让,通常会在对人发起攻击之前,先施展革除教门令。诸侯若有反叛,他就会以属灵武器作为先导发起攻击,切萨雷大军随后就到。

他遂即大肆挥霍教阶特权,广施恩惠,由此打击对手,结交朋友并谋取钱财。威尼斯人指控他怂恿土耳其人攻击威尼斯,对于切萨雷·博尔贾在罗马涅地区取得的进展,威尼斯人也是害怕到了极点。但是他们没有胆量对抗他,毕竟,他们要对教士阶层征税,是需要教皇的援手的,要搜刮民脂民膏,更是少不了教皇的介入。在1501年大赦庆典之时,他们获得了十二万达克特的金币。

王侯婚姻方面的赦免权,经过亚历山大的精细运作,演变成了收入肥厚的财源,也成就了相当的政治影响力。查理八世欲意迎娶罗马人国王的准新娘,于是斗争双方都恳请教皇从中推进或者从中作梗。亚历山大告诉瓦洛里,他倒是愿意向着法国,毕竟,法国更为强大,对他而言也更有价值。不过他也指出,此事若是公开实施,将会引发丑闻,随后他便宣布此次婚姻无效。显然,离婚较之赦免更能帮助亚历山大达成目的。路易十二有意迎娶先王的遗孀,毕竟,路易可以借此获取布列塔尼作为嫁妆。但是,路易已经结婚;于是,切萨雷便奉命前往法国,传达了教皇允许路易休妻的心意。切萨雷为此获得的回报便是一个法国所属的公国、一个法国妻子和一支法国军队,他用后者对罗马涅地区发动了征服战。匈牙利的拉迪斯劳斯也有意休掉自己的妻子,也就是马蒂亚斯·科菲努斯的遗孀。教皇给予允准,这笔交易令两万五千达克特进了教皇的腰包。教皇还先后两次拆解了卢克雷齐娅的婚姻。波兰国王曾迎娶一名希腊正教的公主,并且还有誓言在身,不得强制这位公主改宗。教皇告诉波兰国王,这誓言是非法的,不仅为波兰国王解除了誓言,而且还要求波兰国王在必要的时候,动用强制手段,实施改宗。假如属灵手段和世俗手段都不能压服公主的顽固,亚历山大就指令对其实施惩罚,办法就是没收公主的财产并将之逐出王族。

为了通过免罪符生财,亚历山大开始要求自己对亡灵世界的裁决权。1500年逾越节庆典之际,有人向他提起,如果免罪符的权能拓展到亡灵世界,赚取的钱财恐怕要多得多。神学家们则告诉他,这样的权能是在教皇权力范围之内的。西克斯图斯四世曾约束此一迷信,亚历山大则力促此等迷信泛滥。在亚历山大时期,在特定的圣坛面前做上一场弥撒可以救赎灵魂,此一观念成了罗马盛行的信仰。据说,此前两任葡萄牙国王都是尚未解除革除教门令就归天了。教皇便设法给予他们死后的救赎,条件是继任者清偿拖欠教会的债务。同时,亚历山大简化了炼狱中的灵魂的救赎程序,使之更为便宜,并规定了具体的流程,这一流程在那么一个邪恶时刻,也是阿尔希姆巴杜斯(Arcimboldus)和普利里亚斯(Prierias)竭力捍卫的。据此流程,弥撒就并非必要条件了;也不一定非得前往教堂。无论是忏悔还是悔罪也都免了,唯一需要的就是金钱。最终,一项官方教义逐渐成形:只要钱币叮当作响,灵魂即刻飞升天堂。任何人只要质疑此种做法,就会被宣布为异端。

借助这些属灵武器,亚历山大对天主教会的未来发挥出巨大的影响力,与此同时,他也凭借裙带体制令教宗大位成为意大利的一支政治力量。人们通常将他的裙带体制归因于他试图令亲戚获取利益的欲望。不过,事情并非这么简单。亚历山大当然是另有所图的,确切地说,他意欲用自己安插的王侯来取代那些独立王公,毕竟这样一个王侯是要代表他本人,而且也是可以信靠此类王侯来执行自己的意志的,同时,他也盘算着在其中引入世袭制元素,以此来巩固并支撑教宗大位。圭恰尔迪尼(Guicciardini)曾有聪敏说法,认为教皇因其任期短暂,是不可能获得太大帮助的,不过,博尔贾家族却也证明了,若能得到极为有效的帮助,教皇能够达成何等成就。教宗大位也许不具备植根于王朝利益和影响力的那种安全，不过，这也足以成为那种安全的替代品了。亚历山大将财富和名头大量分发给他的那些问不清说不明的儿子们和亲戚们，这其间是存在一个俗常的裙带体系的。不过，切萨雷的征服生涯乃是博尔贾家族所遭遇的主要谴责，这显然不是庸常且底下的目标诉求可以解释的；实际上，此一裙带体系乃归属于一套植根于谋算和设计的政策体系，对亚历山大来说，可谓硕果累累，迄今不绝。

切萨雷对自己的父亲是有控制力的，这其中的奥秘并非爱，而是恐惧。马基雅维利就已经看出，实际上，切萨雷掌控着教皇的行动，马基雅维利也正是据此建议佛罗伦萨在切塞纳派驻代理人，这要比在罗马派驻使节更有好处；不过，马基雅维利并没有察觉这种父子关系的实质。在这样的父子关系中，有阴谋，有相互倚靠，甚至也会有信任，但不会有亲情。亚历山大极为看重自己这个儿子的前途，并且亚历山大为了推进儿子的事业，也是不惜危险和牺牲，然而，促成亚历山大此举的并非家庭情感。切萨雷卸去枢机主教冠冕并结成一桩婚姻，亚历山大给出的说法是，他只需要出现在教士阶层当中，就足以遏制改革浪潮。他谈到切萨雷之时，洋溢着恶感可谓痛彻心扉。当西班牙和葡萄牙世界坦率谴责他的裙带体系之时，亚历山大回答说，切萨雷其人相当可怕，说他愿意放弃四分之一的教皇领地，只要能让切萨雷离开罗马，那语调颇为无助。他也曾抱怨说，他已经无法再待在罗马了，一待在罗马就事务不断，他只能夜以继日地忙碌，往往令使节们等上几个月才能获得一次召见，这话颇令人怀疑，他死之后，他的儿子能否守住江山。在死之前一年，他曾对他委以秘密使命的使节谈到，他希望切萨雷能够变一变性子，能够听进别人的建议。十二个月之后，切萨雷可谓抵达了时运的巅峰，即便这样，亚历山大仍然哀叹不已，说切萨雷听不进去任何人的话，说切萨雷到处树敌，还哀叹说，整个意大利都在高声谴责这个私生子和叛徒。最终，当没有任何办法可以约束切萨雷避免攻击锡耶纳的时候，亚历山大不得不动用革除教门令来威慑切萨雷。

亚历山大去世之时，切萨雷·博尔贾将自己的行为归根于父亲的意志，试图以此为自己开脱。他致信斐迪南，信中提起他当初之所以寻求同法国的联盟，并非自己所愿，而是亚历山大的心思。他也尝试同乌尔比诺公爵达成和解，后者可以说是教会最为顺服的附庸，博尔贾曾两度放逐此人。切萨雷在公爵面前跪倒，讲说着自己的年轻，并诅咒父亲的灵魂，他说是父亲的卑贱将自己引入歧途。

教皇倒是经常提起两人之间在某个方面的对照，这是相当怪异的事情，毕竟，这个方面的比照相对而言，对切萨雷倒也并非特别不利。教皇总是将切萨雷描画成一个对待敌人残酷无情且残忍之心无可遏制的人，相形之下，教皇认为自己对待那些伤害或者羞辱过自己的人素来都是慷慨大度的。教皇说，在罗马，言论是自由的，人们也许会公开宣讲一些于他不利的事情，他通常都是淡然处之。这样的赞词倒也并非全然虚伪。亚历山大其人并不是特别敏感，也能够容忍对头，一件事情是能够证明这一点的：他曾派遣洛多维科·迪·费拉拉前往拜会萨沃纳罗拉，并主动提出加封萨沃纳罗拉为枢机主教。可以说，亚历山大一直忍耐，没有对萨沃纳罗拉采取极端措施，这种状态一直维系到萨沃纳罗拉致信欧洲各国君主，呼吁另选教皇为止。实际上，切萨雷的自制力并不逊色于自己的父亲，只不过他的自制力并不像他的父亲那样乃植根于品性，而是植根于计算。他曾通过一次彻头彻尾的背叛行为，完全掌控了乌尔比诺的命运，恰恰也选择了这样一个时刻发布了大赦令，即便是自己的刻骨仇敌也都在大赦令的范围之内。不过，他对那些背叛往日的主人并投奔自己的人，则实施了逮捕和惩罚，以此来表明他虽然热爱背叛，但是痛恨背叛者，他的编年史家就是这么评说的。

有人说，亚历山大六世取得的成功是超乎预计的，这一点都不假。当切萨雷终于成为一支胜利之师的统帅而这支军队也成为唯一一支意大利军队之时，博尔贾的野心便极大地升腾起来。亚历山大家族于此便成为中部意大利的绝对主宰，要知道此前数个世代当中，还没有哪个教皇能在这块区域行使直接权威。那不勒斯王国此时也可以任凭教皇随意摆布了。卢克雷齐娅也如愿嫁给了费拉拉的继承人。这个家族的一个婴儿也同曼图亚侯爵达成了联姻。切萨雷占据了皮翁比诺，并对佛罗伦萨、锡耶纳、博洛尼亚、拉韦纳乃至威尼斯形成了威慑。他还以雇佣兵大队长身份从意大利的几个大的独立邦国收取贡赋。法国国王将那不勒斯拱手献给教皇。阿拉贡国王也提议应当由切萨雷获取托斯卡纳王冠。此时的人们议论纷纷，都将切萨雷视为未来的皇帝，并梦想着由此创建一个教皇王朝，而且还梦想着意大利在这个王朝的权杖之下获得统一和独立。公众的期望无论如何也不会逊色于博尔贾内心的热望。而且有一点是可以肯定的：切萨雷本人，尽管睚眦必报同时也身负自己所摧毁的一系列大家族的仇恨，但他统治之下的民众倒也并不是不喜欢他。

在罗马涅地区创建一个强有力的王朝体制，此举倒也不能算作是对教会正道的背叛。尽管这样一个王朝并非为着教会而创建，不过也没有给教会造成损害。切萨雷比马拉泰斯塔和瓦拉诺更为强大，这一点毫无疑问，但就实际而论，切萨雷的独立性倒也比不上此二人。尽管罗马从这个新的罗马涅公国所统摄的众多小僭主身上并没有得到多大好处，不过也没有因为新公国的创立而遭受多大的损失。实际上，罗马涅地区同切萨雷的关系要比同切萨雷所罢黜的那些小僭主的关系要来得更为紧密，而且这个地区也更为信赖切萨雷。切萨雷的忠诚是可以保证的，毕竟，切萨雷是没有足够能力同教皇分庭抗礼的。毫无疑问，他在其他意大利邦国没有朋友。他是凭借着教会的财力支持，才得以维系一支在意大利无人能予以抗衡的军队，而教会的财力看来是取之不竭的；就教皇方面而言，既然确保了切萨雷的忠诚，也就等于获得了一个实实在在的物质上的独立根基，这在教会历史上还是头一遭。在1494年查理八世入侵意大利之前，意大利人可以说并没有经历过一场严肃战争，这也就使意大利各邦国都养成了一种惰性，仿佛永远不会受到攻击。查理八世的那次远征则提点了意大利人，令他们认清楚了他们的这种普遍惰性实在是提供不了任何的实际安全。切萨雷·博尔贾协助教皇权能转化为一种均势权能。当然，此一协助的代价是极为昂贵的，不过，其效能也是可以肯定的。

此种局面之下，真正的危险并不在于公国各个地区的离散倾向，而在于教皇很可能会受制于这个可怕的附庸。亚历山大对此不仅仅是有所预见，而且也汲汲于促成这种格局。这意味着他的家族是不会放松对教会的掌控的，这个家族的飞黄腾达之道也正有赖于教会。亚历山大当然不希望削弱这个他势必要依赖的教宗大位。他的目标并不是要肢解教皇国，而是要巩固教皇国的这个组成部分，以便他的子嗣能够成为自己的继任者的仆人，当然也是主人，同时也使得博尔贾的王朝能够对教宗大位形成保护和控制。这样的规划当中存在着自我毁灭的元素，不过其效力也不至于像人们通常设想得那般明显。不管怎么说，这样的规划并非以宗教为激发力量，也不受制于道德考量，相反，其间鼓荡着满是世俗算计的政策机谋。最终，切萨雷的公国虽然瓦解了，但是留下来的建筑材料仍然能够令尤利乌斯二世去构造一个罗马教皇国，而且这样一个教皇国也注定了是要维持相当漫长的一段时期的。可以说，博尔贾家族为自身的家族权力奠定了极为稳固的根基，即便亚历山大归天，也不足以摇撼这一根基，可惜的是，切萨雷因为在孤立无援的境地之下所采取的那种行动而最终令自己丧失了力量。

格雷戈罗维乌斯和兰克一样，接纳了那种认为亚历山大乃因中毒而死的说法，依据这一说法，这毒药本来是给另外的人准备的。这其实只是坊间流言而已。那顿致命的晚餐之上，还有另外两名客人，其一是切萨雷，另一个人是枢机主教阿德里安，此二人也都同时陷入病痛之中。枢机主教大人曾向焦维奥（Giovio）确认自己中毒了。焦维奥记载了枢机主教的说法，这样的说法也是唯一一项可以对上述怀疑形成正面支持的证据。这样的传闻在教皇归天之前就已经流传起来，另外两名客人突然患病之后，传闻便不胫而走，四散开来。不过，这说法本身却也完全植根于猜测之上。大力传播这一说法的圭恰尔迪尼实际上没有任何证据。圭恰尔迪尼仅仅是说，教皇在晚餐过后不出24个小时便一命呜呼了，这足以证明这样的说法。但事实上，亚历山大是在那次晚餐之后的第七天上才亡故的。上述传闻的主要权威一直都是圭恰尔迪尼，因为也就可以说，这个主要证人手头并没有掌握任何的证据。包括吉乌斯丁尼安（Giustinian）和康斯塔比利在内的众多人物都详细记述了教皇从8月12日到18日之间的身体状况，所有这些人所提点的无非就是一种相当严重的罗马热病而已。

文献来源

本英译本所参照的约翰·布尔夏德《日记》的原始文本均为塞拉尼编辑的《日记》版本（Citta di Castello，1906）。下面列出了各段文献的出处：

第 一 章　《日记》第一卷，第 374–387、392–393 页
第 二 章　《日记》第一卷，第 400–402、409–411 页
第 三 章　《日记》第一卷，第 441–446 页
第 四 章　《日记》第一卷，第 470–471、480–481、505–512、516–517 页
第 五 章　《日记》第一卷，第 517–519 页
第 六 章　《日记》第一卷，第 540–548、553–577 页
第 七 章　《日记》第一卷，第 615、632、637–643 页
第 八 章　《日记》第一卷，第 645–650 页
　　　　　《日记》第二卷，第 13–15 页
第 九 章　《日记》第二卷，第 19–21 页
第 十 章　《日记》第二卷，第 41–44 页
第 十 一 章　《日记》第二卷，第 54–58、114 页
第 十 二 章　《日记》第二卷，第 81–86、92 页
第 十 三 章　《日记》第二卷，第 116、171–177 页
第 十 四 章　《日记》第二卷，第 179–181、187–191 页
第 十 五 章　《日记》第二卷，第 198–199、204–209、237–241 页
第 十 六 章　《日记》第二卷，第 286–295 页
第 十 七 章　《日记》第二卷，第 299–304、310–316 页
第 十 八 章　《日记》第二卷，第 316–321 页
第 十 九 章　《日记》第二卷，第 332–336 页
第 二 十 章　《日记》第二卷，第 336–351 页
第二十一章　《日记》第二卷，第 351–355 页

拓展阅读书目

关于博尔贾家族的传记和研究已有很多。亚历山大六世及其子女也引发了人们的激烈争论，批评者口诛笔伐，辩护者大唱赞歌。正因如此，大部分英文著作并未给出相对客观的评价。偏早一点的研究有伍德沃德的《切萨雷·博尔贾》（W.H.Woodward, *Cesare Borgia*, Chapman and Hall, 1913），它对切萨雷的生平做了细致的学术考察，同时也兼顾了博尔贾家族。同时马修的《罗德里戈·博尔贾的生平和时代》（A. H. Mathew, *The Life and Times of Rodrigo Borgia*, London,n.d.）也是有价值的参考资料。虽然还不能完全取代格雷戈罗维乌斯对卢克雷齐娅·博尔贾所做的可读性很强的早期研究，但由贝隆奇所著、沃尔译成英文的《卢克雷齐娅·博尔贾的生平和时代》（M.Bellonci, *The Life and Times of Lucrezia Borgia*, translated by B.Wall, Weidenfeld and Nicolson, 1953）是对卢克雷齐娅做出相对公正评述的最新著作。对亚历山大时代罗马和意大利事务进行了最广泛考察的著作当属格雷戈罗维乌斯的《中世纪罗马》（F.Gregorovius, *Rome in the Middle Ages*, Bell and Sons, 1902）的第二、三卷。该书提供了许多关于教皇事务发展的更为权威和准确的信息和细节。当然，帕斯特的《教皇史》（L.Pastor, *History of the Popes*, Routledge and Kegan Paul）的第五、六卷仍是不可或缺的阅读书目。除了上述研究外，普拉姆编辑的《视界丛书之文艺复兴》（*The Horizon Book of the Renaissance*, edited by J. H. Plumb, Collins, 1961）是对文艺复兴时期意大利的历史和文化进行介绍的最新佳作。

人物索引*

>> 按照英文版原书顺序排序；页码为原书页码

文艺复兴时期的意大利，即使是对布尔夏德这样谨慎的观察者而言，教会的官方职位和世俗头衔往往因其种类繁多而难以区分。以枢机主教为例，除了因等级擢升造成的头衔变更外，每一位枢机主教在被提及时，人们可以根据职位、姓氏，抑或是在教会中所处的等级和当时所享有的圣俸来对其进行称呼。为了最大限度地保证翻译明白无误，文中尽量避免提及其官方的职位头衔，而代之以姓氏。因此，朱利亚诺·德拉·罗韦雷被称为"枢机主教德拉·罗韦雷"，而不是"锁链中的圣彼得枢机主教"。切萨雷·博尔贾在其职业生涯的不同阶段也常被称作"枢机主教博尔贾"或"切萨雷大人"，而非"瓦伦西亚枢机主教""瓦伦蒂诺公爵"或"罗马涅公爵"。对于像博尔贾这样的西班牙家族，书中也提供了所有西班牙姓名在意大利语中的相应称呼。对于那些身处意大利或教宗事务中的人，我们往往使用这些意大利语称呼，而在不涉及上述事务时，我们对其的称呼则保留了西班牙风格。因此，蒙雷阿莱的枢机主教被称为"老乔瓦尼·博尔贾枢机主教"，而第二任甘迪亚公爵则被直呼为"胡安·博尔贾"。

---

* 译自英文版，个别明显的史实错误已订正；少数正文中出现的人物，这里没有出现，在正文中保留原文夹注。——译者注

阿德里亚主教（Adria, Bishop of），尼科洛·马里亚·德·埃斯特（卒于1507年）：196。

阿德里亚诺，枢机主教（Adriano, Cardinal）：参见阿德里亚诺·卡斯泰利。

艾伯特，萨克森公爵（Albert, Duke of Saxony，1443—1500），萨克森选帝侯"智者"腓特烈（Frederick the Wise）的叔叔：128。

伊夫·德·阿莱格里阁下（Alégre, Monsignor Yves d',卒于1512年），法王查理八世和路易十二世时期远征意大利的法国将军：186。

亚历山大六世，教皇（Alexander VI, Pope）：参见罗德里戈·博尔贾。

阿方索五世（Alfonso V，1396—1458），1416年以来阿拉贡的国王，征服了那不勒斯，并从1443年起被称为那不勒斯的阿方索一世：35。

阿方索二世（Alfonso II，1448—1495），那不勒斯国王费兰特的长子；1494年继位，但在法国入侵后，于1495年1月退位并在当年9月去世：163；阿方索二世的加冕，70-72，75，77-80；乔弗雷·博尔贾的婚礼，82-84，89；与法国，90，94，102，107，115n[*]；出逃那不勒斯，119，121。

阿拉贡的阿方索（Alfonso of Aragon）：参见比谢列公爵。

阿尔维亚诺，修道院院长（Alviano, Abbot），贝尔纳迪诺，巴尔托洛梅奥·德·阿尔维亚诺的兄弟，巴尔托洛梅奥参与了奥尔西尼派反抗博尔贾家族的活动：214。

安德鲁，校长（Andrew, Master），亚历山大六世时期罗马城的一名校长：67。

安条克宗主教（Antioch, Patriarch of），乔达诺·加埃塔尼：74-75，78。

安东尼奥·德·皮斯托里奥（Antonio de Pistorio），枢机主教奥尔西尼的密友：216。

莱昂的安东尼奥（Antonio of Leon），教会法庭的首席法官：124。

伊萨克·阿尔吉罗普洛（Argiropulo, Isaac，卒于1508年），具有希腊血统的教皇专职神父：50。

阿尔勒大主教（Arles, Archbishop of）：（1）教皇英诺森八世的侄子及乔治·布恰尔

---

[*] "n"表示（英文版原书）页下注，下同。——译者注

多的兄弟尼科拉·西波·布恰尔迪（卒于1499年）：62；（2）1499年被任命为大主教的乔瓦尼·费拉拉（卒于1521年）：181。

阿斯卡尼奥，枢机主教（Ascanio, Cardinal）：参见阿斯卡尼奥·斯福尔扎。

伯纳德·斯图尔特·德·奥比尼阁下（Aubigny, Monsignor Bernard Stewart d',1447？—1508），具有苏格兰血统，1485年在博斯沃思指挥法军协助亨利七世：186-189，191。

乔瓦尼·保罗·巴廖尼（Baglione, Giovanni Paolo, 1471—1520），佩鲁贾的统治者，在1502年与切萨雷·博尔贾的权谋斗争中丧失统治权，但在亚历山大六世去世后又夺回了政权：210，212，215，217。

巴耶塞特，土耳其苏丹（Bajazet, Sultan, 1446—1512），土耳其的巴耶塞特二世，杰姆的长兄，1481年继位：59-60，62，96-98，107，120。

巴蒂斯蒂纳夫人（Battistina, Donna），巴蒂斯蒂纳·西波，教皇英诺森八世的孙女，1492年嫁于阿拉贡的路易吉：65。

卡米洛·贝内姆比内（Beneimbene, Camillo），显赫的罗马公民，负责博尔贾家族事宜的亚历山大六世信任的公证人：65-66。

贝尔纳迪诺大人（Bernardino, Don）：参见贝尔纳迪诺·甘巴拉。

乔瓦尼·比布利亚（Biblia, Giovanni），阿方索二世的首席大臣及加冕仪式礼仪官：71。

比谢列，公爵夫人（Bisceglia, Duchess）：参见卢克雷齐娅·博尔贾。

比谢列，公爵（Bisceglia, Duke），那不勒斯阿方索二世的私生子阿拉贡的阿方索（1481—1500），1498年成为卢克雷齐娅·博尔贾的第二任丈夫，1500年在罗马遇刺：163，180；比谢列公爵之死，12，27，143，182-183。

比泰托主教（Bitetto, Bishop of），文森索·皮斯塔吉奥（卒于1518年）：187。

卜尼法斯八世，教皇（Boniface VIII, Pope, 1294—1303），1300年创立第一届大赦年庆典：169。

阿方索·博尔贾（Borgia, Alfonso），阿隆索·德·博尔哈（Alonso de Borja, 1378—

1458），瓦伦西亚大主教，1444年成为枢机主教，1455年加冕为教皇加里斯都三世；亚历山大六世罗德里戈·博尔贾的伯父：15，20，53n，57n，208；与枢机主教团，18；西班牙的亲戚，24；与土耳其人，59。

切萨雷·博尔贾（Borgia, Cesare, 1475—1507），亚历山大六世与瓦诺莎·卡塔内的长子；1493至1498年间任瓦伦西亚枢机主教，之后被加封瓦伦蒂诺公爵并迎娶了路易十二的外甥女夏洛特·德·阿尔布雷；身为教廷军队统帅（1500年）和罗马涅公爵（1501年），他摧毁了佣兵团的势力，其中最为著名的是1502年圣诞节发生在塞尼加利亚的战役；亚历山大六世去世后，被教皇尤利乌斯二世监禁于罗马，1504至1506年囚禁于西班牙；最后为其妻兄纳瓦尔国王战死：11，25；性格，7，27-28；军事战役，22，189，200，202-203；父亲的离世，24，220-221，227-228；头衔，34，70，184；与德·埃斯特结盟，65，192，194-198；与那不勒斯国王，82，144；与查理八世，103，109，119，120，186；胡安·博尔贾之死，142-143；权力追逐战，162-163，166-168；军费，170，205，219；谋杀比谢列公爵，178-183；摧毁奥尔西尼家族，210-217。

弗朗切斯科·博尔贾（Borgia, Francesco, 1432—1511），教皇加里斯都的私生子，亚历山大六世的堂兄弟；1493年被任命为教皇总司库，1500年任科森扎枢机主教：24n，56-57，165-166，198，229；谋杀比谢列公爵，183；出访科隆纳家族领地，186，191；随亚历山大六世前往皮翁比诺，201-203；亚历山大六世去世，220，225。

加尔杰拉诺·博尔贾（Borgia, Galgerano），亚历山大六世的侄子，蒙雷阿莱枢机主教乔瓦尼·博尔贾的兄弟：80。

老乔瓦尼·博尔贾（Borgia, Giovanni, the elder, 1447—1503），亚历山大六世的侄子，1492年被任命为蒙雷阿莱枢机主教；1494年，作为教皇特使，为阿方索二世加冕：24n，34，91，101，106，181；任教皇特使，71-72；与费代里戈大人，38-39，42，44，46，49，51；离世，220。

小乔瓦尼·博尔贾(Borgia, Giovanni, the younger, 1470—1500),亚历山大六世的侄孙、老乔瓦尼·博尔贾的侄子;1496年被任命为枢机主教;1500年去世前,曾积极参与切萨雷的政治阴谋:24n,178-179.

乔瓦尼·博尔贾(Borgia, Giovanni,生于1498年),亚历山大六世与朱莉娅·法尔内塞的儿子;1502年受封为卡梅里诺公爵,不过亚历山大六世去世后,瓦拉诺家族收回了这一爵位;由卢克雷齐娅·博尔贾抚育成人,但挥霍无度,在教廷职位上贫穷落魄而死:24n,200。

乔弗雷·博尔贾(Borgia, Joffré,生于1482年),亚历山大六世与瓦诺莎·卡塔内的幼子;1494年受封为斯奎拉切亲王,迎娶阿方索二世的私生女阿拉贡的桑奇娅(卒于1506年,第一次婚姻);迎娶阿拉贡的玛丽亚·米兰(第二次婚姻):22,25,180,215,229;婚姻,35,82,84-85;阿方索二世的加冕礼,78-81。

胡安·博尔贾(Borgia, Juan,1476—1497),亚历山大六世与瓦诺莎·卡塔内的次子;1488年,在其同父异母的哥哥佩德罗·路易斯·博尔贾去世后接任第二任甘迪亚公爵,并于1493年迎娶了佩德罗·路易斯的遗孀玛丽亚·恩里克斯;1496至1497年,在博尔贾第一次不成功地征讨奥尔西尼家族的战争中担任教廷军队统帅;1497年,被神秘暗杀于罗马:22,25,35,70,79,82,131,229;遇害,12,13,142-145,148,162;与土耳其王子杰姆的好友关系,60;卢克雷齐娅的婚姻,64-67,与奥尔西尼家族的战事,132-134;复活节庆典,137-141。

(彼得罗)洛多维科·博尔贾(Borgia, [Pietro] Lodovico,卒于1511年),小乔瓦尼·博尔贾的兄长,1500年乔瓦尼去世后,继承了他所有的头衔,包括枢机主教的职位,196,211;与科隆纳家族领地:190-191,201-202。

卢克雷齐娅·博尔贾(Borgia, Lucrezia,1480—1519),亚历山大六世与瓦诺莎·卡塔内的女儿;1494年,嫁给佩萨罗宗座代牧乔瓦尼·斯福尔扎(第一次婚姻),1497年被宣布婚姻无效;1498年,嫁给比谢列公爵阿方索(第二次婚姻);1501年,嫁给阿方索·德·埃斯特（第三次婚姻），1505 年，称费拉拉公爵夫人：22，35，190-191，201，221，229；性格，7，11，27；第一次婚姻，59，64-66，142，162；第二次婚姻，163-164，166；比谢列公爵遇刺，182-183；第三次婚姻，192-199。

佩德罗·路易斯·博尔贾（Borgia, Pedro Luis, 1458—1488），亚历山大六世的长子，为一位不知名的情妇所生，由阿拉贡的国王费迪南二世加封为西班牙的第一任甘迪亚公爵：22，24n。

罗德里戈·博尔贾（Borgia, Rodrigo，1431—1503），教皇亚历山大六世（1492—1503 在位），曾被其伯父教皇加里斯都三世任命为瓦伦西亚大主教、枢机主教（1456）、教皇的副秘书长（1457），见各处。

罗德里戈·博尔贾（Borgia, Rodrigo），小乔瓦尼·博尔贾的兄弟、亚历山大六世的侄孙，1493 年起任教皇宫卫队队长：43，61。

罗德里戈·博尔贾（Borgia, Rodrigo，1499—1512），卢克雷齐娅·博尔贾与比谢列公爵阿方索的儿子，继任第二任比谢列公爵；卢克雷齐娅前往费拉拉后留在罗马，在枢机主教弗朗切斯科的监护下长大：163，165，200，229。

罗德里戈·博尔贾（Borgia, Rodrigo，生于 1503 年），亚历山大六世的遗腹子，母亲是朱莉娅·法尔内塞，后成为一名僧侣，一生默默无闻：24。

保罗·布兰卡（Branca, Paolo），罗马贵族：106。

德·布雷斯伯爵（Bresse, Comte de），"无地者"菲利普（1438—1497），法王查理八世的舅舅，1496 年被封为萨伏依公爵：107，114，117，127。

弗朗切斯科·布里维奥（Brevio, Francesco），亚历山大六世时期教廷高等法院的首席法官：48。

纪尧姆·布里松内（Briçonnet, Guillaume，卒于 1514 年），圣马洛主教，1495 年被任命为枢机主教：109-113。

乔治·布恰尔多（Bucciardo, Giorgio，卒于 1499 年），阿尔勒主教的兄弟。与土耳其人谈判时，英诺森八世及亚历山大六世聘用的热那亚四兄弟之一：61-63，95-98。

卡拉布里亚公爵（Calabria, Duke of）：参见费兰蒂诺。

加里斯都三世，教皇（Calixtus III, Pope）：参见阿方索·博尔贾。

卡梅里诺宗座代牧（Camerino, Vicar of）：参见朱利奥·瓦拉诺。

马泰奥·卡拉里奥（Canalio, Matteo，卒于 1503 年），维泰博主教西波的专职神父：101。

卡帕乔主教（Capaccio, Bishop of）：参见洛多维科·波多卡特罗。

博林噶里奥·卡拉法（Caraffa, Berlingario），枢机主教卡拉法的远亲，1492 年，作为总管与阿拉贡的费代里戈同居罗马；其后，担任那不勒斯王国军事指挥官，直到王国沦陷：49-50。

卡拉法，枢机主教（Caraffa, Cardinal），奥利维耶罗·卡拉法（1428—1511），亚历山大六世时期，罗马境内那不勒斯利益最古老和最有影响力的支持者：57，101，104，106，119，194，222；与费代里戈大人，37，39，42，44-45，50-51；与法国，101-111，117；复活节庆典，139-140；卢克雷齐娅的第二次婚姻，163-166。

卡里诺拉主教（Carinola, Bishop of）：参见彼得罗·甘博阿。

卡洛·迪·卡纳莱（Carlo di Canale），1486 年成为瓦诺莎·卡塔内的第三任丈夫，两人的婚姻关系一直维持到 1503 年卡洛去世之后；1498 年被任命为诺纳塔监狱主管：24，229。

阿拉贡的卡洛（Carlo of Aragon），阿拉贡的恩里科的儿子，阿方索二世的侄子：78。

阿拉贡的卡洛塔（Carlotta of Aragon），阿拉贡的费代里戈的女儿：162。

乔瓦尼·卡罗利（Caroli, Giovanni），梵蒂冈信使：222。

卡瓦哈尔，枢机主教（Carvajal, Cardinal），贝尔纳迪诺·卡瓦哈尔（卒于 1523 年），帕维亚主教及英诺森八世时期西班牙驻罗马的大使；1493 年出任枢机主教，

1496 年作为教皇特使前往马克西米利安皇帝处：56；与查理八世，113-114；出使马克西米利安皇帝处，122，124，126，128-130。

亚科波·卡萨诺瓦（Casanova, Jacopo，卒于 1504 年），亚历山大六世最忠实的西班牙支持者，教宗私人侍从；1503 年 5 月被任命为枢机主教：110，221，225。

乔瓦尼·卡斯特拉尔（Castelar, Giovanni，卒于 1506 年），亚历山大六世的远亲，博尔贾家族最忠实的追随者；1503 年 5 月被任命为枢机主教：24n，220，221n。

阿德里亚诺·卡斯泰利（Castelli, Adriano，1458—1521），1497 年接替弗洛雷斯担任教皇秘书，1503 年 5 月被任命为枢机主教：150，241，220。

瓦诺莎·卡塔内（Catanei, Vanozza，1442—1518），亚历山大六世继任教皇前的情妇，切萨雷·博尔贾、胡安·博尔贾、卢克雷齐娅·博尔贾，以及乔弗雷·博尔贾的母亲；共结过 3 次婚，最后一次嫁给了卡洛·迪·卡纳莱，卡洛死后，成为罗马受人尊敬而富有的寡妇：11，22，25，106，144，229。

胡安·切韦隆（Cervillon, Juan，卒于 1499 年），阿拉贡贵族，1496 年以来国王费代里戈的首席顾问；1498 年为教皇服务，在罗马神秘遇害：165。

切萨里尼，枢机主教（Cesarini, Cardinal），朱利亚诺·切萨里尼（卒于 1510 年），罗马显赫家族的一员，与亚历山大六世联姻；1493 年被任命为枢机主教：118，181。

切塞纳主教（Cesena, Bishop of）：参见彼得罗·门齐。

查理五世（Charles V），法国国王（1364—1380）：136。

查理八世（Charles VIII，1470—1498），法国国王，1483 年年幼时登上王位；1494 年入侵意大利，次年占领那不勒斯，后被迫退出征服之地；计划下一次征服时意外身亡：11，20，115n，121，131，163；宣言，35，70，71；派系，33，34；进攻佛罗伦萨，90-93，96；罗马之行，99，102，104，106，107，110-112，114。

查西姆普埃格（Chasimpueg），穆罕默德·查西姆普埃格，教皇英诺森八世及亚历山大六世时期的土耳其大使：61-63。

西波，枢机主教（Cibo, Cardinal），洛伦佐·德·马里·西波（卒于1503年），教皇英诺森八世的堂侄，深受英诺森八世的宠爱；亚历山大六世在任时，得到其大力支持：47，101，103，134，137，198。

克利夫斯公爵（Cleves, Duc de），克利夫斯的恩格尔贝特（1462—1506），应为欧塞尔伯爵，克利夫斯公爵约翰二世的兄弟：114。

马里亚诺·科切尼（Coccini, Mariano，卒于1502年），教皇的财政监督：150。

科隆纳，枢机主教（Colonna, Cardinal），乔瓦尼·科隆纳（卒于1508年），普罗斯佩罗·科隆纳的兄弟：47，67，106-107，119。

法布里齐奥·科隆纳（Colonna, Fabrizio，卒于1520年），普罗斯佩罗和枢机主教科隆纳的堂兄弟；作为专业的军事指挥官，他最先为国王费兰特而战，1494年参加了法国对抗阿拉贡家族和教皇的战争，但此后效忠于国王费代里戈，直到1501年那不勒斯王国陷落：134。

彼得罗·科隆纳（Colonna, Pietro），1496年热情款待了作为教皇特使前往马克西米利安处的枢机主教卡瓦哈尔：122。

普罗斯佩罗·科隆纳（Colonna, Prospero，1452—1523），枢机主教科隆纳的兄弟，被认为是那个时代最伟大的军事指挥官之一；1494年因试图援助法国而遭亚历山大六世囚禁，其后直到1501年，效忠于那不勒斯的国王费代里戈；再后来，在意大利南部为西班牙而战：93-94，98。

莱奥纳尔多·科莫（Como, Leonardo），阿方索二世的裁缝：72。

康科迪亚主教（Concordia, Bishop of）：参见康科迪亚主教莱奥内洛。

尼科拉·格拉托·德·孔蒂主教（Conti, Bishop Nicola Grato de'，卒于1494年），孔扎主教：105。

杰雷米亚·贡图吉（Contugi, Geremia），沃尔泰拉的教士，1496年被任命为阿西西主教：104。

科尔多利诺大人（Cordellino, Don），枢机主教拉斐尔·里亚里奥的管家：167。

科森扎的枢机主教（Cosenza, Cardinal of）：参见弗朗切斯科·博尔贾。

达·科斯塔，枢机主教（Costa, Cardinal da），乔治·达·科斯塔（1406—1508），里斯本的枢机主教，亚历山大六世的葡萄牙支持者：103，173，175，190，194，200。

贝尔特朗多·科斯塔比利（Costabili, Beltrando），1500至1503年，费拉拉驻罗马大使：8。

库伯萨诺主教（Cupersano, Bishop of），多纳托·迪·阿夸维瓦：187。

德梅特里奥大人（Demetrio, Don）：参见德梅特里奥·瓜塞利。

杰姆，土耳其王子（Djem, Sultan，1460？—1495），苏丹穆罕默德二世的小儿子，巴耶塞特二世的幼弟；1481年对其兄长发动叛乱，失败而终 土耳其人与基督教统治者外交谈判中的重要人物：12；羁押在罗马，59-63，96-97；与查理八世，106-107，112，118-120。

多梅尼科·达·佩夏（Domenico da Pescia），修士多梅尼科（卒于1498年），萨沃纳罗拉在佛罗伦萨的多名我会支持者：156-159。

安吉利亚多大人（Engelardo, Don），安吉利亚多·方克，梵蒂冈宣员，教皇的私人秘书：94。

阿拉贡的恩里科（Enrico of Aragon），阿方索二世的弟弟：78。

玛丽亚·恩里克斯夫人（Enriquez, Donna Maria），阿拉贡国王费迪南二世的表妹，与第一任甘迪亚公爵佩德罗·路易斯·博尔贾订婚；在其死后，于1493年改嫁给其同父异母的弟弟及继承人胡安·博尔贾大人：70。

斯特凡诺·埃吕尼（Eruli, Stefano），教廷公证人：75-76，79。

阿方索·德·埃斯特（Este, Alfonson d'，1476—1534），费拉拉的埃尔科莱·埃斯特公爵的长子，1501年迎娶卢克雷齐娅·博尔贾，1505年继任费拉拉公爵：27，114，211；迎娶卢克雷齐娅，192-195，197-198。

德·埃斯特，枢机主教（Este, Cardinal d'），伊波利托·德·埃斯特（1479—1520），

埃尔科莱的儿子：197，198，202，207。

埃尔科莱·德·埃斯特（Este, Ercole d'，1431—1505），埃尔科莱一世，1471 年起任费拉拉公爵，意大利最古老的贵族家庭之一的首领；1494 年，在法国入侵意大利时，与查理八世结盟，后同意与博尔贾家族联姻：38，90，192，200。

费迪南多·德·埃斯特（Este, Ferdinando d'，1477—1540），埃尔科莱·德·埃斯特的儿子；1501 年因其兄长与卢克雷齐娅·博尔贾联姻，作为家族代理人来到罗马；1506 年，在针对阿方索的阴谋失败后，被终身囚禁：196，198。

西吉斯蒙多·德·埃斯特（Este, Sigismondo d'，1480—1524），埃尔科莱·德·埃斯特的儿子：196，198。

德·埃斯图特维尔，枢机主教（Estouteville, Cardinal d'），纪尧姆·德·埃斯图特维尔（1403—1483），法国人，15 世纪中叶最富有、最有影响力的枢机主教之一：53n，93n。

杰罗姆·德·埃斯图特维尔（Estouteville, Jerome d'，卒于 1498 年），枢机主教埃斯图特维尔的私生子，在法国和奥尔西尼家族军队中服役的职业军人：93。

尤金四世，教皇（Eugenius IV, Pope，1431—1447）：14。

法布里齐奥(Fabrizio，卒于1501年)，卡普阿的居民，1501年背叛其城市投靠切萨雷·博尔贾：189。

法尔科内大人（Falcone, Don，卒于 1485 年），法尔科内·德·西尼巴尔迪，教皇西克斯图斯四世及英诺森八世时期的教皇总司库：111。

法尔内塞，枢机主教（Farnese, Cardinal），亚历山德罗·法尔内塞（1468—1549），朱莉娅·法尔内塞的兄弟；1493 年被任命为枢机主教，1534 年加冕为教皇保罗三世：70，138，174，181。

茱莉娅·法尔内塞（Farnese, Giulia，1474—1524），1489 年，嫁给奥尔索·奥尔西尼，因此与博尔贾家族相识；亚历山大六世任教皇期间的情妇，为其生下两个儿子，乔瓦尼和罗德里戈：11，24，65，67n，70，200。

费代里戈大人（Federigo, Don），阿拉贡的费代里戈（1451—1504），那不勒斯国王费兰特的次子；1487年被封为阿尔塔穆拉亲王，1492年访问罗马以表达其父亲对亚历山大六世的效忠；1496年成为那不勒斯国王，但于1501年逊位，作为安茹的领主退隐法国：143，162；罗马之行，37-39，42-51；出席阿方索二世加冕礼，78，81；出席乔弗雷·博尔贾婚礼，82，84；被废黜，184，188，191。

阿拉贡的费迪南（Ferdinand of Aragon，1452—1516），1479年起，称阿拉贡国王费迪南二世，与王后塞维利亚的伊莎贝拉共同统辖西班牙和西西里；那不勒斯费兰特的堂兄弟，试图恢复西班牙在意大利南部的统治；对亚历山大六世给予了广泛支持，并在教皇帮助下于1501年瓜分了那不勒斯王国：35，151，163，228；与法国，90，185，188。

孔萨尔沃·费尔南德斯（Fernandez, Consalvo，1453—1515），阿拉贡国王费迪南二世的西班牙军总司令；在1497年的战事中援助博尔贾家族，但后来在瓜分那不勒斯王国的行动中为西班牙守卫意大利南部；1504年教皇尤利乌斯二世允许切萨雷·博尔贾离开罗马后，拒绝将其释放：142，219，228；复活节庆典，137-141。

费兰特，国王（费迪南一世，Ferrante [Ferdinand I]，1431—1494），那不勒斯国王阿方索一世的私生子；1458年不顾教皇的反对继承王位，与教皇的关系紧张，同时与法国及斯福尔扎家族长期敌对：82；与亚历山大六世的关系，33-35，37-38，47；离世，70-71，87-88。

费兰蒂诺，国王（费迪南二世，Ferrantino [Ferdinand II]，1467—1496），那不勒斯国王阿方索二世的儿子，其父统治时期称卡拉布里亚公爵；1495年1月阿方索逊位后登上国王宝座，并从法国手中恢复那不勒斯王国的统治，1496年死于热病：121，131，144n；罗马之行，94，101，104；与杰姆，107，119-120。

费拉拉公爵夫人（Ferrara, Duchess of）：参见卢克雷齐娅·博尔贾。

费拉拉公爵（Ferrara, Duke of）：参见阿方索·德·埃斯特；埃尔科莱·德·埃斯特。

费拉里,枢机主教(Ferrari, Cardinal),乔瓦尼·巴蒂斯塔·费拉里(卒于1502年),
    1496至1502年担任亚历山大六世的审查官,摩德纳主教,1500年被任命为枢机
    主教:139,166,171,187,202;离世,11,205-209。

佛罗伦萨大主教(Florence, Archbishop of):参见里纳尔多·奥尔西尼。

安东尼奥·弗洛雷斯(Flores, Antonio),教廷高等法院法官:120。

巴尔托洛梅奥·弗洛雷斯(Flores, Bartolomeo,卒于1498年),内皮主教,1495年
    任科森扎主教,并担任亚历山大六世的第二任私人秘书;1497年,因腐败问题
    遭指控、审判并被判处终生监禁:102,107;被捕,148-151。

富瓦伯爵(Foix, Comte de):参见纳瓦尔国王。

阿拉贡的弗朗切斯科(Francesco of Aragon),那不勒斯国王费兰特的幼子;1484年
    前往罗马,以表达其父亲对教皇英诺森八世的效忠:45-46。

帕尔马的弗朗切斯科(Francesco of Parma),弗朗切斯科·阿里亚尼,亚历山大六
    世时期在教廷财务院任职:124。

弗朗切斯科·迪·普利亚(Francesco di Puglia),修士弗朗切斯科·福科,1498年
    方济各会在佛罗伦萨的领袖:156-158。

锡耶纳的弗朗切斯科(Francesco of Siena),那不勒斯人,1494年布尔夏德访问那不
    勒斯期间,对其进行了热情招待:71。

弗朗切斯科·卡巴尼亚(Gabania, Francesco),亚历山大六世的私人侍从:110。

亚科波·加利(Galli, Jacopo,卒于1483年),罗马商人:105-106。

贝尔纳迪诺·甘巴拉(Gambara, Bernardino),宗座副执事,梵蒂冈的审查官;1501
    年任卡瓦永主教:48,50,77,176,181,203。

瓦西诺·甘巴拉(Gambara, Vasino,卒于1501年),贝尔纳迪诺·甘巴拉的侄子,
    宗座副执事:138。

彼得罗·甘博阿(Gamboa, Pietro,卒于1503年),卡里诺拉主教,在卢克雷齐娅·博
    尔贾离开罗马前往费拉拉前,一直担任她的专职神父:214,220-221。

让·加奈（Ganay, Jean，卒于 1512 年），巴黎高等法院院长，1494 年随查理八世访问罗马，后担任法国驻教皇国的大使并被加封为法国的首席大臣：101，107，112n，114。

甘迪亚公爵（Gandia, Duke of）：参见佩德罗·路易斯·博尔贾和胡安·博尔贾。

西尔韦斯特罗·吉利（Gigli, Silvestro，卒于 1521 年），伍斯特主教，自 1498 年起，担任英国驻罗马的大使：164。

乔万娜·达·蒙泰费尔特罗（Giovanna da Montefeltro）：参见乔万娜·达·蒙泰费尔特罗。

保罗·焦维奥（Giovio, Paolo，1483—1552），罗马历史学家：8。

安东尼奥·朱斯蒂尼亚（Giustinian, Antonio），1502 年起任驻罗马的威尼斯大使：8。

孔萨尔沃大人（Gonsalvo, Don）：参见孔萨尔沃·费尔南德斯。

帕里斯·德·格拉西斯（Grassis, Paris de，卒于 1528 年），接任布尔夏德的梵蒂冈官员：10。

格拉维纳主教（Gravina, Bishop of），马泰奥·德·阿奎诺：82。

格雷戈里奥（Gregorio），教廷的土耳其语翻译：61。

德·拉·格罗莱，枢机主教（Grolaye, Cardinal de la），让·维利耶·德·拉·格罗莱（1439—1499），圣德尼修道院院长；1492 年英诺森八世去世后，担任罗马城的总督；1493 年被任命为枢机主教：91，139-140；与查理八世，106，108，111-112。

德梅特里奥·瓜塞利（Guaselli, Demetrio）：50，63。

弗朗切斯科·圭恰尔迪尼（Guicciardini, Francesco，1483—1540），教皇的军事将领，意大利文艺复兴时期的历史学家：8。

圭多巴尔多公爵（Guidobaldo, Duke）：参见圭多巴尔多·达·蒙泰费尔特罗。

贝尔纳迪诺·古特利（Gutteri, Bernardino），布尔夏德的同僚，1504 年退休：146，173，218。

海因里希，弗斯腾伯格伯爵（Heinrich, Count of Fustemberg），马克西米利安皇帝的管家，骑兵指挥官：124。

亨利七世，英格兰国王（Henry VII，1485—1509）：**121**。

斯特凡诺·因费苏拉（Infessura, Stefano，1436—1500），罗马市政官员，日记作者：**8-9**。

英诺森八世，教皇（Innocent VIII, Pope），乔瓦尼·巴蒂斯塔·西波（1432—1492），1484 年被选举为教皇：**9，12，33，45**；与杰姆，**60**；与土耳其人，**62n**；与阿方索二世，**71**；与查理八世，**92n**。

阿拉贡的伊莎贝拉（乔万娜，Isabella [Giovanna] of Aragon），那不勒斯国王费兰特的女儿，1495 年嫁给了自己的侄子费兰蒂诺：**120**。

塞尔莫内塔教廷高级书记雅各布（Jacopo, Protonotary of Sermoneta），亚科波·加埃塔尼（卒于 1500 年）：**74-75**。

尤利乌斯二世，教皇（Juius II, Pope）：参见朱利亚诺·德拉·罗韦雷。

莱奥纳尔多·达·芬奇（Leonardo da Vinci，1452—1519），佛罗伦萨画家、雕塑家、工程师：**200**。

康科迪亚主教莱奥内洛（Leonello, Bishop of Concordia），莱奥内洛·基耶雷加托（卒于 1506 年）：**66，111，113**。

安杰洛·莱奥尼尼（Leonini, Angelo，卒于 1514 年），蒂沃利主教，亚历山大六世派往威尼斯的使节：**179**。

利尼伯爵（Ligny, Comte de），查理八世的表兄弟和私人管家：**117**。

里斯本枢机主教（Lisbon, Cardinal of）：参见乔治·达·科斯塔。

洛多维科·德·阿涅利斯（Lodovico de Agnellis，卒于 1499 年），教廷高级书记，1497 年接替弗洛雷斯任科森扎主教：**150**。

洛佩斯，枢机主教（Lopez, Cardinal），乔瓦尼·洛佩斯（卒于 1501 年），相继担任佩鲁贾和卡普阿的主教；1496 年被任命为枢机主教前，一直为亚历山大六世审查官：**124，132，141**；与法国，**107，187**；与切萨雷·博尔贾，**134，179，181**。

乔瓦尼·洛伦齐（Lorenzi, Giovanni，生于 1440 年），威尼斯人，曾任英诺森八世的秘书：

201-201。

弗朗切斯科·洛里斯（Loriz, Francesco，卒于 1506 年），亚历山大六世的侄孙，1503 年被任命为枢机主教及君士坦丁堡宗主教：24n，221。

路易十二（Louis XII, 1462—1515），查理八世的姐夫，于 1498 年继承王位成为法国国王；与博尔贾家族联姻，并于 1500 年册封切萨雷为瓦伦蒂诺公爵：188，191n，192，198；与切萨雷，163，166n，184，219。

巴尔托洛梅奥·德·卢纳（Luna, Bartolomeo de，卒于 1497 年），尼卡斯特罗主教，教宗私人侍从，亚历山大六世时期任圣天使堡总管：105。

德·卢纳特，枢机主教（Lunate, Cardinal de），贝尔纳迪诺·德·卢纳特（1452—1497），1493 年被任命为枢机主教；1496 年，在针对奥尔西尼家族的行动中担任教皇特使：93-94，108，132，134。

尼科洛·马基雅维利（Machiavelli, Niccolò, 1469—1527），佛罗伦萨外交官，1502 至 1503 年间作为出访切萨雷·博尔贾处的大使，并在《君主论》中将切萨雷视为意大利政治和军事领袖的楷模：27，210，228。

亚科波·玛格罗里奥（Magnolino, Jacopo，卒于 1497 年），供职于教廷的佛罗伦萨人，金匠及执权杖者：98。

穆罕默德二世，土耳其苏丹（Mohamet II, Sultan, 1430—1481），1451 年以后土耳其的统治者，在位期间占领了君士坦丁堡，是巴耶塞特二世与杰姆的父亲：59，96。

阿斯托雷·曼弗雷迪（Astorre Manfredi, 1482—1501），法恩扎的统治者，1501 年向切萨雷·博尔贾投降：184。

曼图亚的枢机主教（Mantua, Cardinal of），弗朗切斯科·贡扎加（卒于 1483 年）：46。

曼图亚侯爵（Mantua, Marquis of），吉安·弗朗切斯科·贡扎加（1466—1519），伊莎贝拉·德·埃斯特的丈夫、阿方索·德·埃斯特的妹夫：195，212。

乔瓦尼·马里亚（Maria, Giovanni），礼仪文书：45。

人物索引

布赖萨赫的马夸德（Marquard of Breysach），神圣罗马帝国大使兼秘书：123-124。

乔瓦尼·马拉迪（Marradi, Giovanni，卒于1499年），亚历山大六世的私人侍从，1497年任图勒主教：49，150-151，167。

法兰西元帅（Marshal of France），皮埃尔·德·吉埃（1455—1513），罗昂子爵：101，104，106。

巴尔托洛梅奥·马丁尼（Martini, Bartolomeo，卒于1500年），塞哥维亚主教，1496年被任命为枢机主教：43，147。

托马索·马塔拉佐（Matarazzo, Tommaso），罗马建筑师：172，175。

马克西米利安，皇帝（Maximilian, Emperor），马克西米利安一世（1459—1519），1493年起成为神圣罗马帝国皇帝，但从未在意大利接受教皇加冕；1495年，加入反抗查理八世的同盟，1496年访问罗马：与查理八世，70，90；与亚历山大六世，93，121-129。

德·美第奇，枢机主教（Medici, Cardinal de'），乔瓦尼·德·美第奇（1475—1521），洛伦佐·德·美第奇的儿子；早在1489年便成为枢机主教，对博尔贾家族给予了广泛支持；1494年被驱除出佛罗伦萨，1512年返回，1513年当选为教皇利奥十世：91。

洛伦佐·德·美第奇（Medici, Lorenzo de'，1449—1492），1469年起成为佛罗伦萨实际上的统治者，那个时代举足轻重的意大利君主，维持同意大利其他政治力量的平衡，使佛罗伦萨得以避免陷入外来入侵的困境：34。

皮耶罗·德·美第奇（Medici, Pietro de'，1472—1503），皮耶罗二世，1492年接替其父亲洛伦佐成为佛罗伦萨实际上的统治者，1494年在反对美第奇家族统治的叛乱中遭到驱逐：34，91。

马里奥·梅里尼（Mellini, Mario），教皇英诺森八世的亲戚，显赫的罗马公民：104，122。

彼得罗·门齐（Menzi, Pietro，卒于1504年），切塞纳主教，教廷财务院首席法官：

93，94，185，215。

米凯洛托大人（Michelotto, Don），米凯洛托·科雷利亚，切萨雷的西班牙裔副官，因作为切萨雷的刽子手而臭名昭著；1504 年遭尤利乌斯二世逮捕，1506 年获释，并为佛罗伦萨服务：183，214，221，225。

米希尔，枢机主教（Michiel, Cardinal），乔瓦尼·米希尔（卒于 1503 年），疑遭博尔贾家族图财害命；尤利乌斯二世时期，阿斯奎诺·德·科洛雷多因受切萨雷·博尔贾主使参与此事而遭审判和处决：205，219。

路易斯·胡安·德·米拉（Mila, Luis Juan de，1431—1508），教皇加里斯都三世的侄子、亚历山大六世的表兄弟，1456 年被任命为枢机主教：24n。

米兰公爵夫人（Milan, Duchess of），比阿特丽斯·德·埃斯特（1475—1497），洛多维科·斯福尔扎的妻子、埃尔科莱·德·埃斯特的女儿：126，128。

米兰公爵（Milan, Duke of）：参见吉安·加莱亚佐·斯福尔扎；洛多维科·斯福尔扎。

摩德纳主教（Modena, Bishop of）：参见枢机主教费拉里。

蒙雷阿莱的枢机主教（Monreale, Cardinal of）：参见老乔瓦尼·博尔贾。

乔万娜·达·蒙泰费尔特罗（Montefeltro, Giovanna da，卒于 1514 年），乌尔比诺公爵圭多巴尔多的妹妹、乔瓦尼·德拉·罗韦雷的妻子：213。

圭多巴尔多·达·蒙泰费尔特罗（Montefeltro, Guidobaldo da，1472—1508），1482 年，接替其父亲任乌尔比诺公爵：227；反抗奥尔西尼家族的行动，132，134-135；被切萨雷击败，210，212-213。

蒙费拉侯爵（Marquis of Montferrat），巴列奥略家族的纪尧姆九世（1494—1518）：127。

蒙庞西耶伯爵（Montpensier, Comte de），吉尔贝·波旁（1443—1496），1485 年出任驻教皇英诺森八世处的法国大使：100，107，114，117，121，131。

弗朗切斯科·穆夏尼（Musciani, Francesco），布尔夏德的友人：129。

那不勒斯大主教（Naples, Archbishop of），亚历山德罗·卡拉法（卒于 1503 年），

人物索引

枢机主教卡拉法的兄弟：75，78。

纳瓦尔国王（Navarre, King of），让·德·阿尔布雷（卒于1516年），1483年在其内弟弗朗索瓦去世后继任纳瓦尔国王和富瓦伯爵：114，117，180。

内皮主教（Nepi, Bishop of）：参见巴尔托洛梅奥·弗洛雷斯。

尼古拉斯五世，教皇（Nicolas V, Pope, 1447—1455），文艺复兴时期第一位大力资助罗马艺术家的教皇：20，53n。

巴尔达萨雷·尼科莱（Nicolai, Baldassarre，卒于1517年），教廷圣器收藏室总管，公证人：221。

尼科西亚大主教（Nicosia, Archbishop of），贝内代托·索兰佐（1442—1495）：50。

马蒂诺·尼米拉（Nimira, Martino），教廷高级书记，1496年在米兰负责处理枢机主教卡瓦哈尔的相关事宜：129。

奥利韦罗托·达·费尔莫（Oliverotto da Fermo，1475—1503），与奥尔西尼家族结盟的佣兵队长，协同奥尔西尼家族反抗切萨雷·博尔贾：212。

安德烈亚·翁多普（Ondorp, Andrea），1497年后在圣彼得大教堂专侍德意志人的告解神父，布尔夏德的医生：105。

奥尔西尼，枢机主教（Orsini, Cardinal），乔瓦尼·巴蒂斯塔·奥尔西尼（卒于1503年），亚历山大六世在任期间，奥尔西尼对其态度总体比较友好；1503年1月遭逮捕，此后不久便死于圣天使堡：12，42，104，202；大赦年，173，175；与切萨雷，179，181；失势与离世，205，212-218。

卡洛·斯福尔扎·奥尔西尼（Orsini, Carlo Sforza，卒于1505年），真蒂莱·维尔吉尼奥·奥尔西尼的私生子、保罗·奥尔西尼的兄弟；1497年领导军队在索里亚诺击败了博尔贾家族，担任法国的军事指挥官，从而逃过了发生在塞尼加利亚的家族悲剧：135，212。

真蒂莱·维尔吉尼奥·奥尔西尼（Orisni, Gentile Virginio，卒于1497年），蒙特罗通多与布拉恰诺的统治者。1494年被册封为那不勒斯治安总长，然而，同年不久便背弃了阿方索二世及亚历山大六世，将布拉恰诺拱手让与法国人。1496 年，在阿泰拉被那不勒斯人俘虏并监禁，囚禁期间离世，70，121，131；与阿方索二世，71，78，80，84。

乔瓦尼·乔达诺·奥尔西尼（Orisni, Giovanni Giordano），真蒂莱·维尔吉尼奥·奥尔西尼的儿子，卡洛·奥尔西尼的兄弟；博尔贾家族第一次讨伐奥尔西尼家族时被俘，1497 年获释，并于 1498 年随同切萨雷·博尔贾前往法国；1503 年与博尔贾家族和解，1506 年迎娶教皇尤利乌斯二世的女儿：217。

朱利奥·奥尔西尼（Orsini, Giulio，卒于 1517 年），枢机主教奥尔西尼的兄弟，作为职业军人轮流为洛多维科·斯福尔扎、佛罗伦萨及博尔贾家族效力：42。

保罗·奥尔西尼（Orsini, Paolo，卒于 1503 年），真蒂莱·维尔吉尼奥·奥尔西尼的堂兄弟，在塞尼加利亚被捕和处决前，一直在抗击切萨雷·博尔贾：132，166，212，214，216。

里纳尔多·奥尔西尼（Orsini, Rinaldo），佛罗伦萨大主教，1501 年 1 月在罗马同家人一道遭逮捕，后获释且毫发未损：173，214-215。

维尔吉利奥·奥尔西尼（Orisni, Virgilio），枢机主教奥尔西尼的先祖：216。

帕拉维奇尼，枢机主教（Pallavicini, Cardinal），安东尼奥托·真蒂莱·帕拉维奇尼（1441—1507），热那亚人，英诺森八世的审查官；亚历山大六世时期，在枢机主教团中以正直和诚实著称：106，139，202，225；与法国，109，1-2，187；与切萨雷，179，181。

保罗二世，教皇（Paul II, Pope，1464—1471）：46，48，169。

帕维亚主教（Pavia, Bishop of）：参见枢机主教卡瓦哈尔。

佩劳迪，枢机主教（Peraudi, Cardinal），雷蒙多·佩劳迪（1435—1503），效力于皇帝马克西米利安的法国人，1493 年被任命为古奇的枢机主教；1494 至 1495 年，同查理八世合谋反抗亚历山大六世，1500 年声名鹊起，其后，以特使身份派驻德意志，在那里为讨伐土耳其人的十字军东征摇旗呐喊：95，96；变节，11，

94n；与查理八世，91，99，100，102，107，119。

佩鲁贾主教（Perugia, Bishop of）：参见枢机主教洛佩斯。

佩萨罗宗座代牧（Pesaro, Vicar of）：参见乔瓦尼·斯福尔扎。

潘多尔福·彼得鲁奇（Petrucci, Pandolfo），锡耶纳的统治者：212，215-217。

菲利普大公（Phillip, Archduke），哈布斯堡的菲利普（1478—1506），奥地利大公及勃艮第公爵；马克西米利安皇帝的儿子、阿拉贡国王费迪南二世的女婿：99。

菲利普，萨伏依公爵（Philip, Duke of Savoy）：参见德·布雷斯伯爵。

锡耶纳枢机主教皮科洛米尼（Piccolomini, Cardinal of Siena），弗朗切斯科·托代斯基尼·皮科洛米尼（1440—1503），1495年作为特使与查理八世会晤；亚历山大六世去世后，被选为庇护三世，在位仅一个月：9，55，63，123，129，143，195，228；与费代里戈大人，39，42，44-45，50-51。

尼科洛·卢琴蒂尼·皮科洛米尼（Piccolomini, Niccolò Lucentini），枢机主教德·埃斯特的专职神父：201。

皮恩扎主教（Pienza, Bishop of），阿戈斯蒂诺·彼得里齐·代·皮科洛米尼，保罗二世的礼仪官：46。

皮蒂利亚诺伯爵（Pitigliano, Count of），尼科洛·奥尔西尼（1442—1510），1489年被任命为教廷军队统帅，亚历山大六世统治初年，曾为其效力，后成为威尼斯的军事指挥官：61，66。

庇护三世，教皇（Pius III, Pope）：参见枢机主教皮科洛米尼。

波多卡特罗，枢机主教（Podocathro, Cardinal），洛多维科·波多卡特罗（卒于1504年），卡帕乔主教；1492年以前担任罗德里戈·博尔贾的秘书，后者成为教皇之后仍然担任其秘书，1500年被任命为枢机主教：47，148，166。

乔瓦尼·蓬塔诺（Pontano, Giovanni, 1426—1503），那不勒斯政治家、文学家，任王室秘书一职：74-75，79。

亚科波·蓬塔诺（Pontano, Jacopo），1492年12月那不勒斯派往罗马的特使：38。

菲利贝托·布亨达莫（Prendhomme, Philberto，卒于1529年），勃艮第贵族，1499年派驻罗马的神圣罗马帝国大使：164-165。

拉斐尔大人（Raffaelo），拉斐尔·迪·阿雷纳（卒于1500年），亚历山大六世的礼拜堂执事：108。

拉古萨大主教（Ragusa, Archbishop of）：参见乔瓦尼·萨基。

里亚里奥，枢机主教（Riario, Cardinal），拉斐尔·里亚里奥（1460—1521），教皇西克斯图斯四世的侄孙，1477年任枢机主教，后成为教廷财务院总管；并非亚历山大六世的强烈反对者，但仍遭博尔贾家族的攻击，1499年从罗马出逃，1503年亚历山大六世去世后方才返回：104，167-168，224。

吉罗拉莫·里亚里奥（Riario, Girolamo，卒于1488年），教皇西克斯图斯四世的侄子，由西克斯图斯四世加封为伊莫拉领主；1480年，迎娶卡泰丽娜·斯福尔扎，并占领弗利，原本计划入侵罗马涅，但在1488年遭谋杀；其遗孀卡泰丽娜继续统辖领地直到1500年：167-168。

鲁昂伯爵（Rouen, Comte de），1494和1495年随同查理八世出征意大利：105。

多梅尼科·德拉·罗韦雷，枢机主教（Rovere, Cardinal Domenico della，卒于1501年），教皇西克斯图斯四世的侄子：111，138。

乔瓦尼·德拉·罗韦雷（Rovere, Giovanni della，1457—1501），教皇西克斯图斯四世的侄子，朱利亚诺·德拉·罗韦雷的幼弟；由西克斯图斯四世加封为罗马行政官及塞尼加利亚领主，迎娶乔万娜·达·蒙泰费尔特罗：96。

朱利亚诺·德拉·罗韦雷（Rovere, Giuliano della，1443—1513），教皇西克斯图斯四世的侄子，1471年任枢机主教；亚历山大六世最强大的敌人，1494年与法国密谋推翻亚历山大六世；当查理八世于1495年撤离意大利时，朱利亚诺·德拉·罗韦雷流亡法国，在亚历山大六世去世后方才返回罗马；1503年11月当选为教皇尤利乌斯二世，其后摧毁了博尔贾家族的势力，但保留了教皇对意大利中部地区的控制：18，33，37，70，200；与查理八世，90，102-103，107，119，131；

继任为教皇尤利乌斯二世，9，15-16，20，22，25，28，205，227-229。

鲁道夫，安哈尔特亲王（Rudolf, Prince of Anhalt, 1466—1510），神圣罗马帝国的显贵，1494年派驻罗马的帝国大使：93。

乔瓦尼·萨基（Sacchi, Giovanni，卒于1505年），拉古萨大主教，亚历山大六世的内务总管；1494至1496年被任命为罗马总督，1503年亚历山大六世去世后继续担任此职：173，175，187，208，224。

阿拉贡的桑奇娅（Sancia of Aragon），那不勒斯国王阿方索二世的私生女，嫁给乔弗雷·博尔贾：25，82，84-85；与胡安·博尔贾，142；与比谢列公爵，183；离世，229。

费利诺·圣得罗（Sandeo, Felino，1444—1503），教廷高等法院法官，并先后担任帕尔马及卢卡主教：201。

朱利奥·达·桑迦洛（Giulian da Sangallo），罗马建筑师、雕塑家：53n。

圣乔治，枢机主教（San Giorgio, Cardinal），乔瓦尼·安东尼奥·德·圣乔治（1439—1509），1493年9月被任命为枢机主教，备受同僚尊敬，1497年任职于改革委员会：138，141，181，187，215；与查理八世，106-108，112-114，118。

圣塞韦里诺，枢机主教（Sanseverino, Cardinal），费代里戈·圣塞韦里诺（卒于1517年），1489年被任命为枢机主教，但任职直到亚历山大六世登基后方才宣布；阿斯卡尼奥枢机主教的坚定支持者，1499年同阿斯卡尼奥一起流亡：47，48，139，202；与查理八世，93-94，98，118。

乔瓦尼·弗朗切斯科·圣塞韦里诺（Sanseverino, Giovanni Francesco，卒于1502年），枢机主教圣塞韦里诺的兄弟、卡亚佐伯爵；1494年曾与洛多维科·斯福尔扎密谋反抗亚历山大六世，但于1501年加入法国讨伐意大利的远征军，并与亚历山大六世讲和：187-188。

亚科波·迪·圣克罗切（Santa Croce, Jacopo di），与奥尔西尼家族有亲戚关系的罗马家族成员，1503年1月遭逮捕，但在向博尔贾家族交纳保证金后获释：214-215。

马里诺·萨努托（Sanuto, Marino，1466—1536），亚历山大六世担任教皇期间驻罗马的威尼斯大使，日记作家：8-9。

萨韦利，枢机主教（Savelli, Cardinal），乔瓦尼·巴蒂斯塔·萨韦利（1428？—1498），一贯与亚历山大六世敌对：54，102，106-107，119。

吉罗拉莫·萨沃纳罗拉，修士（Savonarola, Fra Girolamo，1452—1498），佛罗伦萨多明我会圣马可修道院院长、基督教宣道家和改革家；1490年以后在佛罗伦萨布道，1494年美第奇家族垮台后掌握该城市实权，直至1498年遭推翻和处决；1497年与亚历山大六世发生冲突并被开除教籍：11，34，153-161。

萨伏依公爵（Savoy, Duke of）：参见德·布雷斯伯爵。

乔治·斯基亚维（Schiavi, Giorgio），罗马木材商：145-146。

拉塞加的教廷高级书记（Sega, Protonotary of la），出席阿方索二世的加冕礼：74。

塞哥维亚主教（Segovia, Bishop of）：参见巴尔托洛梅奥·马丁尼。

塞尔莫内塔的教廷高级书记（Sermoneta, Protonotary of）：参见塞尔莫内塔首席书记官亚科波。

巴尔托洛梅奥·塞拉（Serra, Bartolomeo），亚历山大六世的表兄弟：80。

海梅·塞拉（Serra, Jaime，卒于1517年），巴尔托洛梅奥·塞拉的儿子。1500年被任命为枢机主教，亚历山大六世的忠实拥护者：24n，80n，190-191，220。

塞萨主教（Sessa, Bishop of），马蒂诺·扎帕塔（卒于1505年）：224。

阿斯卡尼奥·斯福尔扎（Sforza, Ascanio，1455—1505），洛多维科·斯福尔扎的弟弟；1484年被任命为枢机主教，1492年帮助罗德里戈·博尔贾成功当选为教皇亚历山大六世，作为回报，亚历山大六世擢升其为副秘书长，此后，影响力日渐式微；1500年路易十二攻占米兰后，将他同洛多维科一同带往法国，亚历山大六世辞世之际重返罗马：18，33，57-58，131，227；与费代里戈大人，38-39，42，44，46-49，51；与法国，71，91，93-94，101，103，108，192，198；与胡安·博尔贾，142-143。

卡泰丽娜·斯福尔扎（Sforza, Caterina, 1463—1509），阿斯卡尼奥·斯福尔扎及洛多维科·斯福尔扎的侄女，吉罗拉莫·里亚里奥的妻子；吉罗拉莫·里亚里奥去世后，继续统辖弗利和伊莫拉，直到1499至1500年被切萨雷·博尔贾占领：178。

吉安·加莱亚佐·斯福尔扎（Sforza, Gian Galeazzo, 1469—1494），1476年接替父亲继任为米兰公爵，但实权掌握在其叔父摄政洛多维科手中，1494年疑被洛多维科毒害：34，46，90。

乔瓦尼·斯福尔扎（Sforza, Giovanni, 1469—1510），科蒂尼奥拉伯爵、佩萨罗宗座代牧，阿斯卡尼奥·斯福尔扎及洛多维科·斯福尔扎的亲戚；1493年与卢克雷齐娅·博尔贾成婚，但这段婚姻于1497年被判无效；1500年被切萨雷·博尔贾逐出佩萨罗，亚历山大六世去世后收复其领地：59，62，137，142，227；与卢克雷齐娅，64-66，162；与切萨雷，184，212。

洛多维科·斯福尔扎（Sforza, Lodovico, 1452—1508），阿斯卡尼奥·斯福尔扎的兄长，吉安·加莱亚佐·斯福尔扎的叔父；1476至1494年为米兰摄政，其后任米兰公爵；1499年被路易十二废黜，之后被监禁于法国了却余生。与法国，33-34，90，121，163，192；与马克西米利安，122-123，126，128。

佛罗伦萨的西尔韦斯特罗（Silvestro of Florence），修士西尔韦斯特罗（卒于1498年），萨沃纳罗拉在多明我修会的主要支持者：159。

西克斯图斯四世，教皇（Sixtus IV, Pope），弗朗切斯科·德拉·罗韦雷（1414—1484），1471年被选为教皇；因通过其侄子，包括朱利亚诺·德拉·罗韦雷等，树立教皇的实际权威而臭名昭著：9，15，20，21，22；赦免，56，141。

保罗·安东尼奥·索德里尼（Soderini, Paolo Antonio, 1488—1499），佛罗伦萨派驻威尼斯和那不勒斯的大使，萨沃纳罗拉的主要支持者：159。

彼得罗·德·索利斯（Solis, Pietro de），巴维亚的总执事：151。

安弗雷多·斯皮诺拉（Spinola, Anfredo），沃尔特拉及诺利的领主；1496年，在其以富丽堂皇而著称于世的宫殿中热情款待了皇帝马克西米利安：127。

安德烈亚·德·斯皮里蒂（Spiriti, Andrea de），教廷官员，1503年1月在罗马与奥尔西尼家族的领袖一同被捕，但6月即获释放：215-216。

埃尔科莱·斯特罗齐（Strozzi, Ercole, 1473—1508），意大利诗人，费拉拉的人文主义者；1502年卢克雷齐娅·博尔贾抵达费拉拉后，成为卢克雷齐娅最大的仰慕者，1508年神秘遇害：229。

塔拉戈纳大主教（Tarragona, Archbishop of），孔萨尔沃·费尔南德斯·德·埃雷迪亚（卒于1511年），1492年至1494年任罗马总督：46。

马尔科·泰巴尔迪（Tebaldi, Marco，卒于1524年），1495年罗马的地方军事长官：105。

蒂拉森的枢机主教（Tirason, Cardinal of），其墓在圣母大殿：55。

弗利的托马西诺（Tomasino of Forli），1499年11月，在切萨雷·博尔贾入侵弗利之际，阴谋刺杀亚历山大六世，失败被捕：167-168。

托尔克马达，枢机主教（Torquemada, Cardinal），胡安·托尔克马达（卒于1468年），15世纪上半叶杰出的枢机主教：52。

安东尼奥·托雷斯（Torres, Antonio），卢切利诺主教，教皇礼拜堂主持：138。

特里科拉主教（Trecora, Bishop of），1501年6月，出席在罗马城举行的欢迎法国人的仪式：187。

特罗皮主教（Tropi, Bishop of），朱利亚诺·米尔托·弗兰吉帕尼，1494年出席阿方索二世的加冕礼：78。

乌尔班五世，教皇（Urban V, Pope, 1362—1370）：136。

乌尔比诺公爵（Urbino, Duke of）：参见圭多巴尔多·达·蒙泰费尔特罗。

弗朗切斯科·德·瓦洛里（Valori, Francesco de，卒于1498年），佛罗伦萨的军队统帅，萨沃纳罗拉的主要支持者，1498年遭人谋杀：159。

朱利奥·瓦拉诺（Varano, Giulio，卒于1502年），卡梅里诺宗座代牧，1502年被切萨雷·博尔贾推翻，后死于狱中，但其家族在亚历山大六世去世后收复了卡梅里诺：210，227。

安德烈亚斯·凡诺特（Venrod, Andreas），教廷公证人：95。

维拉，枢机主教（Vera, Cardinal），瓦伦西亚的胡安·维拉（卒于1507年），切萨雷·博尔贾幼时的导师，受到亚历山大六世器重；1500年被任命为枢机主教；作为教皇特使出使被切萨雷征服之地，确保其服从：224。

维泰洛佐·维泰利（Vitelli, Vitellozzo，卒于1503年），卡斯泰洛城的统治者。1497年曾与奥尔西尼家族结盟反抗博尔贾家族，但却在1499年加入了切萨雷的军队，担任队长；1502年阴谋推翻切萨雷，在塞尼加利亚被俘，1503年遭处决：135，180，210，212，214-215。

维泰博主教（Viterbo, Bishop of），马泰奥·西波（卒于1498年），教皇英诺森八世的侄子：101。

沃尔泰拉主教（Volterra, Bishop of），弗朗切斯科·索德里尼（1453—1524），1503年5月被任命为枢机主教：55。

萨莫拉主教（Zamora, Bishop of），迪达科·梅伦德斯·巴尔德斯：187。

泽诺，枢机主教（Zeno, Cardinal），巴蒂斯塔·泽诺（卒于1501年）：46，64，67，163-164，166。

图书在版编目（CIP）数据

博尔贾宫廷：布尔夏德日记选：插图本/（英）帕克编；蒋焰译. — 长春：吉林出版集团有限责任公司，2015.11

（汉阅图文馆）

书名原文：At the Court of the Borgia: Being an Account of the Reign of Pope Alexander VI

ISBN 978-7-5534-5905-9

Ⅰ.①博… Ⅱ.①帕…②蒋… Ⅲ.①意大利 – 历史 – 近代 – 通俗读物 Ⅳ.① K546.09

中国版本图书馆 CIP 数据核字（2015）第 181683 号

博尔贾宫廷：布尔夏德日记选（插图本）

编　　者	[英]杰弗里·帕克
译　　者	蒋　焰
出 品 人	刘丛星
创　　意	吉林出版集团·北京汉阅传播
总 策 划	崔文辉
策划编辑	刘训练　顾学云
责任编辑	顾学云
装帧设计	未　氓
开　　本	720mm×980mm　1/16
印　　张	16.5
版　　次	2016年1月第1版
印　　次	2018年1月第2次印制

出　版	吉林出版集团有限责任公司
发　行	北京吉版图书有限公司
地　址	北京市西城区椿树园 15–18 号底商 A222
	邮编：100052
电　话	总编办：010-63109269
	发行部：010-63104979
官方微信	Han-read
邮　箱	jlpg-bj@vip.sina.com
印　刷	北京中科印刷有限公司

ISBN 978-7-5534-5905-9　　　　定价：108.00 元

版权所有，侵权必究

译者简介

蒋焰,历史学博士,现任教于武汉大学历史学院。